W0174928

Über die Autorinnen:

Urmila Chaudhary konnte sich nach ihrer Freilassung aus der Sklaverei ihren Traum erfüllen und endlich zur Schule gehen. Nach ihrem Abschluss möchte sie Anwältin werden, um sich für die Rechte der Kamlahari einzusetzen.

Nathalie Schwaiger, 47, aufgewachsen in Südfrankreich und Brüssel, lebt derzeit in München. Seit 1994 schreibt die Journalistin und Autorin u. a. für Geo Saison, Freundin, Myself, Journal für die Frau und Brigitte mit den Schwerpunkten Reisen und Reportagen.

Urmila Chaudhary

mit Nathalie Schwaiger

Sᴋʟᴀᴠᴇɴᴋɪɴᴅ

*Ein nepalesisches Mädchen
kämpft um seine Freiheit*

Hinweis:
Alle *kursiv* gesetzten Begriffe werden
am Ende des Buches im Glossar erklärt.

Besuchen Sie uns im Internet:
www.knaur.de

Vollständige Taschenbuchausgabe Dezember 2014
Knaur Taschenbuch

Coverabbildung: Meike Wirsel
Satz: Adobe InDesign im Verlag
Druck und Bindung: CPI books GmbH, Leck
ISBN 978-3-426-78473-0

2 4 5 3 1

INHALT

Vorwort von Senta Berger

1998 habe ich Nepal besucht. Plan International hatte mich gefragt, ob ich mir die Arbeit ansehen möchte, die das Kinderhilfswerk gerade in diesem armen Land leistet und gegen Politik, Korruption und oftmals Unbildung, die an Aberglauben grenzt, durchsetzt.

Mein Sohn Luca begleitete mich. Er war damals gerade neunzehn Jahre alt, und wir hatten keine leichte Zeit, wir beide. Er verstand jede Herausforderung des Lebens erst einmal als eine Forderung seiner Eltern an ihn und verweigerte sie. Die Pubertät, die ihn wie eine Krankheit angeflogen hatte, von der er und ich gleichermaßen überrascht wurden, war im Abklingen. Aber er hatte noch kein Ziel, noch keine Haltung dem Leben gegenüber. Uns beiden tat die Nähe während dieser kleinen Reise gut.

Schon auf dem Weg vom Flughafen zu unserem Hotel in Kathmandu, das Taxi flog metertief in Schlaglöcher und sprang wieder hoch, sahen wir am Straßenrand riesige Holzbündel langsam entlanggehen. Im Vorbeifahren konnten wir nicht gleich erkennen, dass unter diesen hoch aufgeschichteten Holzstößen Menschen waren. Zusammengekrümmte kleine Körper, kleine Mädchen, die mechanisch einen Schritt nach dem anderen machten. Schwankend, aber ohne stehen zu bleiben und auszuruhen.

Das war das erste Bild, das ich von Nepals Mädchen hatte.

Wir übernachteten in Kathmandu. Es war ein einfaches Hotel, aber die Gäste wurden mit Freundlichkeit verwöhnt. Alles war ruhig und harmonisch, man vergaß fast das Chaos auf den Straßen, durch die wir vom Flughafen gekommen waren. Menschen, Tiere auf den Fahrbahnen, klapprige Sammeltaxis, auf deren Trittbrettern die Leute standen, die nicht mehr in das Innere des Taxis gepasst hatten, hupende alte amerikanische Limousinen, die über das zerbrochene Straßenpflaster flogen, und das alles in einem ohrenbetäubenden Lärm.

Am nächsten Morgen besuchten wir ein kleines Dorf in den Bergen, ganz in der Nähe von Kathmandu und doch, wie es mir schien, bereits in einer ganz anderen Welt. Wir besuchten die Schule.

Ich lernte dort zwei Kinder kennen, die im Ausland bereits Paten gefunden hatten. Wir wollten sehen, wie es diesen Kindern geht, und bei dieser Gelegenheit auch für andere Kinder Paten finden. »Unseren« Kindern, zwei Buben, ging es gut. Sie strahlten uns an. Die Paten wollten auch weiterhin für ihre Ausbildung sorgen, sei es ein Studium oder ein handwerklicher Beruf. Den Müttern hatten die Paten Nähmaschinen geschenkt, um ihnen einen kleinen Nebenverdienst zu ermöglichen.

Wir hatten ein kleines Kcamerateam dabei.

Die Schule bestand aus einem einzigen kleinen Raum. Es gab Fenster, aber keine Gläser darin. Die Kinder begrüßten uns lebhaft, es gab bald ein schönes Durcheinander, der Lehrer bestand schließlich nicht mehr auf eine gewisse Schuldisziplin. Es waren mehr Jungen da als Mädchen.

Die Jungs waren frech, lustig und übermütig. Hübsch sahen sie aus in ihren Schuluniformen, die schon etwas abgetragen und geflickt waren. Die Mädchen waren mehr im Hintergrund, scheu, verlegen lächelnd hielten sie sich an ihren zerfledderten Schulbüchern fest. Mager waren sie alle, diese kleinen Mädchen, in ihren löchrigen, durchscheinenden Kleidchen. Wir hatten kleine Geschenke mitgebracht. Hefte, Bleistifte, Malfarben. Die Freude der Kinder war überwältigend.

Meinem Sohn gingen die Augen über. Er begann zu verstehen, nachzudenken. Wenig später machte er ein soziales Jahr bei Plan in Vietnam und kam als erwachsener Mensch zurück.

Wir durften an einer Unterrichtsstunde teilnehmen. Alle waren eifrig dabei – und nicht nur unseretwegen, wie der Lehrer später bestätigte. »Sie wollen lernen«, sagte er. »Sie wissen, dass sie nur durch Bildung eine Chance haben werden im späteren Leben. Besonders die wenigen Mädchen, die ich in der Klasse habe, wissen das.«

Er erklärte uns, dass sie auch ihren Eltern zeigen wollten, wie dankbar sie für deren Erlaubnis seien, sie überhaupt in die Schule gehen zu lassen, was in Nepal für Mädchen durchaus nicht selbstverständlich sei.

Nach Schulschluss begleiteten wir noch einige Kinder nach Hause. Bevor sie sich auf den Weg machten, zumeist sind es sehr lange Schulwege, liefen die Mädchen zu dem gegenüberliegenden kleinen Lebensmittelladen – ich hätte ihn als solchen gar nicht erkannt, so verrostet und baufällig wie dieser kleine Kiosk war. Dort holten sie Netze, gefüllt mit Wasserkanistern und Plastiktüten mit Lebensmitteln, die ihnen auf die Schultern geladen wurden und unter deren Größe und Gewicht sie fast verschwanden.

Wenn sie endlich nach Hause kamen, waren ihre kleinen und größeren Brüder bereits dort – sie waren nicht mit schweren Lasten beladen, sondern hatten nur den kleinen Ranzen auf ihren Schultern getragen.

Jeden Tag nun besuchten wir ein anderes Dorf in Nepal, eines hoch oben in den Bergen des *Himalaya*. In unserem kleinen Hotel dort wurde gerade angebaut, denn es kamen immer mehr europäische Bergwanderer, die hier übernachten wollten. Von morgens bis abends schleppten Frauen Ziegelsteine hoch aufgetürmt auf ihren Köpfen zu der Baustelle und Kübel mit Schutt von dort wieder weg. Die männlichen Aufseher ordneten an. So kerzengerade und deshalb beeindruckend der Gang dieser Frauen mit ihren meterhohen Ziegeltürmen auf ihren Köpfen schien, so furchtbar mussten die Folgen für ihre Wirbelsäulen sein, für alle ihre Knochen.

In einem kleinen Dorf schon nahe der indischen Grenze nahm ich an einer Versammlung des gesamten Dorfes teil, in der die Dorfbewohner entscheiden mussten, was mit den gespendeten Geldern geschehen solle. Der Bürgermeister zeichnete mit einem Stock auf den sandigen, staubigen Boden die Umrisse des Dorfes und darin die einzelnen Häuser ein. Jeder musste nun vortreten und mit einem Kreuz vor dem jeweils eingezeichneten Haus seine Anwesenheit bestätigen.

Mir gegenüber saß eine junge Frau. Ihr ältester Sohn, vielleicht zehn Jahre alt, stand hinter ihr. Er war sauber und ordentlich gekleidet. Ein kleiner Bruder, vielleicht drei Jahre alt, gut genährt und gekleidet, tollte herum, kam immer wieder zu der Mutter zurück und legte seinen Kopf an ihre Schulter. An der Brust hatte die Frau einen Säugling. Und da gab es noch ein kleines Mädchen. Ein schönes Mädchen, das auch zu dieser Frau gehörte. Seine Haare waren staubig, es hatte ein zerrissenes T-Shirt an. Sonst nichts. Kein Höschen. Keine

Schuhe. Immer wieder wurde es von der Mutter losgeschickt, um den kleinen Bruder einzufangen und ihn in die Nähe der Mutter zu tragen. Immer wieder drückte ihr die Mutter den schreienden Säugling in die Arme, dass sie ihn beruhigen möge. Für dieses kleine Geschöpf gab es keinen, auch nur kleinsten Liebesbeweis, kein Streicheln über den struppigen Haarschopf, kein Halten der Hand, keine Umarmung, nichts.

Dieses Bild habe ich nicht vergessen.

Die Dorfgemeinschaft entschied dann, dass über den Fluss, der im Winter reißend wurde, eine Hängebrücke gebaut werden sollte, damit die Kinder auch winters in die Schule gehen konnten.

Das kleine Mädchen aber wurde in keine Schule geschickt.

Natürlich hatte ich viele, viele Fragen während dieser unvergesslichen Reise durch Nepal. Vor allem hat mich interessiert, wie es kam, dass Mütter ihre Töchter bewusst vernachlässigen, ihnen weniger Chancen im Leben einräumen als den Jungen, sie über Gebühr mit Arbeit und Verantwortung belasten?

Die Antwort: Weil es immer so war. Weil dieses Schicksal auch das der Mütter war, das sie selbstverständlich ertragen haben und nun, auch als eine Geste der Solidarität zwischen Frauen, von ihren Töchtern erwarten. Und auch die Töchter begehren in den seltensten Fällen gegen ihre Mütter auf. Sie sehen, dass sie in einer patriarchalischen Gesellschaft leben, auch wenn sie das so nicht formulieren können. Sie sehen, dass der Vater schlägt, wenn die Mutter sich ihm widersetzt. Sie sehen, dass die Mutter nichts dagegen tut, nichts tun kann. Sie sehen, dass die patriarchalische Gesellschaft an diesem Zweiklassensystem festhalten will, um jeden Preis. Um den Preis der Entwürdigung ihrer eigenen Töchter.

Gerade aus diesen Grenzgebieten und aus den allerärmsten Regionen Nepals werden die Mädchen, die noch Kinder sind, verkauft. Verkauft als Haushaltshilfe. Nein. Dieses Wort ist falsch. Verkauft als Sklavinnen. Das ist das richtige Wort.

Sie werden an reiche Männer verschachert, sie kommen in Familien, die es ihrer Bildung nach besser wissen sollten, aber aus Gier, aus Egoismus, aus Bequemlichkeit sich gedankenlos einer Tradition bedienen, die nur und ausschließlich dem eigenen Profit dient.

Wie kann man das ändern? Wie können wir das ändern?

Aus kleinen Schritten können große werden.

Ein guter Schritt in diese Richtung ist »Sklavenkind. Verkauft, verschleppt, vergessen – Mein Kampf für Nepals Töchter« über das Schicksal von Urmila Chaudhary.

Man liest und versteht.

Das Buch erzählt uns sehr einfach, sehr einleuchtend und liebevoll das Schicksal des von der Familie verkauften Mädchens Urmila. Ich wünsche mir, dass viele Mädchen und Frauen es lesen. Nicht nur, um über ihr eigenes, vom Glück so sehr begünstigtes Schicksal nachzudenken, sondern auch, um etwas zu tun. Zu handeln, wenigstens zu versuchen zu handeln, um etwas zu erreichen.

Man braucht Geduld.

Aber unsere Welt hört nicht an unseren Grenzen auf.

DAS ENDE DER KINDHEIT

*»Ein Mädchen großzuziehen ist wie den Garten
des Nachbarn zu gießen.«*

NEPALESISCHES SPRICHWORT

Maghi

Klirrende Kälte. Sie lag knisternd auf den braunen
Reisfeldern an diesem *Maghi*-Tag in Raptizone,
dem fruchtbaren Tiefland von Nepal. Dicker, weißer
Nebel breitete sich über die Ebene aus, wie fast jeden
Morgen im Winter. Die Feuchtigkeit sammelte sich auf
meinen Wimpern, kleine Tropfen liefen mir in die Augen und an meiner Nase hinunter. Ich zog meinen Schal
so fest es ging um mich, aber trotzdem zitterte ich.

Nur schemenhaft erkannte ich die Umrisse um mich
herum: Frauen, verhüllt in Saris und Schals, mit großen
Bündeln auf dem Kopf. Eine Herde Wasserbüffel, Männer auf Fahrrädern, Kühe, Schafe, Ziegen, ein paar Motorräder, die sich in Schlangenlinien den Weg bahnten.
Nur gedämpft drangen Geräusche durch die Dunst-
schwaden bis zu mir durch: Das Krähen der Hähne und
das Quietschen der Wasserpumpen mischten sich mit
Klappern von Metalltellern, mit Hundegebell und lauten Stimmen.

Meine Schwester Mithila und ich waren im Morgengrauen aufgebrochen, um nach Manpur zum Haus unserer Eltern zu laufen. Denn heute war *Maghi*. Seit Wochen schon freute ich mich darauf. *Maghi* ist das größte

Fest der *Tharu*, es ist unser Neujahr. An diesem Tag machen wir rituelle Bäder im Fluss und reinigen uns. Die ganze Familie kommt zusammen, die Großeltern, Eltern, Geschwister, Tanten und Onkel. Die Älteren segnen die Jüngeren, die Jungen ehren die Alten. Es wird getanzt, gegessen, gesungen und auf der Straße Theater gespielt. Die Frauen tragen ihre traditionellen Kleider, die bunte *Tharu*-Tracht, und ihren schweren Silberschmuck. Der Reiswein fließt in Strömen, die Leute im Dorf wandern von Haus zu Haus, besuchen Nachbarn und Freunde.

Aber ich freute mich am meisten, dass ich endlich mein Zuhause wieder sehen würde. Seit einer Weile lebte ich nämlich bei einer meiner älteren Schwestern. Bei meinen Eltern gab es oft nicht genug zu essen für uns alle, denn mein Vater und meine Mutter waren *Kamaya* – Leibeigene. Sie arbeiteten auf den Feldern und im Haus des *Landlords*, dem die Reis-, Kartoffel- und Rapsfelder in unserer Gegend gehören. Manchmal brachte meine Mutter Reis mit nach Hause, dann teilte sie ihn unter uns Kindern auf, meistens aber kam sie mit leeren Händen zurück, und es gab nichts zu essen. Dann gingen wir hungrig ins Bett.

Deshalb hatte sie mich zu meiner Schwester geschickt, die mit ihrem Mann und ihren vier Kindern in einem anderen Dorf lebte, eine Stunde Fußmarsch entfernt. Der Mann meiner Schwester verdiente etwas Geld, deshalb konnten sie mich mit durchfüttern. Ich kümmerte mich dafür um meine kleinen Nichten und Neffen, obwohl ich selbst erst sechs Jahre alt war. Aber auch wenn es bei meiner Schwester genug Reis gab, wollte ich zurück, weil ich meine Mutter und Manpur vermisste.

Nach einer Weile tauchte endlich die Lehmhütte meiner Eltern auf. Sie war sehr klein, und fast schien es, als duckte sie sich zwischen den anderen Hütten. Um sie herum stand ein Zaun aus Stöcken. Auf dem Strohdach wucherten die Ranken einer Kürbispflanze. Ein dicker gelber Kürbis hing direkt über der Eingangstür. Neben der Hütte flatterte die Wäsche auf einer Leine.

Es roch nach Feuer und nach den Schweinen des Nachbarn, die in einem Stall gleich nebenan grunzten. Auf dem kleinen Vorplatz vor unserer Hütte sah ich meine Mutter. Sie fegte gerade mit einem Büschel Äste den Boden.

Ich lief schnell zu ihr. »*Dai, Dai, Dai!*«, begrüßte ich sie. Das heißt auf *Tharu* »Mama«.

Sie stand vor dem Haus, ich senkte den Kopf, und sie legte ihre Hand auf mein Haar und segnete mich. So begrüßen wir unsere Eltern und ältere Respektspersonen. Ich war sehr glücklich, sie zu sehen, dennoch fiel ich ihr nicht in die Arme. Denn bei uns ist es nicht üblich, dass man sich umarmt oder küsst. Meine Mutter trug anlässlich des *Maghi*-Festes die traditionelle *Tharu*-Kleidung: den weiten, bunten Wickelrock mit breiter roter Borte, ein grün-rotes, bauchfreies Oberteil mit kurzen Ärmeln, viele grüne, gelbe und rote Perlenketten und den typischen, silbernen Kopfschmuck.

Ein Kind der *Tharu*

Wir *Tharu* leben vor allem im Terai, der riesigen, grünen Ebene im Südwesten Nepals, einem Ausläufer des Ganges-Tieflandes, das sich über die indische Grenze bis nach Nepal hineinzieht. Wir haben eine eigene

Sprache, traditionelle Feste, eigene Naturgötter und wir tragen alle denselben Nachnamen: Chaudhary. So wie ich auch.

Als meine Eltern noch Kinder waren, war die Ebene noch Malariagebiet. Nur die Volksgruppe der *Tharu* hatte über Jahrhunderte eine Resistenz entwickelt und besiedelte das fruchtbare Land. Daher leben in Dang und den anderen vier Bezirken im Terai bis heute die meisten *Tharu*. Seit Generationen bestellen sie das Land. Wo früher nur Elefantengras wucherte und Dschungel war, bauten sie Reis und Gemüse an.

Nachdem in den Fünfziger Jahren viele Hektar Wald auf Anordnung der Regierung gerodet wurden, ging auch die Malaria zurück, und es kamen zahlreiche Zuwanderer von den Hügeln in unsere Ebene. Damals wurden viele *Tharu* als *Kamaya* – als Leibeigene – unterworfen, darunter auch meine Großeltern und Eltern. Die Zuwanderer vertrieben die *Tharu* von den Feldern oder beuteten sie fortan als Landarbeiter aus. Viele sind von ihrem Land verjagt worden – teilweise sogar mit Waffengewalt –, oder aber sie wurden erpresst: »Gib mir deine Tochter, sonst gebe ich dir kein Land«, drohten die *Landlords*. So blieb vielen Familien nichts anderes übrig, als ihre Töchter wegzuschicken, und die Zahl der *Kamlahari* explodierte.

Diese traurige Tradition hält bis heute an, obwohl im Jahr 2000 die Leibeigenschaft in Nepal offiziell abgeschafft worden ist. Viele Menschen sind auch noch immer landlos. An die Stelle von *Kamaya* trat *Adhiya*, das heißt, dass die Bauern das Land für den *Landlord* bestellen und als Lohn für ihre Arbeit die Hälfte der Ernte erhalten.

In den Dörfern sind die Leute bis heute eher einfach und erdverbunden. Das Wasser, der Dschungel, der

Boden – das sind ihre Lebensgrundlagen und die drei Dinge, die für *Tharu* seit Generationen am wichtigsten sind. Neben der Familie natürlich. In der Familie wird alles geteilt. Das hat seine Vor- und Nachteile. Natürlich hat der Einzelne Dadurch immer viel Unterstützung, denn *Tharu* halten zusammen und lösen Probleme gemeinsam. Andererseits aber kommt so auch niemand auf einen grünen Zweig. Denn die Familien sind oft sehr groß, und wenn einer etwas verdient, erwarten die anderen, dass sie davon etwas abbekommen. Wenn zum Beispiel ein Huhn geschlachtet wird, wird es auf manchmal siebzehn, manchmal zwanzig, bei sehr großen Familien sogar auf vierzig Teller verteilt. Da bleibt für den Einzelnen gerade mal ein Bissen übrig.

Das Leben im Terai ist noch sehr traditionell, man könnte auch sagen etwas rückständig. Die anderen Kasten in Nepal werfen uns daher oft Faulheit und Naivität vor, aber das ist ungerecht.

Was jedoch leider stimmt, ist, dass in Dang noch über die Hälfte der Menschen – die meisten davon Frauen – weder schreiben noch lesen kann. Bis heute geht jedes dritte Kind noch nicht zur Schule.

Durch ihre Gutgläubigkeit, aber auch fehlende Bildung waren *Tharu* schon immer leichte Opfer. Opfer von Ausbeutung durch *Landlords*, Opfer von Gewalt und Ungerechtigkeit, wie zuletzt während des Bürgerkrieges zwischen den Maoisten und der Armee, der Nepal von 1996 bis 2006 ins Chaos stürzte. Tausende wurden damals verschleppt, getötet und gezwungen, für die Maoisten zu kämpfen. Dörfer wurden verwüstet, Frauen und Mädchen missbraucht und zum Arbeiten gezwungen. Frauen und Kinder – und vor allem die Mädchen – sind immer das schwächste Glied in der Kette.

Ein guter Preis

Der Nebel hatte sich inzwischen aufgelöst. Die Sonne schien nun und wärmte die Erde und meine Haut. Mit ihr waren auch die Farben zurückgekehrt: Hellgelb leuchteten die Rapsfelder zwischen den Häusern. Rot, orange, lila und rosa waren die Saris der Frauen, die mit großen Bündeln auf dem Kopf aus dem Dschungel kamen. Sie hatten Grünfutter für die Tiere geschnitten. Leuchtend blau war eine Murmel, die ich vor ein paar Wochen von einem der älteren Jungs in der Nachbarschaft gewonnen hatte. Sie war mein größter Schatz. Ich spielte mit ein paar Kindern vor der Hütte meiner Eltern. Vor ein paar Wochen hatte ich meinen sechsten Geburtstag gefeiert. Aber ich sah aus wie vier. Ich war schmal, hatte eine kurze Hose und ein dünnes, altes Hemdchen an.

Plötzlich entdeckte ich drei Männer, die den Weg entlang zu unserer Hütte kamen. Ich hatte noch nie Männer in solcher Kleidung gesehen. Sie trugen schwarze Sonnenbrillen und Anzüge, einer sogar eine Krawatte. Der Stoff der Anzüge war so glänzend, dass ich mich fast darin spiegeln konnte. Und auch in ihren Sonnenbrillen sah ich mich selbst. Ein kleines dünnes Mädchen in einem hellblauen Kittel mit einem ernsten Gesicht.

Die Männer fragten meine Mutter, ob ich ihre Tochter sei, und als sie nickte, kamen sie zu mir: »*Namaste Bahini* – guten Tag, kleines Mädchen. Gehst du zur Schule?«, wollte der ältere von ihnen wissen. Ich hätte gern den Stoff seines Hosenbeins angefasst, aber das traute ich mich nicht.

»Ja«, log ich, denn ich wusste, was diese Frage zu bedeuten hatte. *Maghi* ist nicht nur ein Fest, sondern auch traditionell der Tag, an dem der *Kamlahari*-Handel stattfindet. Meine Großmutter, meine Mutter, meine Tanten, meine Schwester – sie alle waren früher *Kamlahari* gewesen. *Kamlahari* bedeutet übersetzt »Frau, die hart arbeitet«. Viele Tausend *Tharu*-Mädchen werden jedes Jahr als Dienstmägde an fremde Familien, *Landlords* oder Hotelbesitzer verkauft. So will es unsere Tradition.

Meine Schwester Mithila hat mir davon erzählt, wie hart sie in dem Hotel in der Stadt arbeiten musste. »Bis in die Nacht habe ich gekocht, geputzt und abgewaschen. Ich schlief in der Küche auf dem Boden, bekam nur die Reste von den Tellern der Gäste zu essen und wurde oft geschlagen«, hatte sie berichtet.

Ich ahnte, dass mich, wenn ich zugeben würde, dass ich gar nicht zur Schule ging, womöglich das gleiche Schicksal treffen würde und mich die fremden Männer mitnähmen.

»Aber was ist mit deiner Tante? Sie scheint krank zu sein«, sagte der Mann nun.

Bisrami, die Frau meines ältesten Bruders Amar, litt seit Wochen an Bauchkrämpfen und Erbrechen. Sie lag mit geschlossenen Augen auf einer Bastmatte neben dem Haus.

»Wenn du mitkommst, könnte dein Bruder Medizin für sie kaufen«, erklärte der Mann

Alle sahen mich an, mein Bruder, meine Mutter und die fremden Männer in Anzügen. Ich schaute an mir herab zu meinen Sandalen. Sie waren aus harten Bohnenschalen, die man im Dschungel findet. Darum war ein Strick gebunden, damit sie an den Füßen hielten. Mein Blick wanderte von meinen Füßen zu den schwarz polierten Lederschuhen der Männer. Ob es wohl bequem war, die Füße in solch geschlossene Schuhe zu zwängen, fragte ich mich.

»Ich habe noch nicht einmal richtige Sandalen«, sagte ich, »und heute ist *Maghi*, ein Festtag, den wir feiern sollten.«

Da nahm einer der jüngeren Männer ein Bündel Geld aus seiner Hosentasche und hielt mir einen 50-Rupien-Schein[*] hin. Viel zu viel für Gummischlappen – die kosteten damals gerade mal 35 Rupien[**].

Ich schüttelte den Kopf: »Nein, ich will das Geld nicht.« Denn ich wusste sehr gut, dass die Fremden versuchten, mich damit für sich zu gewinnen. »Mein Bruder soll mir Schuhe kaufen«, sagte ich.

Also gab er den Schein Amar. Mein Bruder drehte das Geld einen Moment in seinen Händen. Auf einmal sagte er: »Sir, wenn Sie mir 4000 Rupien[***] geben, dann geht sie mit euch.« Er sah mich dabei nicht an.

Ich erschrak. Vor ein paar Monaten war mein Vater krank geworden, und mein Bruder musste sich 4000 Rupien für den Arzt und die Medizin leihen. Seitdem war der *Landlord* fast jeden Tag gekommen, um das Geld einzufordern. Oft drohte er: »Gebt mir das Geld, sonst werfe ich euch von meinem Land.«

Amar drehte sich zu mir und sagte: »Mit den 4000 können wir die Schulden beim *Landlord* bezahlen. Du wirst nur ein bisschen dafür arbeiten müssen und kannst in Kathmandu zur Schule gehen.«

---

[*]   Das sind etwa 50 Cent. 1 Rupie entspricht umgerechnet circa 1 Cent.
[**]   Circa 35 Cent.
[***]   Circa 40 Euro.

Ich schaute meine Mutter an, aber die sagte nur: »Ich kann das nicht entscheiden, du wirst das machen, was dein Bruder sagt.«

Seitdem ich denken kann, habe ich große Angst vor Wasser. Ich habe mal mitansehen müssen, wie in der Regenzeit ein Mann vom Fluss mitgerissen wurde. Ein Bauer, der im Dschungel Holz geholt hatte. Er verlor das Gleichgewicht, die Strömung zog ihm die Füße unter den Beinen weg. Eine Weile noch hielt er sich an den Ästen fest und kämpfte gegen die braunen Wassermassen an, die ihn mit großer Geschwindigkeit forttrugen. Irgendwann tauchte sein Kopf nicht mehr auf, und das Holzbündel trieb allein flussabwärts. Später hörte ich die Leute im Dorf erzählen, dass er ein paar Kilometer weiter gefunden worden war. Tot.

Seit diesem Erlebnis habe ich panische Angst, sobald mir das Wasser höher als bis zum Knöchel reicht. »Aber dann muss ich den Fluss durchqueren«, sagte ich nun entsetzt zu Amar. »Ich kann nicht mitgehen«, weinte ich zitternd.

Meine Mutter verteidigte mich: »Ja, Amar, du weißt doch, wie sehr sie sich vor dem Wasser fürchtet, lass sie uns nicht auf die andere Seite des Flusses schicken.«

Amar wurde böse. »Du verhätschelst sie nur, so will sie gar nicht arbeiten gehen. Nur zu Hause bleiben und nichts tun. Wenn das so ist, dann kannst du demnächst zusehen, wer dir hilft, ich werde nichts mehr machen, dir kein Geld mehr geben, und die ganze Arbeit und die Schulden werden an dir hängen bleiben.« Und zu mir sagte er: »Urmila, wenn du gehst, hilfst du uns allen damit. Es wäre gut, wenn alle Familienmitglieder arbeiten würden und auch du deinen Teil dazu beitragen würdest.«

Als die Männer gegangen waren, verschwand auch Amar. Eine Stunde später kam er zurück, mit einem Paar kleiner, schwarzer Gummi-Flipflops. Sie waren ganz neu und ganz allein für mich! Sie rochen wunderbar nach Plastik, und ihre Sohle war so weich, als ob man auf Schaffellen laufen würde, fand ich. Sie waren noch etwas zu groß, ich musste erst üben, darin zu gehen. Wenn ich hüpfte oder rannte, verlor ich sie immer. Aber ich freute mich so sehr und platzte fast vor Stolz. Nach einer Weile fand ich auch heraus, wie ich mich mit den Zehen und dem Ballen festkrallen musste, damit sie mir nicht immer vom Fuß rutschten.

Den Rest des Abends tanzte und sprang ich in meinen neuen Latschen durch die Gegend und zeigte sie jedem im Dorf.

Nur zum Essen zog ich sie kurz aus. Zur Feier des Tages gab es süßen Mais, den ich liebe. Aber ich hatte keinen großen Hunger. Ich war viel zu aufgewühlt.

Erst spät gingen wir zu Bett, ich legte mich zwischen meine Mutter und meine Geschwister auf die Strohmatte in der Hütte. Die anderen schliefen bald ein – erschöpft vom Tanzen, Feiern, dem ungewohnt üppigen Festessen und dem Reiswein, der an *Maghi* immer in Strömen fließt. Ich hörte sie atmen, die Ziegen im Verschlag nebenan raschelten, mein Vater schnarchte laut. Über meinem Kopf beobachtete ich zwei Ratten, die sich über die Holzbalken an der Decke jagten.

In dieser Nacht lag ich noch lange wach. In meinem Kopf fuhren die Gedanken Karussell: Gehen oder nicht gehen? Wie würde es sein, in Kathmandu in einem fremden Haus zu leben? Ich dachte an meine Mutter, meinen Bruder, die Schulden, meinen Vater, Bisrami, meine kranke *Bauzu*, meine Schwägerin, die immer sehr nett zu mir gewesen war …

Manpur

Bis zu diesem *Maghi*-Tag im Jahr 1996 hatte ich meine Kindheit barfuß zwischen Ziegen, Enten, Hühnern, Kühen, Schweinen und Hunden in meinem Dorf oder bei meiner Schwester verbracht. Ich wurde in Manpur im Deukhury-Tal/Dang-Distrikt geboren, mein Geburtstag ist nach nepalesischem Kalender der 8.8.2046. Oder der 23. November 1989 – nach westlichem Kalender.

Ich habe sechs Geschwister: meine beiden älteren Schwestern Mithila und Sarda, meine großen Brüder Amar, Govind und Hari und einen jüngeren Bruder, Guru. Meine Eltern, Phul Pat Chaudhary und Khal She Deve Chaudhary, sind *Kamaya* und arbeiten auf dem Feld und Hof eines Großgrundbesitzers – wie hunderttausend andere Landlose in Nepal.

Wie alle Kinder von *Kamaya* musste ich zu Hause und auf dem Feld mithelfen. Ich begleitete meinen Großvater, wenn er die Kühe zum Grasen in den Dschungel führte. Ich half meiner Mutter, wenn sie im Haus des *Landlords* putzen ging. Zu Hause passte ich auf meine Nichten und Neffen auf, kehrte den Hof, siebte den Reis, holte Wasser, sammelte Kartoffeln, Holz und Kuhdung als Brennmaterial.

Wenn ich gerade mal nichts zu tun hatte, spielte ich mit den anderen Kindern Fangen, Himmel und Hölle,

Murmeln oder *Kunji* – ein Geschicklichkeitsspiel mit einem kleinen Ball, den wir aus vielen Gummistreifen zusammenbinden, und der so lange wie möglich mit dem Fuß in der Luft gehalten werden muss. Am liebsten mochte ich aber Seilspringen, denn darin war ich besonders gut.

Manchmal durften mein jüngerer Bruder Guru und ich die Abendschule besuchen. So habe ich wenigstens das nepalesische Alphabet und die Zahlen gelernt. Zum richtigen Unterricht, der tagsüber stattfand, bin ich nie gegangen. Damals dachte ich, *Tharu*-Kinder dürften nicht mit den anderen zur Schule gehen, sondern nur abends das Schulhaus betreten.

Meine älteren Geschwister, mein Vater und meine Mutter sind nie zur Schule gegangen. Dafür waren meine Eltern und Großeltern zu arm. Oft reichte es bei uns nicht einmal für die allernotwendigsten Dinge. Wir lebten zu elft in einer kleinen Lehmhütte: meine Eltern, meine Brüder, ihre Frauen, deren Kinder und ich. Daher schickte mich meine Mutter, so oft es ging, zu meiner Schwester Mithila. Sie hatte früh geheiratet und lebte jetzt bei der Familie ihres Mannes, wie das bei uns üblich ist.

Manpur liegt am südlichen Rand von Nepal, im Terai, dem weiten, fruchtbaren Tiefland nahe der indischen Grenze. Die weißen Gipfel des *Himalaya* sind weit weg von Manpur. Hinter dem Dorf gräbt ein Zufluss des Rapti-River in einem breiten Sand- und Kiesbett seine Furchen. Regelmäßig wurden in der Regenzeit Ernte und Hütten in der Nähe des Flusses weggespült.

Am anderen Ufer beginnt der Dschungel, dicht und dunkelgrün, und die Hügel, die sich dahinter erheben, gehören schon zu Indien. Nur sehr selten verirrte sich in meiner Kindheit ein Jeep nach Manpur, und auch Mopeds gab es noch nicht viele. Im Dorf stand nur ein einziges Haus, das aus Backsteinen gemauert war, die übrigen waren Lehmhütten, wie die meiner Eltern.

Das Leben in Manpur wird bis heute von den Jahres- und Erntezeiten diktiert. Von Ende Juni bis September ist *Barkha*, Regenzeit. Die Monate davor sind extrem heiß und staubig. Roter Sand weht dann manchmal über das Land und legt sich über Felder, Büsche, Bäume und Wege. Er dringt durch alle Ritzen, man hat ihn in den Augen, in den Ohren, in der Nase und im Mund. Über- all. Die Hitze ist unerträglich, und Menschen und Tiere suchen jeden Zentimeter Schatten und legen sich mit- tags zur Ruhe. Weil die Luft über der Ebene flirrt, als wäre sie flüssig.

Wenn dann endlich der Regen kommt, verwandeln sich die Flüsse in reißende Ströme und die Wege in Schlammlöcher. Fast jedes Jahr gibt es Überschwem- mungen und Erdrutsche. Dämme brechen, Hütten wer- den weggespült, Ernten vernichtet. Die Menschen ver- suchen, sich so gut wie möglich zu schützen, hängen Plastikfolien über die Strohdächer ihrer Häuser, packen sich in Plastik- oder Jutesäcke ein, wenn sie auf dem Feld arbeiten oder unterwegs sind.

Ich erinnere mich, dass ich als Kind oft unter einem löchrigen, grauen Regenschirm schlafen musste, weil das Dach undicht war und es durchregnete. Überall im Haus stellten meine Mutter und die Frauen Töpfe auf, um das Regenwasser aufzufangen. Das metallische oder dumpfe Geräusch der Tropfen, die in die Gefäße fielen, wiegte uns nachts in den Schlaf.

Die Luftfeuchtigkeit ist in der Regenzeit sehr hoch. Bei jeder Bewegung läuft einem der Schweiß am Körper herunter. Außerdem brechen, wenn der Regen kommt, oft Krankheiten aus, manchmal sogar richtige Epidemien wie Durchfall oder Hirnhautentzündung. Als ich klein war, starben im Terai daran noch jedes Jahr 3000 bis 4000 Kinder, wie ich neulich in der Zeitung gelesen habe. Damals bekam ich nur mit, dass auch bei uns im Dorf viele Familien Babys und Kinder verloren. Meine Mutter zündete dann immer eine Kerze in unserem Hausschrein für die Toten an. Erst nach einer nationalen Impfkampagne vor ein paar Jahren ist die Zahl der Opfer deutlich gesunken.

Auf den Feldern ist während des Monsuns besonders viel zu tun. Überall sieht man dann die Bauern mit ihren großen, runden Blätterhüten, die mit den Wasserbüffeln und Ochsen die Felder pflügen. Und die Frauen, die mit gebeugten Rücken im knietiefen braunen Wasser stehen und in einer schmatzenden Armbewegung die jungen Pflanzen setzen.

Ein paar Wochen später wird alles grün. Es ist wie ein zarter Teppich, der sich über die ganze Ebene ausbreitet. Das ist meine liebste Jahreszeit. Der Reis wird im siebten Monat, *Kartik*, geerntet – das ist im Oktober und November. Wenn der Reis noch auf dem Feld steht, heißt er *Dhan*. Den Reis zu schneiden ist harte Arbeit, meistens übernehmen das die Frauen. In riesigen Haufen werden die Reisbündel getrocknet. Dann werden sie gedroschen. Entweder mit der Hilfe von Kühen oder Büffeln, die im Kreis um einen Pfahl getrieben werden. Oder die Frauen machen das von Hand. Mit großen Ruten schlagen sie auf das Stroh ein, um die Körner herauszuschlagen.

Anschließend muss der Reis noch geschält werden. Ohne Schale nennen wir ihn *Camal*. Wir haben viele

Namen für Reis. Das Schälen ist meist die Arbeit der Mädchen. Auch ich habe viele Stunden den Reis auf einem großen runden Sieb hin- und hergeschleudert, damit sich die Schalen lösen.

Eine ganze Menge Reis hätte meine Mutter pro Mahlzeit gebraucht, um alle Mäuler sattzubekommen. Doch die hatte sie oft nicht. Daher wurde der Reis bei uns oft gestreckt. Mit Maismehl, Graupen oder mit Wurzeln, die man im Wald findet.

Im Februar ist dann der Raps dran, aus ihm gewinnen wir unser Öl. Ohne Öl schmeckt uns *Tharu* das Essen nur halb so gut. Den ganzen Winter leuchten die Rapswiesen zwischen den Hütten wunderschön gelb.

Später im Jahr reifen Weizen, Mais, Süßkartoffeln, Erbsen und Bohnen. Irgendwas ist fast immer auf den Feldern zu tun.

Im Januar und Februar wird es sehr kalt. Immer dann, wenn *Maghi* ist. Manchmal regnet es auch noch, und die feuchte Kälte frisst sich überall hinein. Dann verhängen wir die Fenster in den Hütten mit Säcken und Lumpen und sitzen, so oft es geht, ums Feuer herum. Heizung gibt es bei uns nicht und auch kein warmes Wasser. Wir waschen uns an einer Wasserpumpe oder im Fluss – auch im Winter. Auch feste Schuhe haben viele nicht. Aber daran gewöhnt man sich.

Wir hatten zwar nicht viel, dennoch war ich als Kind glücklich in Manpur. Doch meine Kindheit hatte an diesem *Maghi*-Tag ein frühes Ende gefunden.

Abschied

Am nächsten Morgen, als ich gerade am Feuer saß, um mich zu wärmen, kamen die Männer wieder. Ich sah sie trotz des dichten Nebels, wie sie um die Ecke bogen und direkt auf unser Haus zusteuerten. Offenbar hatten sie im Dorf übernachtet. Diesmal sprachen sie nicht zuerst mit mir oder meiner Mutter, sondern gingen direkt zu meinem Bruder. Sie sagten ihm, sie würden ihm jetzt viertausend und später noch einmal 2000 oder 3000 Rupien* zahlen. Der älteste von ihnen hielt Amar die großen Scheine vor die Nase.

Mein Bruder nahm das Geld, den Blick auf den Boden geheftet, und sagte: »*Huncha* – Okay. Sie geht mit euch.«

Als ich das hörte, rannte ich weg und versteckte mich im Stall der Nachbarn, hinter dem Brennholz, bei den Schafen. Mein Bruder rief nach mir, aber die Nachbarin verriet mich: »Wenn du Urmila suchst, die ist bei uns im Stall.«

»Urmila!«, rief Amar streng. Da wusste ich, dass es vorbei war. Gesenkten Hauptes ging ich zu ihm zurück. »Wenn du mich und diese Familie respektierst, dann gehst du mit. Wir können damit die Schulden bezahlen, und wir werden für die *Bauzu* Medizin kaufen. Mach es für uns. Du rettest unser aller Leben«, bat mich Amar.

Ich hatte keine Wahl, das wusste ich. Für die Familie musste ich es tun. Ich schaute auf meine neuen Schuhe und zu meiner Mutter, und ich wusste, ich musste gehen.

Die Männer setzten ihre dunklen Sonnenbrillen wie-

---

* Das entspricht circa 20 beziehungsweise 30 Euro.

der auf, stiegen auf ihre Motorräder und fuhren davon. Eine lange Staubfahne folgte ihnen.

Am Nachmittag sagte mir mein Bruder, dass ich meine Sachen packen sollte. Meine Mutter fing an zu weinen. Ich rollte mein buntes Sommerkleidchen und eine blaue *Kurta*, eine längere Tunika, die mit einer langen Hose darunter getragen wird, in ein Tuch. Am Körper trug ich immer noch dieselbe Bluse wie gestern. Mehr hatte ich nicht.

Meine Mutter weinte, Bisrami weinte, und ich weinte auch. Amar packte mich am Arm und zog mich mit sich, weg vom Haus, weg von den anderen. Die Sonne stand schon tief über dem Dschungel. Die Grillen im Rapsfeld zirpten so laut wie sonst auch. Die Hütten, das Dorf, die Bäume und Felder sahen aus wie immer. Hunde bellten, die Kühe lagen wiederkäuend im Sand, vier gefleckte Ferkelchen jagten über den Weg. Aber für mich würde ab diesem Januartag 1996 nichts mehr so sein wie vorher.

Pani – Wasser

Ich weinte den ganzen Weg. Mit ein paar Pausen vielleicht, um Luft zu holen. Die Tränen liefen mir in den Mund und weiter das Kinn und den Hals hinab. Meine Nase war verstopft, so dass ich kaum noch atmen konnte. Ich schniefte und schniefte, doch das kümmerte niemanden. Bis nach Lamahi, der nächsten Kleinstadt, mussten wir mehr als zwei Stunden laufen. Ich stolperte über den staubigen Weg. Wenn ich langsamer wurde, zog mich Amar weiter.

Die Dämmerung brach plötzlich und schnell herein. Aber vor der Dunkelheit hatte ich keine Angst. Was mein Herz rasen ließ, war der Gedanke an den Rapti-River, den Fluss in der Ebene, den wir durchqueren mussten. Ich war noch nie auf der anderen Seite gewesen.

Wir waren nicht allein aus unserem Dorf aufgebrochen. Meine Schwester Mithila begleitete uns ein Stück bis zur Abzweigung zu ihrem Haus. Außerdem waren noch drei weitere Mädchen aus meinem Dorf mit ihren Verwandten dabei – auch sie waren wie ich als *Kamlahari* verkauft worden.

Niemand von uns sprach auf dem Weg, bis wir uns von Mithila verabschieden mussten. Sie nahm mich in den Arm und strich mir über die Haare. Das machte sie nur ganz selten: »Pass auf dich auf, *Maili*, kleine Schwester.« Sie wusste, was mich erwartete. Schließlich hatte sie selbst viele Jahre als *Kamlahari* gearbeitet. Ich hielt mich an ihr fest, doch wieder zog Amar mich weiter.

Hinter dem Dorf meiner Schwester, das wusste ich, kam der Fluss – Mithilas Dorf war schon öfter von schlimmen Überschwemmungen verwüstet worden.

Auf einmal standen wir am Ufer des Rapti-River. Er durchschneidet den gesamten Dang-Distrikt. In mehreren Flussläufen schlängelt er sich durch die Ebene wie eine große, gewaltige Schlange. In der Regenzeit wird er sehr breit und bleibt manchmal wochenlang unpassierbar. Aber auch jetzt sah der Hauptstrom schwarz und tief aus.

Mich fröstelte. Wie sollte ich das bloß schaffen? Wie die meisten Kinder hier konnte ich nicht schwimmen. Ich würde sicher auch mitgerissen werden und ertrinken. Wie der Mann, den ich gesehen hatte. Er war ein erwachsener Mann gewesen, und ich war nur ein Kind.

Ich spürte, wie meine Kräfte schwanden, meine Beine waren wie Gummi. Doch die anderen marschierten geradewegs über die Kiesel auf den Fluss zu.

Widerstrebend und steif wie ein Stock folgte ich ihnen. Das Wasser war eiskalt. Beim ersten Kontakt zuckte ich zusammen: »Nein!«, schrie ich, »bitte Amar, ich kann nicht.« Aber Amar zog mich weiter.

Ich hob die Füße, so hoch ich konnte, und drückte mein Bündel mit der linken Hand an meine Brust. Bis mir das Wasser bis an die Knie reichte, schaffte es Amar, mich weiterzuschleifen. Dann blieb ich stehen. Ich konnte nicht mehr, ich war starr vor Schreck, meine Beine waren wie gelähmt. Ich hatte das Gefühl, ich würde auf der Stelle tot umfallen vor Angst.

Mein Bruder schimpfte, aber dann nahm er mich auf den Arm und trug mich hinüber. Zum Glück stand das Wasser nicht sehr hoch. Es reichte Amar nur bis zur Brust. Aber es war furchtbar kalt. Es fühlte sich an, als ob sich tausend Nadeln in die Haut bohrten. Ich krallte mich an Amar fest, kniff die Augen zusammen und hielt die Luft an, bis wir wieder am Ufer waren. Dort setzte er mich ab.

Unsere Kleider waren immer noch nass, als wir in Lamahi, der nächstgelegenen Kleinstadt, ankamen, und ich fror fürchterlich. Meine Zähne klapperten. In Lamahi gab es viele Marktstände und kleine Geschäfte, in denen sich tarnfarbene Nylonwinterjacken, silberne Radios, Bonbons in Gläsern und Musik-CDs stapelten. In den Regalen lagen glänzende Kämme, Ohrringe und Ketten sowie Metallschüsseln, Kekse in goldenen Rollen und orangefarbene Limonadenflaschen. Von der Decke hingen lange Girlanden von Haarshampoo-Päckchen in Einmaldosen und bunte Plastikdreiräder herab. Vor den Läden lagen Berge von weißen und schwarzen Turnschuhen oder Wollmützen.

Ich schaute und staunte. Vieles hatte ich noch nie vorher gesehen. Um die Garküchen an der Hauptstraße standen viele Menschen, aßen in Fett gebackene Kringel und *Momos* – mit Fleisch oder Gemüse gefüllte Teigtaschen aus dem *Himalaya*. Es duftete nach heißem Öl, Zwiebeln, süßem Tee und nach Holzkohlefeuer.

An der Hauptkreuzung warteten viele Menschen auf die Überlandbusse. Motorräder knatterten vorbei und scheuchten die Leute auf die Seite. Die Busse kamen laut hupend angerast, ihre Scheinwerfer tauchten alles in grelles Licht. Eine Traube von Menschen presste sich hinein. Andere kletterten aufs Dach, um das Gepäck oben festzubinden. Im Gedränge sah ich viele Mädchen in meinem Alter und älter, die auch mit ihren Verwandten gekommen waren. Manchmal trafen sich unsere Blicke. Sie sahen genauso verängstigt und verloren aus wie ich. Wahrscheinlich sind auch sie gerade als *Kamlahari* verkauft worden, dachte ich mir.

Mein Bruder kaufte ein paar Mandarinen an einem der Obststände und reichte mir eine, da hörte ich auf zu weinen. Wir stellten uns in die Nähe einer Garküche, um uns zu wärmen. Ich schälte meine Mandarine und aß sie gierig auf.

Endlich kam unser Bus. Wir mussten nach Ghorahi, der Provinzhauptstadt oben auf den Hügeln. Zum Glück hatten wir in der letzten Reihe noch einen Sitz ergattert, auf den wir uns zu dritt quetschten, denn der Bus war völlig überfüllt. Es saßen sogar Leute auf dem Dach, zwischen den Bündeln, Taschen und Koffern. Bei der Kälte und der kurvigen Fahrt kein Vergnügen. Auf der Fahrt durch die Berge wurde mir schlecht. Ich war vorher noch nie Bus gefahren. Amar reichte mir wortlos die Plastiktüte, in der zuvor die Mandarinen gelegen hatten, als ich mich übergeben musste. Weil ich nicht wusste, wohin mit der Tüte und dem Erbrochenen, behielt ich den Beutel auf dem Schoß, bis wir ausstiegen.

AUF DER ANDEREN SEITE DES FLUSSES

»Warum musste ich nur gehen? Es ist ungerecht, ein Mädchen zu sein. Ich muss hart arbeiten von morgens bis abends. Ich will auch ein Junge sein, lernen und leben.«

THARU-LIED

Hochzeit

Als der Bus in Ghorahi, der Bezirkshauptstadt oben im hügeligen Teil des Dang-Distriktes, ankam, war ich erschrocken. Hier gab es noch viel mehr Häuser, Geschäfte, Autos, Mopeds und Menschen als in Lamahi.

Mein Bruder und ein anderer entfernter Verwandter brachten mich und Goma, eines der anderen Mädchen aus meinem Dorf, zu einem großen gelben Haus, das von einer hohen Mauer umgeben war. Für mich sah es aus wie eine Festung. Es hatte drei Stockwerke und viele Fenster mit dunkel getönten Scheiben. Im Garten stand ein Zelt, aus dem laute Musik zu uns drang. Man hörte viele Menschen reden, lachen und mit Tellern und Gläsern klappern.

Wir kamen näher und standen nun vor einer großen, braunen Holztür. Die Männer sahen sich an. Amar zögerte kurz, dann klopfte er. Es dauerte eine ganze Weile, bis ein Diener uns öffnete. Amar erklärte ihm, wer wir waren. Der Diener bedeutete uns zu warten und ließ uns abermals vor der Tür stehen. Nach ein paar Minuten öffnete sie sich wieder, und einer der jüngeren Männer, die zu uns ins Dorf gekommen waren, stand im Türrahmen. Er gab uns ein Zeichen hereinzukommen. Eingeschüchtert traten wir ein. Sogar Amar wirkte unsicher und nervös.

Das gelbe Haus in Ghorahi war der Wohnsitz einer angesehenen, einflussreichen Familie. An diesem Tag hielten sich dort viele Verwandte, Freunde und Nachbarn auf, weil sie eine Hochzeit feierten.

In Nepal dauern Hochzeiten oft mehrere Tage und Nächte. Vor allem bei den reichen Familien, die es sich leisten können, so wie die in Ghorahi. Der ganze Garten und das Haus waren mit Blumengirlanden geschmückt und voller Menschen. Die Frauen hatten glitzernde, bestickte Saris oder Kurtas an, die Männer trugen fast alle Anzüge, so wie die Männer, die in Manpur gewesen waren. Selbst die Kinder waren herausgeputzt wie Prinzen und Prinzessinnen. Nur die zukünftige Braut sah traurig aus. Sie saß allein auf einem Podest in ihrem rot-goldenen Gewand. Unbeweglich wie eine Puppe. Ihre Hände waren mit Henna bemalt. Sie schien die Einzige zu sein, die nicht feierte.

Amar hatte es plötzlich eilig. Er schob mich vor sich her, wechselte drei Worte mit dem Mann, der uns die Tür geöffnet hatte. Der Mann nickte, und Amar kam zu mir zurück.

»Ihr sollt euch dort an die Seite setzen, gleich kommt euch jemand holen. Tu immer schön, was sie sagen, ja? Versprichst du mir das?« Dann murmelte er: »Auf Wiedersehen, Urmila. Mach es gut«, und ließ mich einfach stehen mit meinem kleinen Bündel unter dem Arm.

Auch der Begleiter von Goma verabschiedete sich hastig. Als wir begriffen hatten, dass sie uns dort allein zurückließen, hatte sich die Tür bereits hinter ihnen geschlossen.

Wir standen erst völlig ratlos und verloren herum. Niemand beachtete uns. Die Hochzeitsgäste feierten ausgelassen. Eine Liveband spielte indische Popmusik, wie ich sie bisher nur bei unseren Nachbarn im Radio gehört hatte. Ein paar junge Leute tanzten wild dazu. Auf den Tischen brannten Kerzen, und auf einem Rost über einem Feuer wurde Fleisch gebraten. Der Rauch stieg wie eine Wolke in den Nachthimmel auf.

Die meisten Gäste saßen um die Tische, redeten und gestikulierten angeregt, aßen oder tranken. Die Kinder spielten Fangen und rasten zwischen den Tischen herum und durch den Garten. Ein paar Mal rempelten sie uns dabei an. Also setzten wir uns an die Seite auf den Boden, wie Amar uns gesagt hatte.

Ich war todmüde nach dem Fußmarsch, der Flussüberquerung und der Busfahrt. Als nach einer Weile noch immer niemand gekommen war, um uns zu holen, kauerte ich mich zusammen und war bald trotz der Musik und des Lärms erschöpft eingeschlafen.

Eine Frau rüttelte mich irgendwann wach. »Kommt mit«, forderte sie uns nur kurz auf und ging voraus.

Die Musiker machten gerade eine Pause. Die Gäste saßen in Grüppchen im Zelt zusammen. Neben der Küche zeigte uns die Hausangestellte eine Kammer, wo wir uns schlafen legen sollten. Sie fragte uns nicht, ob wir noch etwas essen wollten, obwohl sich auf den Tischen im Zelt das Essen türmte. Aber wahrscheinlich wären wir ohnehin zu müde gewesen, um etwas herunterzubekommen. Wir waren sogar zu müde, um zu weinen oder unsere Familien zu vermissen. Wir legten uns dicht nebeneinander auf eine Matte, weil uns kalt war, und deckten uns mit einem Tuch zu. Trotz der lauten Musik und des Lärms draußen schliefen wir sofort ein.

Erst am nächsten Tag erfuhr ich, dass der ältere Mann, der in mein Dorf gekommen war, mich als Geschenk für seine Tochter in Kathmandu bestimmt hatte.

Das große, gelbe Haus gehörte ihm. Die Tochter, für die mich der Mann gekauft hatte, war zur Hochzeit ihres Bruders hierhergekommen. Sie hieß Sita. Als ich sie das erste Mal sah, trug sie keinen Sari wie die meisten anderen Frauen, sondern ein blaues, halblanges Kleid mit einer Jacke aus demselben Stoff darüber. Sie war gerade angekommen und zog einen riesigen, schwarzen Koffer mit Rollen hinter sich her. Die Männer halfen ihr, weil sie noch viel mehr Gepäck dabeihatte. Ich nahm auch eine Tasche und trug sie ins Haus. Man sah gleich, dass Sita in der Großstadt lebte. Sie sah anders aus als die anderen. Ich lernte sie aber nur kurz kennen, als der Vater mich ihr vorstellte.

»Wie heißt du?«, fragte sie mich.

»Mero naam Urmila ho«, sagte ich leise. – »Mein Name ist Urmila.«

Sie schien sich nicht besonders zu freuen. »Sie ist ja so klein und dünn, wie soll sie richtig arbeiten?«, fragte sie ihren Vater. Sie musterte mich von oben herab.

»Sie wird sich schon dran gewöhnen«, sagte ihr Vater.

Sitas Kinder waren auch dabei. Sie waren kaum jünger als ich. »Oh toll, ein Hausmädchen«, freuten sie sich, als mich ihre Mutter ihnen zeigte. Dann drehten sie sich um und rannten wieder weg. Sita lächelte mich kurz an und reichte mir eine Mandarine: »Hier nimm, die ist für dich.« Zu ihrem Vater sagte sie: »Wir werden schon klarkommen.« Dann ließ sie mich stehen und begrüßte die Gäste und die anderen Mitglieder der Familie.

Die nächsten Tage blieb ich noch in dem Haus in Ghorahi, so lange wie die Hochzeitsfeier dauerte. Es war ein Kommen und Gehen unzähliger Gäste. In der Auffahrt schmückten ein paar junge Männer den Jeep für das Brautpaar mit Blumen und Palmwedeln. Das dauerte Stunden. Auch dem Pferd, auf dem der Bräutigam zur eigentlichen Hochzeitszeremonie im Tempel reiten würde, wurden Blumen in Mähne und Schweif geflochten. Es war eine unvorstellbare Pracht und ein Reichtum, der zur Schau gestellt wurde. Bis dahin hatte ich gedacht, dass es so etwas nur in Märchen gibt.

Viel arbeiten musste ich in Ghorahi noch nicht. Die Familie war noch zu sehr mit den Feierlichkeiten beschäftigt, um sich um Goma und mich zu kümmern. Also spielte ich ein bisschen mit Paiya und Mohan, den Kindern von meiner *Maharani* – meiner Herrin –, sang und tanzte mit ihnen zur Musik. Ansonsten saßen Goma und ich meistens irgendwo an der Seite im Garten und schauten den Leuten zu. Goma hatte schon das Jahr vorher in einer anderen Familie als *Kamlahari* gearbeitet. Dennoch war hier für uns beide alles ungewohnt und neu. Ich hatte Heimweh nach meinem Dorf, nach meiner Mutter und meinen Geschwistern. Goma bestimmt auch. Aber sie sprach nicht darüber. Sie redete ohnehin nur wenig.

Da sie jedoch etwas älter war als ich und schon Erfahrung als *Kamlahari* hatte, erklärte sie mir manches. Als man mir auftrug, einige Kleider zu waschen, zeigte sie

39

mir, wie ich mit der Seife den Stoff bearbeiten musste, und half mir, alles schön sauber zu bekommen.

Eine Köchin brachte uns am nächsten Morgen *Dal Bhat*, das nepalesische Nationalgericht: Reis mit Linsensoße. Sie stellte die Blechteller vor uns auf den Boden. Wir hatten großen Hunger, da wir seit den Mandarinen am Abend zuvor in Lamahi nichts mehr gegessen hatten, und schlangen den Reis gierig hinunter. Zu essen gab es auch später während des Festes genug. Wenn wir fragten, durften wir uns sogar von den Tischen etwas nehmen. Ich aß vor allem Bananen, Mandarinen und Süßigkeiten, denn die hatte es bei uns in Manpur fast nie gegeben.

Viel habe ich von dem großen gelben Haus nicht gesehen. Die Küche war vollgepackt mit elektrischen Geräten. Der große, riesige Kühlschrank machte mir Angst, weil er brummte und seltsame Geräusche von sich gab. Sie hatten auch einen großen, silbernen Reiskocher. Das laute Piepen, wenn der Reis fertig war, erschreckte mich jedes Mal. Es gab viele Treppen, Türen und Schlafzimmer.

Am zweiten Tag durfte ich im Zimmer von Sitas Schwester auf dem Boden schlafen. Das war schon viel angenehmer und nicht so kalt wie in der Kammer. Am Morgen lugte ich durch die offene Tür ins Wohnzimmer. Da standen mehrere braune Schränke, Kommoden und Ledersofas, und auf dem Boden lag ein schöner, bunter Teppich. Die Vorhänge aus hellorangefarbener Seide reichten bis zum Boden. In einer Ecke waren die ganzen Hochzeitsgeschenke aufgebaut: Goldschmuck, Kristallvasen, ein Fernseher, ein Sessel, eine Musikanlage, Töpfe, viele Schachteln, Kartons und Tüten. Außerdem bekam das Brautpaar ein Moped geschenkt – und eine *Kamlahari* für die Hausarbeit.

Verlassen habe ich das Grundstück in den ersten Tagen nur einmal. Sie schickten uns los, um an einem Gemüsestand zwei Straßen weiter Salat und Koriander zu kaufen. Dafür gaben sie jedem von uns als Belohnung 20 Rupien*. Viel Geld für ein kleines Mädchen. Ich war stolz auf mein erstes, selbst verdientes Geld.

Nach ein paar Tagen ging für mich die Reise weiter. Goma blieb in Ghorahi. Sita, ihre Kinder, ihr Bruder, ein paar andere Verwandte und ich nahmen wieder einen Bus. Diesmal fuhr er nach Kathmandu.

An die zehn Stunden lange Nachtfahrt kann ich mich nur noch schwach erinnern. Ich weiß nur noch, dass es sehr kalt im Bus war. Zum Glück saß ich neben Paiya, der Tochter von Sita, und einer anderen Frau, so konnten wir uns gegenseitig wärmen.

Ich versuchte, mir Kathmandu, die Hauptstadt unseres Landes, vorzustellen. Bisher hatte ich nur gehört, was die Leute im Dorf erzählten. Denn von meiner Familie war noch nie jemand dort gewesen. Es sollte eine sehr große Stadt sein – also noch größer als Lamahi und Ghorahi. Ich hatte die Leute erzählen hören, dass sehr viele Menschen dort arbeiteten und lebten. Dass es dort Tausende von Autos gäbe und dass man dort alles kaufen könne, sogar Fernseher, die so groß wie Häuser waren, und Buddhas aus Gold.

Würden die Berge dort wirklich den Himmel berühren, wie ich gehört hatte? Wie würde mein Leben wohl aussehen? Würden die reichen Leute ihr Versprechen halten und mich zur Schule schicken? Wo würde ich wohnen? Würde das Haus genauso groß sein wie das in

---

*   Circa 20 Cent.

Ghorahi? Was würde mit mir passieren? Wann würde ich meine Familie wiedersehen?

Kathmandu

Als wir endlich in Kathmandu ankamen, wurde es gerade hell. Die Stadt lag unter einer dicken grauen Dunstglocke. Die Scheinwerfer der Autos sahen im Nebel wie Augen von großen Ungeheuern aus.

Ich hatte noch nie so viele Busse, Lichter, Autos, Lastwagen, Mopeds, Häuser und Menschen auf einmal gesehen. Am Busbahnhof war ein einziges Gewusel und Durcheinander. Die Menschen drängten mit Bündeln und Tüten hinaus. Männer warfen Taschen und Koffer vom Dach des Busses herab. Die Leute schrien sich Worte zu, die ich nicht verstand. Ich fühlte mich winzig klein und blieb ganz dicht an Sita, weil ich Angst hatte, sie könnte mich im Gedränge verlieren.

Außerdem schlug mir eine eisige Kälte entgegen. Die meisten Menschen hatten Anoraks, feste Schuhe und Mützen an. Die Leute aus dem Dorf hatten mich gewarnt, dass die Winter in Kathmandu hart sind. Aber so eine Kälte hatte ich noch nicht gespürt. Mein Atem zeichnete vor meinem Mund Wolken. Meine Zähne klapperten, und meine nackten Füße waren ganz taub.

Endlich hatte Sita all ihr Gepäck zusammen: »Los, komm mit«, forderte sie mich nur kurz auf. Ich hoffte, dass wir nicht zu weit laufen müssten. Als Sita vor einem Taxi stehen blieb und die Tür aufhielt, war ich glücklich. Langsam wärmten sich meine Füße und Hände wieder auf. Ich wischte ein kleines Guckloch in die beschlagene Scheibe und sah mit großen Augen hinaus:

Die Häuser schienen für mich so hoch wie Türme, und überall in den Fenstern brannte Licht. Und schon jetzt am frühen Morgen waren viele Menschen unterwegs. Ich dachte an Manpur, wo auch gerade einer neuer Tag anbrach. Meine Familie saß jetzt wahrscheinlich um das Feuer zusammen, die Hähne krähten, die Wasserpumpe quietschte, die Büffel brüllten.

Hier waren nur Autos, Straßen und Häuser, so weit man sehen konnte. Alles war grau und braun, nirgends waren Bäume. Es stank nach Abgasen, und es war laut. Vor lauter Gehupe und Motorenbrummen konnte man keine Vögel, keine Tiere hören. Eine große Traurigkeit überkam mich. Das Heimweh schnürte mir den Hals zu und legte sich wie ein Eisenring um mein Herz.

Das Taxi hielt vor einem hohen Gebäude mit vielen Wohnungen. Hier gab es sogar einen Aufzug. Zögernd folgte ich Sita und den Kindern in den kleinen, schachtelgroßen Raum mit einem Spiegel an der Wand. Ich zuckte zusammen, als sich die Türen automatisch hinter uns schlossen. Wir sind gefangen in dieser Kiste!, schoss es mir durch den Kopf. Dann setzte sich dieses Ding auch noch in Bewegung. Paiya und Mohan, Sitas Kinder, lachten über mein ängstliches Gesicht: »Sieh mal, das Dorfmädchen ist noch nie Aufzug gefahren!«

Ich war froh, als sich die Türen wieder öffneten. Die Kinder rannten voraus zur Wohnungstür und klingelten: »Wir haben ein Dienstmädchen mitgebracht!«, riefen sie aufgeregt, als ihre Großmutter öffnete.

»Ah, das ist ja schön«, freute die sich. »Wie heißt du?«, wollte sie von mir wissen.

»Urmila«, sagte ich und schaute mich schüchtern um.

»Hast du Hunger, Urmila?«, fragte mich die alte Frau.

»*Alli alli* – ein bisschen«, gab ich zu.

Da brachte sie mir ein Glas Milch und Kekse. Ich freute mich und dachte, dass ich zu einer sehr netten Familie gekommen sei. Auch als ich fragte, wo ich das Glas abspülen sollte, sagte Sita: »Das musst du jetzt nicht machen. Du bist doch sicher müde nach der langen Fahrt.«

Dann zeigte sie mir die Wohnung: zunächst die Küche mit einem Gasherd und Kühlschrank, dann das Wohnzimmer, in dem ein braunes Sofa und ein Esstisch standen, und zum Schluss die Terrasse, den Balkon und das Badezimmer, wo es fließend Wasser und eine Toilette mit Wasserspülung gab. Und überall brannten Lampen – in jedem Zimmer gleich mehrere. Für mich war alles völlig neu. Ich nickte nur stumm und hoffte, dass ich bald lernen würde, damit umzugehen.

Bei uns im Dorf bei meinen Eltern oder bei meiner Schwester gab es keine Möbel. Wir hockten auf dem Boden oder auf kleinen runden Korbkissen und schliefen auf einer Matte. Die wenigen Kleider wurden über eine Stange gehängt und der Reis in einem großen Tonkrug aufbewahrt. Nur draußen vor der Tür stand ein mit einer Schnur bespannter Holzrahmen, der uns tagsüber als Sitzgelegenheit und Bett diente, denn er befand sich außerhalb der Reichweite von Ratten, Skorpionen und Käfern.

Auch einen Fernseher hatte ich noch nie gesehen, obwohl ich gehört hatte, dass es solche Flimmerkisten geben sollte. Im Dorf erzählten sie manchmal, dass man bewegte Bilder, singende und tanzende Menschen, Football- oder Cricketspiele in einem Kasten anschauen könnte. Doch ich glaubte es erst, als ich es selbst zum ersten Mal mit eigenen Augen sah.

Zuletzt zeigte sie mir noch, wo ich schlafen sollte: auf dem Boden im Zimmer der Großmutter.

Zwölf Menschen lebten damals in dieser Wohnung in Kathmandu: Sita und ihre zwei Kinder, ihr Bruder mit seiner Frau und deren Kinder, ihr Schwager mit Frau und Kindern und Sitas Schwiegermutter. Also sechs Erwachsene und sechs Kinder. Ich war Nummer 13.

Ich musste sie höchst respektvoll anreden, so wie früher eine Dienerin ihre Herrschaften. Sita musste ich »*Maharani*« nennen und die Kinder »Prinz« und »Prinzessin«. Sie nannten mich dafür oft nicht bei meinem Namen, sondern nur *Tharuni*, was so viel heißt wie »dahergelaufenes *Tharu*-Mädchen«.

Maharani Sita zeigte mir den Weg zum Markt, wo ich Nahrungsmittel einkaufen sollte, und die Pumpe, an der ich Wasser holen würde. Denn damals gab es oft Wasser-Engpässe in Kathmandu. Ganz in der Nähe war auch ein weißer Palast in einem riesigen grünen Park. Das sei die indische Botschaft, klärte mich Sita auf.

Am nächsten Tag schickte sie mich los, um im Geschäft an der Ecke Milch zu holen. Ich erinnere mich noch, dass ich mit dem Milchkarton auf den Knien vor dem Laden auf der Straße sitzen blieb und die Autos gezählt habe. Da ich nicht bis hundert zählen konnte, zählte ich von eins bis zwanzig und fing dann wieder von vorne an. Ich weiß nicht, wie oft ich bis zwanzig gezählt habe. Wo fuhren diese Menschen wohl alle hin? Was hatten sie alle vor, was so wichtig war? Sie machten alle so wichtige, ernste Gesichter in ihren Autos oder auf ihren Mopeds.

Die meisten Passanten haben mich nicht beachtet, nur ein paar Hunde kamen näher und schnüffelten an mir.

Alles war so eng, so laut, so voll. Es gab fast kein Grün, kaum Bäume, keinen Dschungel, keine Felder, keine Wiesen wie in meinem Dorf. Es stank nach Autoabgasen. Viele Menschen trugen Masken vor Mund und Nase, um den Dreck nicht einatmen zu müssen. Sie sahen bedrohlich damit aus. Die Luft in Kathmandu ist schlecht. Ständig liegt eine braune Smog-Dunstglocke über dem Tal und verhindert meistens wie eine schmutzige Gardine den Blick auf die Schneegipfel des *Himalaya*.

Die Häuser glichen gestapelten Streichholzschachteln. Ein Durcheinander von Elektrokabeln und Masten zog sich kreuz und quer über die Straßen. Überall waren Reklametafeln: für Autos, Fernseher, Limonade oder Shampoo. Auf den Plakaten waren glückliche Familien abgebildet, lachende Kinder, Frauen mit glänzenden Haaren oder Männer in Anzügen.

In den Straßen welkten ein paar Palmen. Vor den Läden standen Stapel von blauen, roten und grünen Plastikeimern. In den Schaufenstern lagen Mobiltelefone und regenbogenbunte Sari-Stoffe mit Pailletten. Aus einem Musikshop dröhnten Popschlager auf Hindi. Am Straßenrand verkauften fliegende Händler bergeweise Handschuhe, Socken, Erdbeeren und Erdnüsse oder einzelne Zigaretten. Auf den Feuern der Garküchen brutzelten süße Küchlein oder Gemüse im Fett. Dazu ein ohrenbetäubendes Hupkonzert, das Knattern der Mopeds, die vorbeibrausenden Busse und Autos. Mich machten die vielen Menschen, Geräusche und Eindrücke anfangs richtig schwindelig.

Die berühmten Tempelbezirke in Kathmandu, Patan und Bakhtapur, die Schnitzereien und goldenen Dächer, die lächelnden Buddha-Figuren und unzähligen Hindu-

Götter, den Palast der *Kumari*, die riesigen *Stupas*, Fähnchen und Blumengaben, die Mönche und Pilger, die Tausende von Tauben, die die Tempelvorplätze bevölkerten, das bunte Leben in den Altstadtgassen, die kunstvollen Gebetsmandalas, Klangschalen, die Pashmina-Schals und Fleece-Jacken für die Trekkingtouristen, die wunderschönen Ausblicke von den Hügeln auf das Mosaik der Stadt und die schneebedeckten Gipfel des *Himalaya* – alles das, was Reisende aus aller Welt so an Kathmandu und Nepal lieben, bekam ich erst mal nicht zu sehen, obwohl das Touristenviertel Thamel und der Durbar-Square nur circa zwanzig Minuten von der Wohnung entfernt waren.

Kamlahari

Bald hatte ich keine Zeit mehr, den Autos und Menschen zuzusehen. Nach und nach teilten Sita und ihre Verwandten mir immer mehr Aufgaben zu. Erst sagten sie: »Urmila, mach den Abwasch.« Dann: »Urmila, wasch die Wäsche.« Jeden Tag hatte ich einen Riesenberg Teller, Töpfe und Kleider sauberzuschrubben. Alles mit der Hand und mit kaltem Wasser. Selbst in der Stadt haben die meisten Haushalte in Nepal noch kein warmes Wasser. Auf dem Dorf sowieso nicht.

Im Zimmer der Großmutter auf einer Matte zu schlafen war anfangs schlimm für mich, denn ich war bis dahin gewohnt gewesen, mit meiner ganzen Familie auf einer Matte eng zusammenzuliegen. Ich weiß noch, dass ich mich oft in den Schlaf weinte, weil ich mich so alleine fühlte.

Die anderen Familienmitglieder mochten die Großmutter nicht. Sie kam vom Dorf wie ich und war eine eher einfache Frau. Daher machten sie sich oft über sie lustig, und wenn Gäste kamen, ließen sie sie nicht aus dem Zimmer, weil sie sich für sie schämten. Zu mir aber war die Oma nett. Sie steckte mir immer wieder getrocknete Früchte oder Kekse zu. Denn ich bekam nicht viel zu essen. Oft hatte ich Hunger und war dankbar für jede trockene Aprikose oder eine Handvoll Mandeln. Aus Angst, dass die anderen mich beim Essen erwischen würden, versteckte ich mich im Schrank oder auf der Toilette. Sonst hätten sie die alte Frau und mich geschimpft.

Die Familie speiste am schön polierten Esstisch – ich aß auf dem Boden vor der Küche. Wenn sie fertig waren, gaben sie mir die Reste. Gekocht habe ich anfangs noch nicht, aber ich half bei den Vorbereitungen, putzte und schnitt das Gemüse, wusch den Reis. Gekocht haben die Frauen des Hauses. Sitas Schwägerin arbeitete für eine Zeitarbeits- und Personalfirma, die anderen blieben zu Hause. Oft verschwanden sie aber auch den ganzen Tag, gingen shoppen, zur Kosmetikerin oder zu Freundinnen.

Sitas Mann arbeitete damals schon seit Jahren für eine Autofirma in Japan. Er schickte das Geld und bezahlte die Miete für die Wohnung, in der sie alle lebten. Er musste sehr gut verdienen. Inzwischen haben sie ein schönes, großes eigenes Haus in den Hügeln gebaut. Der Mann rief einmal die Woche an, sprach kurz mit seiner Frau und den Kindern und fragte, ob alles in Ordnung sei. Er kam aber nie nach Hause, um seine Familie zu besuchen. Ich habe ihn jedenfalls in all den Jahren nicht ein einziges Mal gesehen.

Die Kinder der Familie gingen alle zur Schule. Ich

war für Sitas Sohn und Tochter verantwortlich. Der Junge, »Prinz Mohan«, besuchte die Vorschule. Er war zwei Jahre jünger als ich, damals also vier. Seine Schwester, »Prinzessin Paiya«, war in der ersten Klasse. Sie war nur ein paar Monate jünger als ich. Ich habe ihnen ihre Kleider vorbereitet und sie gewaschen. Sogar nachdem sie auf der Toilette waren, musste ich sie saubermachen. In Nepal benutzen wir kein Toilettenpapier, sondern waschen uns mit Wasser. Die Kinder wischten sich nicht selbst den Po ab. Auch nicht ihre Mutter. Dafür hatten sie ja mich – das *Kamlahari*-Mädchen.

In ihrem Zimmer hatten die Kinder viele Spielsachen: Autos, Puppen, Bälle, Buntstifte. So etwas hatte ich noch nie gesehen. Aber ich durfte sie nicht einmal anfassen. Zum Spielen hätte ich sowieso keine Zeit gehabt. Aber wenn ich mich nur näherte oder ihnen sehnsüchtig zusah, dann schrien sie schon: »Das sind unsere Sachen, nicht deine. Du bist nicht zum Spielen hier, sondern zum Arbeiten.«

Obwohl zumindest Paiya und Mohan ungefähr genauso alt waren wie ich, waren sie nicht nett zu mir. Auch in ihren Köpfen war schon drin, dass ich ihre Dienerin war und kein Kind, mit dem sie hätten spielen können. Sie hänselten, ärgerten und schlugen mich.

Jeden Morgen legte ich ihnen die Schuluniformen zurecht: eine graue Hose und einen Rock, zwei hellblaue Hemden, blau-weiß gestreifte Krawatten und zwei graue Pullover mit goldenen Stickemblemen auf der Brust. Dabei war ich immer traurig und neidisch auf sie. Was hätte ich dafür gegeben, auch zur Schule gehen zu können. Ich liebte den Geruch der Hefte und Bücher, liebte die Bleistifte, die bunten Filzer.

Nach zwei Monaten traute ich mich, Sita zu fragen:

»Wann werde ich zur Schule gehen? Sie haben mir versprochen, ich dürfte zur Schule gehen.«

Sie vertröstete mich: »Wir müssen erst eine Schule für dich suchen, dass ist nicht so einfach. Es gibt lange Wartelisten.« Sie hat nie gesagt: »Nein, du wirst nicht zur Schule gehen, wir brauchen dich hier zu Hause.« Sie sagte immer nur: »Warte, noch etwas Geduld, bald, später …«

Die sechs Kinder der Familie gingen auf drei der berühmtesten und teuersten Schulen in Kathmandu: Little Angels, St. Xaviers, eine katholische Eliteschule der Jesuiten, und Laxi, eine sehr angesehene private Vor- und Grundschule.

Jeden Tag musste ich Paiya und Mohan zur Bushaltestelle bringen. Ich hasste es, denn ich hatte anfangs furchtbare Angst davor, die Straße zu überqueren. Um zur Bushaltestelle zu kommen, mussten wir eine sehr befahrene Straße überqueren. In Kathmandu gibt es kaum Verkehrsregeln. Keiner nimmt auf Fußgänger Rücksicht, man muss zusehen, dass man nicht überfahren wird.

Mohan und Paiya waren daran gewöhnt, ihnen machte es nichts aus. Aber ich stand oft minutenlang am Rand und traute mich nicht loszugehen. Jedes Mal, wenn mich ein Auto oder Moped wild anhupte, flüchtete ich wieder an den Straßenrand. Manchmal haben mir dann Fremde auf die andere Seite geholfen. Während Mohan und Paiya mich auslachten.

Wenn wir spät dran waren, gab mir Sita 500 Rupien[*], damit ich die Kinder im Taxi zur Schule brachte. Normalerweise setzte ich Mohan und Paiya dann an der

---

[*]   Circa 5 Euro.

Schule ab und fuhr mit demselben Taxi gleich wieder zurück. Doch einmal blieb ich einfach da. Ich hockte mich auf die Mauer neben dem Tor und beobachtete, wie die Eltern oder Kinderfrauen die Kinder ablieferten. Manche Mütter verabschiedeten ihre Kinder mit einem Kuss oder einer Umarmung. Das war bei mir auf dem Dorf nicht üblich. Ich sah, wie die Jungen und Mädchen mit ihren Heften und Büchern unter dem Arm in die Klassen verschwanden. Durch die offenen Fenster hörte ich sie singen und laut das Alphabet aufsagen: »A, B, C, D …«

Leise wiederholte ich: »A, B, C, D …«

»This is a cat«, sagte der Lehrer, und die Kinder antworteten: »This is a cat.«

»This is a dog«, sagte der Lehrer. »This is a dog«, sprachen die Kinder nach.

Ich traute mich nicht, näher heranzugehen und in die Fenster zu schauen, weil ich Angst hatte, dass mich jemand entdecken und verscheuchen würde. Dennoch hatte ich das Gefühl, ein bisschen dazuzugehören. Auch wenn ich damals noch kein Wort Englisch verstand.

Ich sah, wie sie in der Pause alle herausgerannt kamen. Sie lachten und spielten. Manche hatten etwas zu essen und zu trinken dabei. Da merkte ich, dass ich noch nichts gegessen hatte. Mein Magen knurrte, und nur zu gern hätte ich sie gefragt, ob sie mir etwas abgeben würden. Doch ich traute mich nicht. Trotzdem blieb ich fasziniert und verzaubert bis zum Nachmittag sitzen, bis die Schule um vier Uhr aus war. Ich wartete auf Paiya und Mohan am Tor und fuhr mit ihnen im Taxi wieder zurück. Die Kinder schienen nicht sonderlich erstaunt, mich vor der Schule zu sehen, aber als ich zu Hause ankam, schimpfte Sita: »Wo warst du den ganzen Tag?

Hier wartet viel Arbeit auf dich! Außerdem hättest du verloren gehen können – Kathmandu ist eine große Stadt. Wehe dir, wenn du noch mal wegbleibst! Dann bekommst du großen Ärger! Das nächste Mal kommst du sofort wieder im selben Taxi zurück, hörst du?« Ich nickte nur stumm und machte mich in der Küche an die Arbeit.

Wenn die Kinder an ihren Hausaufgaben saßen, sah ich ihnen so oft ich konnte über die Schulter. Paiya gab mir manchmal ein Blatt Papier und einen Stift. Dann versuchte ich, es ihr nachzumachen und auch die Buchstaben und Zahlen zu malen – so wie sie. Wenn sie gerade Lust hatte, zeigte sie mir, wie es ging, oder korrigierte, was ich auf mein Blatt geschrieben hatte. Sobald ihre Mutter oder eine der anderen Frauen reinkamen, mussten wir das Papier ganz schnell verstecken. Sonst wäre ich bestraft worden.

Wochen und Monate vergingen. Je älter und größer ich wurde, desto mehr Arbeit luden sie mir auf. Sie selbst machten gar nichts mehr im Haushalt, dafür hatte ich die ganze Arbeit zu erledigen: putzen, kochen, waschen, einkaufen. Von fünf Uhr morgens bis oft zehn oder elf Uhr nachts.

Am schlimmsten war es für mich, Wasser holen zu gehen. Damals gab es oft Wasser-Engpässe in Kathmandu, obwohl Nepal eines der wasserreichsten Länder auf der Welt ist, ist die Versorgung bis heute nur schlecht. Zwar gab es in der Wohnung fließendes Wasser, doch das wurde regelmäßig abgestellt, und dann musste ich, wenn es nicht reichte, zur Pumpe gehen, um Wasser zu holen. An manchen Tagen stand ich stundenlang und bis spätabends an, weil der Andrang so groß war. Die Wasserpumpe war eine Viertelstunde entfernt von unserem Wohnblock. Zwei Eimer voll schleppte ich jedes Mal zurück. Bestimmt hundertmal habe ich auf dem Weg die schwappenden Eimer abgesetzt. Dann bin ich weitergegangen. Einmal stolperte ich, und ein Eimer fiel hin und kippte um. Meine Angst, nur mit einem nach Hause zu kommen, war zu groß. Also lief ich wieder zurück und stellte mich noch einmal in die Schlange.

Jahan – Familie

Sitas Familie war alles andere als freundlich zu mir. Die jungen Frauen wurden oft wütend und schimpften mich wegen Kleinigkeiten. Vor allem wenn Sita nicht da war, waren die anderen unfreundlich zu mir.

Einmal erwischte mich die Schwägerin abends beim Lesen: »Mach sofort das Licht aus, du undankbare, kleine Göre! Glaubst du, wir bezahlen den Strom, damit du liest?«, keifte sie mich an. »Du bist eine *Kamlahari*, Lesen ist nichts für dich. Das wird dir nur Flausen in den Kopf setzen.« Bevor ich das Licht ausschalten konnte, drehte sie die Glühbirne raus, schlug die Tür zu und ließ mich und die Großmutter im Dunkeln sitzen.

Am schlimmsten aber waren die beiden Männer. Sie kommandierten mich herum und bestraften mich ohne Grund. Sitas Bruder war besonders unberechenbar. Er schlug oder schubste mich, wenn ihm etwas nicht passte. Einmal ohrfeigte er mich so fest, dass ich auf den Boden fiel. Ein anderes Mal verbrannte er mir den halben Arm, weil er in einem Wutanfall einen Topf mit heißem Wasser darüber ausgeschüttet hatte. Ich weiß gar nicht mehr, weswegen. Nur dass er drohte: »Wehe, du sagst es Sita, dann setzt es Prügel!«

In Nepal ist es Tradition, dass die Familien zusammenleben. Selbst in der Stadt wohnen sie zusammen, auch wenn sie sich gar nicht gut verstehen. So will es unsere Kultur. Der Streit zwischen Sita, ihrem Schwager und ihrer Schwägerin aber wurde immer heftiger. Sobald Sita weg war, meckerten die anderen über sie. Dass ich es hörte, störte sie gar nicht – ich war ja bloß das *Kamlahari*-Mädchen und kein Mensch. Wenn Sita zurückkam, taten sie so, als sei nichts gewesen. Schließlich profitierten sie alle davon, dass Sitas Mann die Miete zahlte und sie alle umsonst bei sich wohnen ließ.

Auch mich behandelten sie zunehmend schlechter. Die Männer schickten mich spätabends zum Kiosk, um Zigaretten und Alkohol zu holen. Dabei wussten sie genau, dass Sita es mir verboten hatte, nach Einbruch der Dunkelheit nach draußen zu gehen. Denn in der Zeitung war immer wieder von Mädchen zu lesen, die verschwanden oder vergewaltigt wurden. Ich hatte große Angst, nachts auf die Straße zu gehen, aber ich lief trotzdem los. Wenn Sita es mitbekam, schimpfte sie mit mir: »Du sollst denen keine Zigaretten und Alkohol besorgen! Ich will nicht, dass du auf die Straße gehst, wenn es dunkel ist. Mein Vater hat dich mir mitgebracht, du bist meine *Kamlahari*, nicht ihre.«

Dennoch schickten mich ihr Bruder und ihr Schwager immer wieder los. So war ich ständig hin- und hergerissen. Wenn ich der Familie widersprach, hätten sie mich geschlagen. Wenn Sita mich erwischte, bekam ich mit ihr Ärger. Also versuchte ich, mich heimlich vor die Tür zu schleichen.

Sita wollte, dass ich mich nur um ihre Kinder kümmerte. Die anderen fanden, ich sei für alle Kinder zu-
ständig. Sita wollte, dass ich warmes Wasser aufsetzte,
um Mohan und Paiya zu baden.

Ihr Bruder schnauzte mich an: »Was soll diese Verschwendung? Seit wann müssen Kinder warm baden?«

Ständig geriet ich zwischen die Fronten. Es war
furchtbar. Manchmal wusste ich nicht mehr, wohin. Ich
wusste einfach nicht, wie ich es allen recht machen sollte. Das Schlimmste war, dass ich niemanden hatte, mit
dem ich darüber sprechen konnte. Oft versteckte ich
mich auf der Toilette und weinte. Ich sprach auch oft
mit mir selbst. »Ich halte es nicht mehr aus«, sagte ich
dann zu mir. »Sie sind so gemein zu mir.« Dann versuchte ich, mich zu trösten. »Du wirst es schon aushalten. Du wirst sehen, irgendetwas wird passieren, es wird
besser werden ...«

Eine Fremde zu Hause

Dann passierte tatsächlich ein Wunder: Nach vier Jah-
ren durfte ich das erste Mal wieder nach Hause fahren.
Für einen einzigen Tag. Zum *Maghi*-Fest. In all den
Jahren hatte ich nicht mit meiner Familie gesprochen.
Meine Eltern hatten kein Telefon, das nächste befand
sich erst im sechzehn Kilometer entfernten Lamahi.
Auch Amar, mein Bruder, der mich damals wegge-
schickt hatte, rief nie an, um zu hören, wie es mir ging.

Aus Ghorahi brachte mich ein Cousin von Sita auf dem
Motorrad bis nach Manpur.

Mit sechs Jahren war ich von dort weggegangen. Als

Zehnjährige kam ich wieder. Sita hatte mir beim Friseur die Haare schneiden lassen. Sie waren jetzt fast so kurz wie bei einem Jungen, und außerdem hatte ich nun einen Pony. Sita fand es praktischer. Auch meine Kleidung war wie von einem Jungen – ich trug Jeans und ein Sweatshirt. Sita mochte es, wenn Mohan und Paiya nach der Schule Sportklamotten anzogen: »Ihr seht aus wie kleine Amerikaner«, sagte sie dann ganz stolz. Also liefen sie oft in Jogginghosen, T-Shirts oder Kapuzenjacken herum. Und da ich immer die abgelegten Kleider der Kinder erbte, tat ich das auch.

Nicht nur ich hatte mich verändert, auch in meinem Dorf hatte sich einiges getan. Doch die größte Überraschung erwartete mich bereits auf dem Weg dorthin: Über den Rapti-River führte jetzt eine Brücke! Ich konnte es kaum glauben, als ich sie sah. Ich musste nicht mehr den Fluss durchqueren. Mein Herz hüpfte vor Freude. Wie schön die Eisenpfeiler der Brücke in der Sonne glänzten. Diese Brücke war das bis dahin Schönste, was ich je gesehen hatte. Wenn ich gekonnt hätte, wäre ich immer und immer wieder darüber gelaufen. Hin und wieder zurück. Doch der Cousin hatte es eilig und bretterte mit Karacho über die Eisenschwellen.

Seitdem ist diese Brücke für mich ein Symbol. Ein Symbol, dass Dinge sich zum Guten wenden können, dass man nicht aufgeben darf. Was mir damals als kleines Mädchen an der Hand von Amar wie ein unüberwindbares Hindernis erschienen war – der reißende Rapti-River, das schwarze, kalte Wasser, die starke Strömung –, es war nun ganz leicht zu bezwingen. Was mir solche Angst gemacht hatte, gab es nicht mehr.

Übrigens weigert sich mein Vater bis heute, die Brücke zu betreten, weil sie ihm nicht geheuer ist. Er watet immer noch lieber durch den Fluss. Aber für mich war es einer der glücklichsten Momente, als ich die Brücke das erste Mal sah.

In Manpur fiel mir sofort auf, dass es inzwischen wesentlich mehr Häuser gab. Das Motorrad bahnte sich seinen Weg zwischen Tieren und Menschen hindurch. Der Fahrer musste aufpassen, weil tiefe Pfützen und Schlammlöcher die Pfade teilweise fast unpassierbar machten. Endlich waren wir da.

Ich lief sofort los zu unserer Hütte. Doch dort erwartete mich ein Schock: Das Haus meiner Eltern war verlassen und halb verfallen. Niemand war da. Das Strohdach war löchrig, und auch die Tür hing schief in den Angeln. Was war passiert? Wo waren sie alle? Ich bekam Panik. Was, wenn meine Familie nicht mehr in Manpur wohnte und ich sie nie mehr wiedersehen würde?

Mir stiegen schon die Tränen in die Augen, doch Nachbarn kamen herbei, als sie mich da stehen sahen, und fragten, wen ich denn suchte.

»Meine Familie, die Familie von Phul Pat Chaudhary, dem Heiler«, schluchzte ich.

»Ja, wer bist du denn?«, wollte die Nachbarin wissen.

»Ich bin Urmila, seine dritte Tochter, ich war vier Jahre als *Kamlahari* fort. Wo sind sie denn bloß hingegangen?« Ich war verzweifelt.

»Keine Sorge, Urmila, sie sind nicht weggezogen, keine Angst! Sie wohnen jetzt unten am Fluss, neben der neuen Schule«, tröstete mich die Nachbarin. Mir fiel ein Stein vom Herzen.

Schnell kletterte ich wieder auf das Motorrad und sagte dem Mann, wo er mich hinbringen sollte. Als wir sie schließlich gefunden hatten, staunte ich nicht schlecht: Meine Eltern wohnten jetzt in einer größeren Hütte, direkt neben einem flachen, langgezogenen Gebäude, das wohl die neue Schule sein musste.

Meine Mutter erkannte ich auch nach vier Jahren sofort. »Halten Sie an, halten Sie an!«, schrie ich und sprang vom Motorrad. Ich rannte zum Haus und rief: »*Dai, Dai* – Mama, Mama!«

Aber sie sah mich nur erstaunt an und fragte: »Wer ist dieser Junge, der nach mir ruft?« Niemand erkannte mich, noch nicht einmal meine Mutter.

Da nahm ich ihre Hand, damit sie mich segnete. Aber meine Mutter rannte ins Haus und versteckte sich. »Wer ist das? Ich kenne ihn nicht!«

Ich fing an zu weinen. »Ich bin es, Mama, Urmila, deine Tochter. Erkennst du mich denn gar nicht wieder?« Ich hatte Mandarinen als Geschenk mitgebracht und legte sie vor sie. »Ich bin für *Maghi* aus Kathmandu wiedergekommen. Schau hier, ich habe Orangen mitgebracht.«

Sie kam aus dem Haus heraus und musterte mich misstrauisch. Nur langsam erwachte sie aus ihrer Starre. Immer noch ungläubig näherte sie sich mir und betrachtete mich von allen Seiten. Dann fasste sie meine Hand und drehte sie mit der Handfläche nach oben. Nachdenklich strich sie mir über die Hand. »Urmila, bist du es wirklich? Wie hast du dich bloß so verändert? Du siehst wie ein Junge aus!«

»Ja, ich bin es, Urmila«, rief ich. »Du hast mich vier Jahre nicht gesehen, aber ich bin es.« Die anderen Frauen hatten uns gehört und waren eine nach der anderen schauen gekommen. Sie umringten uns. Als sie mich erkannten, klatschten sie in die Hände und freuten sich.

Endlich hob meine Mutter die Hand und segnete mich. Auch meine Schwägerinnen segneten mich eine nach der anderen.

Dann gingen wir in die Hütte und setzten uns um das Feuer. Ich verteilte die Mandarinen, die ich mitgebracht hatte. Sie stellten mir alle neuen Familienmitglieder vor: Amar hatte jetzt drei Kinder, Maheshwori, seine Tochter, und Dina Ram und Suresh, die beiden Söhne. Mein zweitältester Bruder Govind hatte auch schon zwei Kinder, Rajesh und Ramita.

Nur Amar war nicht da. Er hatte beim Bau einer Landstraße an der Grenze zu Indien für ein paar Wochen Arbeit gefunden. Auch mein Vater war mal wieder unterwegs. Er ist ein traditioneller Heiler, und die Leute kommen mit den unterschiedlichsten Dingen zu ihm. Wenn sie sich bei der Arbeit verletzt haben, wenn es hier oder dort zwickt, wenn jemand zu wenig oder zu viel Appetit hat oder von bösen Geistern besessen ist.

Meistens bringen sie eine Opfergabe mit – etwas Reis, eine Kokosnuss, ein paar Münzen oder Bananen und leider allzu oft eine Flasche selbstgebrannten Reiswein. Mein Vater befragt dann sein Pendel, pustet auf die Körperstelle, die Probleme macht, brennt ein paar Gräser ab und verschreibt eine Medizin aus Kräutern, Rinde oder Blättern oder sagt den Leuten, was zu tun ist.

Die Menschen hier im Dorf glauben an solche Zauber- und Heilmethoden. Sie haben auch oft keine andere Wahl, denn Medizin aus der Apotheke oder einen Arzt können sich nur die wenigsten von ihnen leisten. Die Menschen kommen sogar von den umliegenden Dörfern, um seinen Rat einzuholen. Oft wird er auch zu Zeremonien und Festen eingeladen: Hochzeiten und Beerdigungen, wo viel getrunken wird. Dann taucht er tagelang nicht wieder auf. Gerade in der *Maghi*-Zeit werden immer viele Familienfeste gefeiert und viel Alkohol getrunken.

Meine Mutter zeigte mir stolz, dass sie nun auch Strom hatten. Sie knipste die Glühbirne, die von der Decke baumelte, an: »Schau, wir haben jetzt Licht. Du musst keine Angst mehr vor der Dunkelheit haben.« Früher hatten wir am Feuer gehockt oder Petroleumlampen und Kerzen benutzt. Aber ich hatte mich oft gefürchtet.

Ich blieb den ganzen Tag und über Nacht. Meine Mutter, Bisrami und meine anderen Schwägerinnen erzählten, was im Dorf passiert war, wer geheiratet hatte, wer gestorben war. Aber über meinen Alltag in Kathmandu und meinen Kummer sprachen wir nicht. Sie fragten mich auch nicht.

In meiner Kultur und in meiner Familie reden wir nicht viel. Erst recht nicht über Gefühle. Warum hätte ich sie traurig machen sollen? Ich wusste, dass ich wieder zurück nach Kathmandu musste. Es hätte nichts daran geändert, wenn ich es ihnen erzählt hätte. Sie hätten es nicht verstanden. Meine rauhen, abgearbeiteten Hände versuchte ich so gut wie möglich zu verstecken.

Dafür belagerten und löcherten mich meine Nichten und Neffen und die anderen Kinder aus dem Dorf: »Wie ist es in Kathmandu? Wohnst du in einem großen Haus? Haben sie einen Fernseher? Hast du die Berge gesehen? Gehst du zur Schule? Fahren dort viele Autos?«

Sie wollten alles ganz genau von mir wissen. Fast genoss ich ihre Aufmerksamkeit. Ich war das Mädchen, das zu Besuch aus der großen Stadt gekommen war. Sita hatte mir zu *Maghi* neue, westliche Kleider angezogen. So lief niemand bei uns im Dorf herum. Vor allem um meine weißen, schicken Turnschuhe beneideten sie mich. Zum Glück ahnten sie nicht, wie armselig ich in Kathmandu lebte, wie viel und wie hart ich arbeitete und dass ich gar nicht zur Schule ging.

Wie früher streunte ich mit den anderen Kindern durch das Dorf. Es hatte geregnet, in den braunen Pfützen schwammen die Enten. Die Schweine suhlten sich im Matsch. Meine weißen Turnschuhe waren bald gar nicht mehr sauber, sondern von Dreck und Erde verkrustet. Sita würde bestimmt schimpfen. Aber das war mir egal. Ich genoss meine freien Stunden, ich genoss es, nicht arbeiten zu müssen, sondern einfach nur Kind sein zu dürfen.

Wir schauten bei den Nachbarn, Freunden und entfernten Verwandten im Dorf vorbei. Überall gab es etwas zu essen, im Haus des Schuldirektors bot man uns sogar Süßigkeiten an.

Wir Kinder waren glücklich. Wir tanzten zur Musik, die aus den Radios plärrte, lachten, jagten die Hühner, kletterten auf Bäume, schauten den Erwachsenen zu, die ausgiebig *Maghi* begossen, sangen und laut redeten und wild gestikulierten. Vor dem Haus eines der Dorfältesten hatte sich eine Menschenmenge gesammelt. Wir quetschten uns durch die Schaulustigen bis nach vorne durch. Ein paar junge Männer in Reisweinlaune spielten Straßentheater. Sie machten Bettler nach, denen ständig Missgeschicke passierten, weil sie sich so dumm anstellten. Sie stolperten über ihre eigenen Beine, klauten sich die Münzen aus der Tasche, fielen auf den Po und verkleideten sich als Frauen. Das Publikum johlte und grölte. Es tat gut, die vielen fröhlichen, ausgelassenen Gesichter um mich herum zu sehen und auch aus vollem Hals mitzulachen.

Als es dunkel war, hockten wir im Schein der Glüh-birne zusammen und aßen *Tharu*-Gerichte von Blätter-tellern. Die Teller nennen wir *donia*. Sie sind praktisch, denn man muss sie nicht abspülen. Sie werden für jede Mahlzeit gefaltet und danach weggeworfen. Wie sehr hatte ich mein Zuhause und das leckere Essen vermisst! Es schmeckte einfach köstlich: *dikri*, lange weiße Rol-len oder Kugeln, die aus Reismehl geformt werden – mein Vater röstet sie immer auf den Steinen neben der Feuerstelle. Außerdem Bohnencracker, Süßkartoffeln, fritierten Blumenkohl, Kartoffeln in scharfer grüner Soße und zur Feier des Tages sogar Fleisch. Meine Mut-ter hatte extra für mich ein Huhn geschlachtet.

Ich tat so, als ob ich davon essen würde, obwohl ich schon seit langem Vegetarierin war. Aber der Rest mei-ner Familie aß Fleisch, wenn es etwas zu feiern gab. Das *Maghi*-Festessen fiel üppiger als früher aus, denn meine Brüder und meine Schwägerinnen waren ein paar Mo-nate beim Bau eines Deiches beschäftigt gewesen und hatten etwas Geld verdient. Nun konnte der Rapti-River unser Dorf und die Felder nicht mehr so leicht überschwemmen. Für die Arbeit bekamen sie außerdem jeder einen Sack Reis. Also hatte die Familie zumindest für die nächsten Wochen genug zu essen.

Dennoch erlaubte mir meine Mutter nicht, dass ich in Manpur blieb. Als ich einen kurzen Moment am Brunnen mit ihr allein war, während wir die Töpfe mit Asche und Wasser schrubbten, erzählte ich ihr, dass ich unglücklich war in Kathmandu und dass die Familie mich nicht zur Schule gehen ließ – wie sie versprochen hatte.

»Was ist mit der neuen Schule hier? «, fragte ich. »Ich könnte hier direkt nebenan zur Schule gehen und ansonsten dir und den Schwägerinnen im Haus und auf dem Feld helfen. Bitte, lass mich hierbleiben! Schick mich nicht wieder nach Kathmandu zurück! *Dai* – bitte …«

Meine Mutter sagte: »In Ordnung, wenn du nicht mehr so weit weg willst, dann soll dir dein Bruder ein anderes Haus suchen. Hierbleiben kannst du jedenfalls nicht. Mit dem Deichbau hatten wir Glück, aber nun ist er fertig, und bis auf Amar haben deine Brüder wieder keine Arbeit. In ein paar Wochen wird der Reis wieder aufgebraucht sein.«

Aber in eine andere Familie wollte ich nicht. Wer weiß, was mich dort erwartet hätte? Ich hatte inzwischen viele schlimme Geschichten von *Kamlahari*-Mädchen gehört. Sie wurden geschlagen, gequält, misshandelt. Wenigstens solche schrecklichen Dinge musste ich bei Sita und ihrem Clan nicht erleiden. Auch wenn mein Leben bei ihnen alles andere als angenehm war und ich bisher nicht zur Schule gehen durfte, sondern nur arbeiten musste. Ich wusste, woran ich bei ihnen war. Ich war an sie gewöhnt, ich hatte gelernt, möglichst ohne Ärger mit ihnen zusammenzuleben. Wenn schon nicht in Manpur, dann wollte ich wenigstens bei Sita bleiben, anstatt woanders als *Kamlahari* zu arbeiten. Irgendwo tief in mir hatte ich auch geahnt, dass ich nach Kathmandu zurückkehren müsste. Aber die Gewissheit schmerzte dennoch.

Resigniert packte ich im Morgengrauen mein Bündel. Bisrami, meine Lieblings-Schwägerin, brachte mir eine Kette aus kleinen Glasperlen. Sie legte sie mir um den Hals und küsste mich auf die Stirn: »Ich denke jeden Tag an dich. Urmila, du bist stark, du wirst es schaffen. Du wirst wiederkehren, daran glaube ich fest. Und dafür bete ich jeden Tag.«

Meine kleine Nichte, Amars Tochter, brachte mir eine Blume: »Hier, Urmila, die ist für dich.« Ich schloss sie in die Arme und konnte die Tränen nicht mehr zurückhalten.

Wenig später holte mich der Mann mit dem Motorrad wieder ab. Bevor ich ging, besuchte ich noch *Butua*, unseren *Tharu*-Gott in Pferdegestalt. Wir verehren ihn in einem kleinen Schrein hinter der Hütte meiner Eltern. Eigentlich sind es zwei Tonpferde. Ein größeres, männliches Pferd und ein kleineres, weibliches. Sie stehen für das Yin und das Yang – die weibliche und die männliche Energie im Universum. Ich legte ein paar frische Blüten vor die beiden Pferdchen und schickte ein Stoßgebet zum Himmel – zu *Butua*, dem Gott der *Tharu*, zu Shiva, zu Vishnu, zu Buddha und zu allen anderen Göttern: »Bitte, lasst mich bald wieder nach Hause zurückkehren!«

Dann verabschiedete ich mich von allen und stieg auf das Motorrad. Meine Mutter, meine Schwägerinnen und die Kinder winkten, doch der Nebel verschluckte sie schnell. Schon an der nächsten Biegung konnte ich sie nicht mehr sehen.

Der Mann brachte mich wieder in das gelbe Haus in Ghorahi, wo auch Sita und die Kinder waren. Ein paar Tage blieben wir dort, dann fuhren wir zurück nach Kathmandu.

Mit Sita allein

Ein paar Monate nach meiner Rückkehr hatte sich Sita mit den anderen so zerstritten, dass sie auszogen. Ich war überglücklich! Vielleicht hatten mich die Götter doch erhört!

Damit begann eine bessere Zeit für mich. Wir zogen in eine kleinere Wohnung im selben Gebäude, nur zwei Etagen höher. Ich durfte allerdings immer noch nicht zur Schule gehen, und ich erledigte nach wie vor das meiste im Haushalt. Ich musste sie auch weiterhin mit »*Maharani*«, »Prinz« und »Prinzessin« ansprechen. Aber Sita war meistens nett zu mir.

Manchmal behandelte sie mich fast wie ihre eigene Tochter. Zum Beispiel, wenn sie Paiya und mir die Haare wusch oder wenn sie ihren Kindern und mir ein Glas Milch ans Bett brachte. Ich bekam jetzt immer genug zu essen, und wenn wir allein waren, durfte ich sogar mit ihnen am Tisch sitzen. Nur wenn Gäste oder Familie kamen, musste ich wieder in die Küche. Ich schlief im Zimmer der Kinder auf dem Boden, und wenn Sita mit Mohan und Paiya einkaufen ging, bekam auch ich meistens etwas: einen Kaugummi, ein paar Stifte, eine Haarspange oder ein neues T-Shirt nur für mich.

Sita liebte Bollywood-Filme. Shahruk Khan, Amitabh Bachchan und Aishwarya Rai sind ihre großen Idole. Damit ist sie natürlich nicht allein in Nepal. Ganz Nepal liebt Bollywood-Filme. Aber Sita hat eine besondere Schwäche dafür. Daher nahm sie ab und zu Paiya und mich ins Fotostudio mit. Dort kämmte man uns die Haare, machte uns kunstvolle Flechtfrisuren, umrandete unsere Augen mit schwarzem Khol und zog uns wunderschöne Saris an, die man dort für diesen Zweck ausleihen kann. Nepalis lieben diese Bilder aus dem Fotostudio, auf denen man wie eine Königin oder ein Filmstar aussieht. Ein paar dieser Bilder hat mir Sita geschenkt. Ich habe sie alle in ein Album eingeklebt, das ich wie einen Schatz hüte.

Wenn die Arbeit erledigt war, durfte ich mit den Kindern Fernsehen schauen. Donald Duck und Pokemon, indische Musicals und nepalesische Soaps. Meine Lieblingsserie aber war »Elephant Boy«, die Geschichte von einem Jungen und einem kleinen Elefanten, der sein bester Freund ist. Die Mutter des Jungen ist krank, und sein Vater wurde gefangen genommen. Aber der mutige Junge und der kleine Elefant schlagen sich allein durch, befreien den Vater und retten die Mutter.

Noch mehr genoss ich es, wenn Schulferien waren. Dann gingen wir ins Kino oder auf den Spielplatz im Budhanilkantha Park.

Es gibt nur wenige Parks in Kathmandu und noch viel weniger Kinderspielplätze. Im Park trafen sich an Feiertagen Familien zum Picknick. Junge Paare schlenderten schüchtern über die Wege. Kinder tollten herum, und manche führten sogar einen Hund an der Leine spazieren, in Nepal ein noch sehr seltener Anblick.

Für mich hatte der Park etwas Magisches. Denn auch ich durfte dort Kind sein und herumhüpfen, schaukeln, rutschen und spielen wie die anderen. Auch Sitas Kinder waren inzwischen netter zu mir. Vor allem Paiya war fast wie eine Freundin. Wir spielten Fangen auf der Wiese, schaukelten und rutschten um die Wette.

Manchmal ließ mich Paiya sogar auf ihrem rosa Barbie-Fahrrad mit Stützrädern ein paar Runden drehen. Zu Hause durfte ich ihren Puppen und Barbies Kleider anziehen. Sie ließ mich sogar in ihren Schulbüchern blättern und zeigte mir ihre Hausaufgaben. Ich bemühte mich, sie so gut wie möglich abzuschreiben. So lernte ich wenigstens, einfache Sätze zu schreiben und Plus und Minus zu rechnen. Sogar ein paar Worte Englisch hatte ich inzwischen gelernt.

Sita nahm mich manchmal sogar mit ins Restaurant, zu ihren Freunden und auf Ausflüge. Seither liebe ich Pizza und die Berge.

Wenn Sita guter Laune war, ging sie mit Mohan, Paiya und mir in ein amerikanisches Pizza-Restaurant. Wir bekamen einen lustigen Papierhut oder einen Luftballon und Coca-Cola. Die Kohlensäure kitzelte ganz wunderbar am Gaumen. Wir lachten und erzählten. Es war fast, als ob ich mit zur Familie gehörte.

Bei Freunden von Sita habe ich auch einmal Weihnachten erlebt. Vorher wusste ich nicht, dass es dieses Fest gibt. Aber die Freunde waren Christen. Im Wohnzimmer stand ein stacheliger, mit bunten Papiergirlanden geschmückter Baum. Im Fenster blinkten Lichtergirlanden. Es gab sehr süße Kekse und Geschenke für die Kinder. Sogar für mich hatten sie ein Päckchen vorbereitet: eine Tafel Schokolade nur für mich.

Mit Sitas Familie feierten wir die großen, nepalesischen Hindu-Feste wie *Dassain* und *Tihar*. *Dassain* ist im Herbst, im Monat *Kartik* und dauert fünfzehn Tage und Nächte, von Halb- bis Vollmond. Gefeiert wird der Sieg über die Dämonen der Göttin *Kali* oder Durga, wie wir sie hier in Nepal nennen.

Die Leute putzen ihre Wohnungen und dekorieren alles mit Blumen, Teelichtern und Bildern der Göttin. Sie gehen mit Opfergaben in den Tempel. Es werden ganze Herden von Büffeln, Ziegen, Schafen, Enten und Hühnern geschlachtet, um die blutrünstige Durga friedlich zu stimmen. Vor allem am achten Tag, der schwarzen Nacht. Allein im berühmten *Kali*-Tempel im Süden des Kathmandu-Tales werden an diesem Tag 108

Wasserbüffel geopfert, habe ich von Verwandten von Sita gehört, die bei dem Ritual dabei waren. Die 108 ist eine heilige Zahl für Hindus. Sie haben erzählt, dass dann alles voller Blut ist und dass die Eingeweide über den Toren aufgehängt werden.

Ansonsten wird an *Dassain* viel gegessen – vor allem Fleisch. Am zehnten Tag besucht man die Verwandten. Die Eltern segnen ihre Kinder mit der *Tika*, dem roten Punkt auf der Stirn. Man schenkt sich gelbe *Jamara*-Blüten, die man sich ins Haar steckt und um den Hals trägt. Auch in armen Familien muss man an diesem Tag unbedingt etwas Neues tragen. Das bringt Glück. Die Kinder bekommen neue Kleider und etwas Geld geschenkt. Auch mir steckte Sita einen Schein zu und kleidete mich neu ein.

Tihar ist das Lichterfest. Es ist nicht so blutrünstig. Es wird zu Ehren von Laxmi, der Göttin des Reichtums und des Glücks gefeiert. Laxmi ist die Frau von Vishnu. Sie wurde aus dem Meer geboren und besitzt alle Reichtümer der Ozeane. Überall zünden die Menschen in den Häusern und in den Wohnungen Öllichter und Kerzen an und beten um Wohlstand und Zufriedenheit. Nachts leuchtet dann die ganze Stadt. Es ist wunderschön anzusehen. Das Fest dauert fünf Tage. Wir säubern gründlich die Häuser und dekorieren alles mit Blumen, denn die Göttin mag schöne, ordentliche Häuser.

Zu *Tihar* gedenken wir der Schöpfung und der Tiere. Besonders die Kuh, das heilige Tier der Hindus und Nationaltier in Nepal, wird gefeiert. Aber auch die Krähe, der Hund und die Eule, das Zeichen von Laxmi, werden verehrt. Der letzte Tag ist Bhai Tika – an diesem Tag segnen die Frauen ihre Brüder, die anderen männlichen Familienmitglieder und Freunde mit

der *Tika* und Blumen. Ein berühmter Astrologe bestimmt den richtigen Zeitpunkt. Er wird einen Tag vorher landesweit im Radio und im Fernsehen durchgege-
ben, und alle Hindus in Nepal halten sich daran. Selbst
hohe Persönlichkeiten und Politiker. Es ist ein heiliger
Moment, in dem alle Frauen gemeinsam für ein langes
Leben ihrer Männer, Söhne, Väter, Onkel und Cousins
beten.

Manakamana – Der Tempel der Wünsche

Sita nahm mich auch das erste Mal zu den Tempeln in
Patan, zum berühmten Durbar-Square in Kathmandu
und nach Bhaktapur mit. Bhaktapur ist wunderschön.
An einem sonnigen Samstag machten wir einen Ausflug
mit Sitas Familie dorthin. Paiya, Mohan und andere
Verwandte waren dabei. Sita hatte extra ein Auto dafür
gemietet.

Wir spazierten durch den Tempelbezirk, Paiya erklärte mir alles. Sie zeigte mir den jahrhundertealten *Taleju*-
Tempel, den Palast der 55 Fenster, den Achteckigen Pa-
villon und die höchste Pagode Nepals. Wir verbrachten
den ganzen Nachmittag dort, aßen süßen, klebrigen
Reispudding, fütterten die Tauben und beobachteten
die Touristen. Es waren viele Fremde da. So viele Aus-
länder auf einem Fleck hatte ich noch nie gesehen. Besonders eine Frau mit kurzen blonden Haaren fiel uns
auf. Sie hatte ein hübsches Kleid mit Spaghettiträgern
an und wanderte allein zwischen den Tempeln herum,
mit einem dicken Reiseführer unter dem Arm.

»Los komm, wir reden mal mit ihr«, sagte Paiya und
zog mich mit.

»Nein, nein, du kannst sie doch nicht einfach ansprechen. Was willst du ihr sagen?« Ich war viel zu schüchtern.

Doch Paiya ging selbstbewusst auf die Frau zu und sprach sie an: »Hello, my name is Paiya. Where are you from?«

»I'm from Australia«, sagte die Frau.

»What's your name?«, wollte Paiya wissen.

»My name is Emily. Nice to meet you, Paiya. And this is your friend?« Sie deutete in meine Richtung.

»Yes, she's my friend.« Paiya stieß mich an, dass ich auch was sagte. Doch ich traute mich nicht. Mein Englisch war noch sehr schlecht.

»Her name is Urmila«, sagte Paiya an meiner Stelle.

»That's a nice name. Are you from Bhaktapur?«, wollte Emily wissen.

»No, we are from Kathmandu«, erzählte Paiya.

»How old are you?«, fragte Emily.

»I am thirteen and she also. Do you have children?«, erkundigte sich Paiya neugierig.

»No«, lachte Emily. »I don't have children yet, I am still studying, but I would like to have some later. And you?« Nun wurde Paiya rot und kicherte: »Yes …« Damit war auch sie am Ende mit ihrem Englisch. »Bye, bye, have a nice day!«, winkte sie Emily und zog mich wieder weg. Ich bewunderte Paiya, dass sie den Mut gehabt hatte, die australische Studentin anzusprechen.

»Das macht doch Spaß!«, fand Paiya. »Wen quatschen wir jetzt an?«

Sie hielt schon Ausschau nach den nächsten Touristen. Eine Reisegruppe bewegte sich gerade auf uns zu. Paiya winkte, und die Leute winkten zurück. Dann fragte ein älterer Mann, ob er ein Foto mit uns machen könnte. Ich schaute Paiya skeptisch an.

»Ja, okay«, sagte sie aber zu meiner Überraschung.

Der Mann drückte einem Freund seine Kamera in die Hand, stellte sich in die Mitte zwischen uns und legte die Arme um uns. Mir war es sehr unangenehm. Paiya schien das gar nichts auszumachen. Sie lächelte freundlich in die Kamera. Als der Erste fertig war, wollte ein Zweiter ein Bild, dann ein Dritter. Immer nur die Männer. Ich mochte es gar nicht. Nach dem dritten schüttelte ich den Kopf und zog Paiya weg.

»Was ist denn?«, sträubte sie sich. »Das ist doch lustig.«

»Nein, ich mag nicht mehr. Wie sie mich an sich ziehen. Nein.«

»Meine Güte, da ist doch nichts dabei«, Paiya winkte der Reisegruppe zum Abschied, und ich hielt nach Sita und den anderen Ausschau.

Wir fanden sie am Goldenen Tor. »Schau mal, das ist Govinda Arun Ahuja, der Schauspieler!«, Paiya war plötzlich ganz aufgeregt. Sie rannte los, und ich lief hinterher. Sita und die anderen standen alle um Govinda herum, einen bekannten Film- und Fernsehschauspieler aus Indien.

»Ich glaube es nicht, er ist es wirklich!« Paiya war völlig aus dem Häuschen. Sie drängte sich durch zu Govinda und bat ihn um ein Autogramm. Ich blieb am Rand stehen.

Doch Govinda sah mich und fragte Paiya: »Wer ist denn deine Freundin?«

»Das ist Urmila«, erklärte sie. »Sie ist eine *Kamlahari*, ein Dienstmädchen.«

»Ah ja? So ein hübsches Mädchen ein Dienstmädchen?« Govinda schaute mich ungläubig an. Er war Anfang dreißig und sah toll aus – wie ein echter Filmstar. Mit offenem weißem Hemd und Spiegelbrille.

»Machst du ein Foto mit uns?«, bat Paiya. »Bitte, bitte!«

»Ja, okay«, sagte Govinda.

Die ganze Familie stellte sich rings um Govinda vor dem Tempeltor auf. Ich blieb etwas abseits stehen.

»Bleib doch nicht so an der Seite, los, komm hier nach vorne!«, rief mich Govinda zu sich. Paiya wollte dann noch ein Foto allein mit dem Schauspieler. Wieder winkte Govinda mich zu sich: »Los, komm schon. Du musst auch aufs Bild.« Etwas steif stellte ich mich zu Paiya. Doch Govinda zog mich auf die andere Seite: »Cheese!«, sagte er und zeigte seine blitzblanken weißen Zähne. Ich versuchte, so gut wie möglich in die Kamera zu lachen. Aber man sieht auf dem Foto, dass ich mich nicht ganz wohl fühle.

Auch in Sitas Familie gab es einen Schauspieler, Sudip. Er war ein Neffe von Sitas Mann und schaute öfter mal bei uns vorbei. Sita und Paiya fanden ihn toll und waren geschmeichelt, dass so ein bekannter Fernsehschauspieler bei ihnen ein und aus ging.

»Schnell, Urmila, koch uns einen Tee. Bring ein Kissen. Trag das raus in die Küche …« Vor wichtigen Gästen kommandierte mich Sita plötzlich wieder herum, wie sie es sonst nicht mehr machte.

»Nein, lass das arme Mädchen«, nahm mich Sudip in Schutz, »sie hat so ein hübsches Gesicht, sie sieht so süß aus.«

Einerseits freuten mich seine Worte natürlich, aber irgendwie schämte ich mich auch ein bisschen, dass er so vor den anderen von mir sprach. Sita und Paiya fanden es auch gar nicht so gut, dass er mich lobte. Das sah ich an ihren Gesichtern.

Aber immer wieder fing er damit an. Er folgte mir in die Küche und versuchte, mich am Arm anzufassen. Er berührte meine Hand, wenn ich den Tee servierte, zum Abschied umarmte er mich, obwohl das bei uns nicht üblich ist: »Ach, Urmila, du bist so ein hübsches Mädchen«, flüsterte er mir ins Ohr.

Ich begann, seine Besuche zu fürchten. Einmal tauchte er plötzlich auf, als ich allein zu Hause war. »Hallo Urmila, wie geht es dir? Ich habe Mangos mitgebracht.«

»*Namaskar*, Sir. Sita, Paiya und Mohan sind nicht zu Hause. Wissen sie, dass Sie kommen?«, fragte ich unsicher.

»Nein, ich wollte nur einmal vorbeischauen. Machst du mir einen Tee?«

Nein konnte ich nicht sagen, das wäre unhöflich gewesen. Er war schließlich ein Verwandter von Sita und ein Fernsehstar. Also ging ich in die Küche, um das Wasser aufzusetzen. Er folgte mir. Ich drehte mich zum Herd, da strich er mir über die Haare und sagte wieder, dass ich hübsch und lieb sei. Ich wich ihm aus und ging zwei Schritte zur Seite.

Aber er ließ nicht locker. »Komm, setz dich ein bisschen zu mir.« Er nahm mich beim Arm und versuchte, mich auf einen Stuhl und auf seinen Schoß zu ziehen.

»Nein, bitte, das Wasser kocht.« Ich machte mich frei und ging zurück zum Herd. Ich goss den Tee in ein Glas und reichte es ihm. Wieder streiften seine Finger meine Hand. Ich fühlte mich mehr als unbehaglich in dieser Situation.

»Wie geht es dir, Urmila, erzähl mir von dir«, sagte er. »Was macht so ein hübsches Mädchen wie du in einem fremden Haus?«

»Ich bin eine *Kamlahari*. Meine Familie hat mich hierhergeschickt, damit ich Geld verdiene und im Haushalt etwas lerne«, sagte ich.

»Und wie gefällt es dir hier?«

»Mir gefällt es gut«, beeilte ich mich zu sagen. »Sita ist sehr nett zu mir.«

»Wenn du eine *Kamlahari* bist, dann kannst du doch auch ein bisschen nett zu mir sein, oder?« Er lächelte mich mit einem merkwürdigen Blick an. »Ich gehöre doch quasi zur Familie.«

»Ja, Sir. Ich bringe sofort noch etwas Tee.« Ich schaute zur Uhr und hoffte, dass bald jemand nach Hause kommen würde, um mich aus dieser peinlichen Situation zu befreien. Ein bisschen hatte ich auch Angst, dass Sita oder Paiya es falsch deuten würden. Nachher würden sie denken, dass ich mich extra mit Sudip verabredete, wenn sie nicht im Haus waren. Tatsächlich gefiel es mir auch, dass sich jemand für mich interessierte und mich fragte, wie es mir ging. Gleichzeitig aber war es mir unangenehm, mit Sudip allein zu sein.

»Möchtest du mal heiraten?«, fragte Sudip.

»Ja, aber ich bin erst dreizehn, ich habe noch Zeit«, antwortete ich hastig. Ich begann, das Geschirr abzuwaschen. Er stand auf und stellte sich nah hinter mich.

»Lass mich dir helfen«, sagte er.

»Nein, nein, ich mach das schon«, wehrte ich ab. Wie sollte ich ihn bloß abweisen, ohne unhöflich zu sein? »Erzählen Sie mir doch etwas von Ihren Filmen«, bat ich ihn und war froh, dass mir diese Frage eingefallen war. Denn Sudip redete gern über seine Filme.

»Du brauchst nicht Sir zu mir sagen. Du kannst Sudip und du zu mir sagen«, forderte er mich auf.

»Was für eine Rolle spielen Sie … entschuldigen Sie, was für eine Rolle spielst du gerade?« Es kam mir höchst seltsam und respektlos vor, ihn, einen älteren Mann, Neffen meiner *Maharani* und Fernsehschauspieler, zu duzen. Doch zu meinem Glück begann Sudip zu erzählen. Er plauderte von seinem aktuellen Film, einer herzzerreißenden Liebesgeschichte. Für einen Moment wenigstens ließ er von mir ab, und ich atmete auf.

Fünf Minuten später klingelte es. Ich war erleichtert. Sita und Paiya kamen vom Einkaufen zurück. Sie schauten erstaunt, als sie sahen, dass Sudip und ich allein waren. Paiya warf mir einen fragenden Blick zu. Ich zuckte nur die Achseln, um ihr zu zeigen, dass ich nicht gewusst hatte, dass er kommt. Aber wie immer waren sie auch froh, Sudip wiederzusehen, und begannen, gleich mit ihm zu lachen und zu kokettieren.

»Was war los?«, wollte Paiya wissen.

»Nichts.« Ich zuckte mit den Achseln. »Er stand plötzlich vor der Tür. Ich habe ihm Tee gekocht, und dann seid schon ihr gekommen.«

Als Paiya abends im Bett war, erzählte ich Sita, dass ich mich unwohl fühlte, wenn Sudip kam. Dass ich ihm gesagt hatte, dass ich allein in der Wohnung war, und dass er dennoch reinkommen wollte. Dass er versucht hatte, mich anzufassen, und mir immer wieder Komplimente machte. Sita sagte nichts, aber ich nehme an, dass sie danach mit ihm gesprochen hat. Denn seit dem Tag kam Sudip nur noch selten zu Besuch, und er versuchte nie mehr, mich anzufassen. Ich fühlte mich ein bisschen schuldig deswegen, weil ich ihn bei Sita angeschwärzt hatte. Vielleicht wollte er doch nichts von mir? Vielleicht hatte ich ihm Unrecht getan? Dennoch war ich froh, dass ich ihn nicht mehr so oft sehen musste.

Ein halbes Jahr später sah ich Sudip in Ghorahi im gelben Haus wieder. Da hat er sich mit einem anderen *Kamlahari*-Mädchen, das etwas älter als ich war, in einem Zimmer eingeschlossen. Mich und ein anderes Mädchen hat er vor die Tür gesetzt, damit wir aufpassten. Er sagte uns, er wolle sich ausruhen und wir sollten niemanden ins Zimmer lassen. Wir wussten nicht genau, was drinnen vorging, aber wir ahnten es natürlich. Dennoch blieben wir sitzen und erzählten es niemandem. Dazu hatten wir zu viel Respekt vor Sudip.

Vier Monate nach meiner Rückkehr erzählte mir Paiya, dass eine *Kamlahari* in Ghorahi zurück in ihr Dorf geschickt wurde, weil sie schwanger war. Ich nehme an, dass es sich um diejenige handelte, mit der Sudip sich eingeschlossen hatte. Armes Mädchen! Ich hatte also Glück, dass es mir nicht genauso ergangen war.

Es gab aber auch schöne Erlebnisse. Wie etwa den Besuch des *Manakamana*-Tempels der Göttin *Bhagwati* in den Bergen. Er liegt anderthalb Stunden von Kathmandu in den Ausläufern des *Himalaya* auf 1300 Metern Höhe. Hinauf fährt seit 1998 Nepals einzige Seilbahn. Sie wurde von einer Firma aus Österreich gebaut. Die Gondeln hängen nur mit einem eisernen Greifarm am Seil.

»Los, rein mit dir«, sagte Paiya und lachte. Erst hatte ich große Angst, dass wir abstürzen würden, und hielt mir die Augen zu.

Aber die anderen riefen: »Mach die Augen auf, Urmila! Schau, wie schön es ist! Siehst du die kleinen Autos, die kleinen Menschlein? Das ist fast wie Fliegen!«

Da traute ich mich, die Hände von den Augen wegzunehmen, und als ich merkte, dass die Kabine nicht gleich in die Tiefe stürzte, blickte ich vorsichtig aus dem Fenster. Die Aussicht war überwältigend. Wir schwebten über grüne Berghänge hinauf. Unten im Tal sah ich den Fluss Trishuli. Wie eine braune Schlange kroch er durch das Tal. Die Häuser, Autos, Busse und Marktstände wurden immer kleiner. Bald sahen sie so winzig wie Spielzeug aus.

Nebelfetzen hingen an den Bäumen. Aber als wir durch die Wolken durchtauchten, schien plötzlich die Sonne. Ich war völlig geblendet von ihrem Licht. Oben auf dem Platz um den Tempel flatterten gelbe, blaue, rote, grüne und weiße Gebetsfähnchen im Wind. Es war deutlich kühler als im Tal, aber ich fand es herrlich.

Um den Tempel drängten sich viele Menschen. Alle waren sie gekommen, denn die Göttin *Bhagwati*, daran glauben wir in Nepal, kann unsere Wünsche erfüllen. Gesundheit, Reichtum, Erfolg, Liebe, Nachwuchs – alles kann sie uns schenken, wenn sie es gut mit einem meint. »Mana« heißt »Wunsch« und »kamana« »der von Herzen kommt«. »Möge die Göttin jedem seinen Herzenswunsch erfüllen und jeden mit Besitz und Wohlbefinden segnen«. So lautet eine Inschrift im Stein.

Sita gab mir etwas Geld. Davon kaufte ich bei einer alten Frau eine Kerze in einer halben Kokosnuss und eine Blumengirlande. Ich stellte mich in die Schlange der Gläubigen, die vor dem Schrein warteten. Als ich endlich an der Reihe war, legte ich meine Gaben vor *Bhagwati* ab. Die Göttin aus Bronze lächelte mich milde an.

»Na, was wünschst du dir?«, fragte mich Sita.

»Das bleibt mein Geheimnis«, wich ich aus. Zum Glück hakte sie nicht nach.

»Das muss ja ein sehr großer Wunsch sein«, zog mich Paiya auf.

Denn ich läutete jede einzelne der Gebetsglocken. Sie sind die Verbindung zu den Göttern. Von ganzem Herzen wünschte ich mir, dass ich irgendwann zur Schule gehen würde und mein Leben einmal selbst bestimmen könnte. Aber das verriet ich niemandem.

Wir kletterten später noch ein Stückchen weiter den Berg hinauf. Von einer Plattform über dem Tempel aus konnte man sogar die Spitzen der Achttausender im Hintergrund blitzen sehen. Die weißen, glänzenden Bergkuppen des *Himalaya* haben sich für immer in mein Gedächtnis eingebrannt. Irgendwann möchte ich auch wie die vielen Fremden, die zum Trekking nach Nepal kommen, näher an den Annapurna oder Sargamatha, wie wir den heiligen Berg, den Mount Everest, nennen. Ich möchte fühlen, wie kalt sich Eis wirklich anfühlt. Ich möchte mit dem weißen Schnee spielen. Ich möchte mich wie ein Vogel oben auf dem Gipfel fühlen.

Da oben am Tempel war es so friedlich, so still. Der Alltag, Kathmandu, mein Leben dort, alles war so weit weg. Am liebsten wäre ich für immer dort oben geblieben. In meinem Fotoalbum ist ein Bild von mir vor dem Tempel, darauf lächle ich wie Buddha – glücklich und irgendwie weit, weit weg.

Fast hätte ich damals vergessen, dass ich eine *Kamlahari* bin.

Kurzes Glück

Aber leider hielt mein Glück nicht lange an. Nach ein paar Monaten zog Sitas Bruder nach Kathmandu zurück und sagte zu seiner Schwester: »Du hast eine so kleine Familie, ihr seid nur zu dritt, du brauchst nicht ständig Hilfe. Urmila soll auch für uns arbeiten.«

So nett Sita inzwischen meistens zu mir war, so konnte sie doch ihrem Bruder nichts abschlagen. Sie hängt sehr an ihm. Außerdem schickte es sich für sie als Frau allein in Kathmandu, dass sie auf ihre Familie und vor allem auf ihre männlichen Verwandten hörte.

Also wanderte ich erst zwischen zwei, dann später zwischen drei Wohnungen hin und her, um zu putzen, einzukaufen und zu kochen. Denn als ihr Schwager hörte, dass ich zu ihrem Bruder ging, reklamierte er dasselbe Recht für sich. Die anderen zwei Familien wohnten jeweils etwa eine Viertelstunde von Sita entfernt. Ich schlief zwar immer bei Sita, aber die anderen riefen einfach an und bestellten mich je nach Bedarf zu sich. War ich bei der einen Familie gerade fertig, musste ich schon zur nächsten. Manchmal stritten sie sich um mich wie um einen Gegenstand.

»Urmila gehört mir«, sagte Sita.

»Vater hat sie nicht nur für dich geholt«, schrie der Bruder.

»Nein, heute brauchen wir sie am dringendsten, das Geschirr stapelt sich schon. Bei uns gibt es viel mehr zu tun.«

»Bei uns muss sie aber heute waschen. Und sie soll einkaufen gehen und Wasser holen.«

Ich wurde immer dünner und war bald völlig erschöpft. Aber noch schlimmer als die körperliche Anstrengung war die seelische Belastung. Sitas Verwandte waren immer noch genauso herablassend und unfreundlich wie früher. Sie kommandierten mich herum, und wenn ich bei ihnen in der Wohnung war, gaben sie mir nur Reste zu essen oder vergaßen es ganz. Sie schrien mich an, und wenn ihr Bruder wütend wurde, schlug er mich auch. Er war immer noch genauso aufbrausend, laut und reizbar wie damals. Ich hatte große Angst vor ihm.

Einmal funktionierte das Telefon nicht, und ich hörte seinen Anruf nicht. Da kam er völlig aufgebracht bei Sita an, brüllte mich an: »Warum bist du nicht ans Telefon gegangen, du faules, freches *Tharu*-Mädchen?« Er packte mich grob am Arm, zerrte mich mit zu seinem Auto und brachte mich in seine Wohnung. Dort gab er mir den ganzen Tag nichts zu essen und warnte mich: »Wehe, du beklagst dich bei Sita, dann hagelt es Schläge, das schwöre ich dir.«

Ich sprach mit niemandem darüber. Auch nicht mit den anderen *Kamlahari*-Mädchen im Viertel, die ich öfter beim Wasserholen oder auf dem Markt traf. Sie klagten sich manchmal gegenseitig ihr Leid und erzählten ihre Geschichten: dass auch sie nicht viel zu essen bekamen, dass sie von morgens bis nachts arbeiten mussten, dass sie schlecht behandelt oder sogar geschlagen wurden. Aber ich habe nie etwas Schlechtes über Sita gesagt.

Doch irgendwann konnte ich nicht mehr. Ich magerte stark ab und schreckte bei jeder Kleinigkeit zusammen. Als morgens Paiya und Mohan in der Schule waren, setzte sich Sita zu mir in die Küche und fragte, was los sei.

Ich konnte meine Tränen nicht mehr zurückhalten

und fing an zu weinen: »Ich will nicht mehr für Ihren Bruder arbeiten. Die anderen sind böse und gemein zu mir«, schluchzte ich. »Bitte, bitte schicken Sie mich nicht mehr zu den anderen. Ich will nicht mehr zu ihnen«, rutschte es mir heraus. Ängstlich schaute ich zu Sita hoch. So hatte ich noch nie mit ihr gesprochen.

Aber sie schimpfte mich nicht aus. Sie sah mich nachdenklich an und antwortete nicht. Ich nahm meinen ganzen Mut zusammen: »Sie haben mir immer versprochen, dass ich zur Schule gehen darf. Jetzt bin ich schon vierzehn und kann immer noch nicht richtig schreiben und rechnen.«

Bisher hatte mich Sita immer nur vertröstet, wenn ich mal wieder sagte, dass ich auch zur Schule gehen wollte. »Ich werde noch härter arbeiten, wenn Sie mich zur Schule gehen lassen«, bat ich. »Aber für drei Familien zu arbeiten, das ist zu viel für mich.«

Sita sagte immer noch nichts. Dann, nach einer Pause, entgegnete sie plötzlich: »Okay, ich werde eine Schule für dich suchen. Morgen gehe ich in der staatlichen Schule in der Nähe fragen, ob für dich dort ein Platz ist.«

Ich war völlig überrascht. Diesmal vertröstete sie mich nicht. Mein Herz begann ganz schnell zu klopfen vor Aufregung. Würde sich mein größter Traum tatsächlich bald erfüllen?

»Allerdings wirst du da mit ganz kleinen Kindern in die erste Klasse gehen müssen«, gab Sita mir zu bedenken. Als ob mich das von meinem Wunsch hätte abbringen können.

»Das macht mir nichts aus! Ich will nur lernen! Ich werde ganz aufmerksam sein. Sie werden sehen, *Maharani*, ich werde eine gute Schülerin sein!« Ich war außer mir vor Freude, wischte meine Tränen weg und tanzte durch die Wohnung.

Am nächsten Tag kam Sita zu mir und sagte, sie hätte sich eine öffentliche Schule in der Nähe angesehen. Ich hatte schon den ganzen Morgen ungeduldig auf sie gewartet.

»Der Direktor hat gesagt, du kannst Montag bei ihnen anfangen. Morgen gehen wir eine Schuluniform und Hefte für dich besorgen.« In meinem Glück vergaß ich, dass ich nicht Sitas Tochter war, und umarmte sie überschwenglich. »Danke, *Maharani*, danke! Ich bin so froh. Sie werden sehen, ich werde die Hausarbeiten noch sorgfältiger und schneller erledigen, ich verspreche es.«

Nachmittags erzählte ich Paiya davon. Erst schaute sie überrascht. Vielleicht überlegte sie, ob ich dann noch die Hausarbeit neben der Schule würde erledigen können. Doch dann freute sie sich mit mir: »Das ist ja toll, ich werde dir helfen.«

Doch leider berichtete Sita am Abend ihrer Familie von ihrem Vorhaben, mich zur Schule zu schicken. Da ihr Mann weit weg war, hatte sie wohl Angst, die Entscheidung allein zu treffen. Oder sie fühlte sich dazu verpflichtet, ihren Bruder und ihren Schwager zu fragen.

Damit war mein kurzer Traum, dass ich doch zur Schule gehen würde, gestorben.

Sitas Bruder kam angerauscht mit seiner bösen Frau im Schlepptau: »Bist du von Sinnen?«, schrien sie Sita an. »Urmila ist eine *Kamlahari*, dafür hat Vater sie geholt. Es ist schlecht, eine Dienerin zur Schule zu schicken, sie wird nur auf seltsame Gedanken kommen und nicht mehr arbeiten wollen. Sie wird sich gegen dich und uns alle auflehnen, pass auf. Außerdem: Wer soll bitte all die Hausarbeit erledigen? Hast du dir das mal überlegt? Wirst du demnächst für alle waschen und kochen? Oder glaubst du etwa, ich werde das tun?«

Paiya erzählte mir später, dass ihre Mutter sogar geweint hatte, weil ihr Bruder und ihre Schwägerin sie so sehr beschimpft hatten. Denn ich war in mein Zimmer geflüchtet, als sie anfingen, Sita anzuschreien.

Am Tag darauf kamen sie wieder und verhöhnten mich: »Oh, da kommt ja das Fräulein Urmila – wie fühlst du dich denn so, jetzt wo du bald zur Schule gehst? Dann bist du wohl zu fein, um die Hausarbeit zu machen, richtig? Nein, lass mich bitte den Abwasch erledigen, du bist dir doch jetzt viel zu schade dafür. Wir müssen jetzt wohl dich bedienen. Du musst dich jetzt auf die Schule konzentrieren …«

Am Ende des Tages war ich völlig fertig mit den Nerven. Ich schloss mich auf der Toilette ein und weinte bitterlich. Meine Hoffnungen waren wie eine Seifenblase zerplatzt. Ich war untröstlich. Ich mochte Sita, weil sie die letzten Jahre gut zu mir gewesen war. Aber ihre Familie, ihren bösartigen, arroganten Bruder und seine hinterlistige Frau, hasste ich.

Amar

Regelmäßig hatte ich Sita bekniet, mich meine Familie besuchen zu lassen, weil ich große Sehnsucht nach meinem Dorf, meinen Eltern, Schwägerinnen und Geschwistern hatte. Sita war dagegen, weil es politisch unruhige Zeiten waren. Die Situation im Land hatte sich stark verschlechtert. Der schwelende Konflikt zwischen den Maoisten und der Regierung hatte zu neuer Gewalt und Massenverhaftungen geführt. So berichteten die Zeitungen. In unserem Viertel bekamen wir nur wenig davon mit, aber um Kathmandu herum und im Rest des Landes kam es wohl regelmäßig zu Kämpfen. Vor allem im Süden.

»Es ist zu gefährlich«, sagte Sita dann. »Bleib hier bei mir, hier sind wir sicher. Sonst kidnappen dich womöglich noch die Rebellen und zwingen dich, in ihrer Armee mitzukämpfen.« Zuvor hatte ich mich davon immer entmutigen lassen.

Aber nach der Enttäuschung mit der Schule ließ ich nicht locker. Irgendwann gab Sita genervt nach. Sie kaufte mir ein Busticket, aber sie und die Kinder kamen dieses Mal nicht mit.

Meinen Bruder Amar sah ich am Tor des gelben Hauses in Ghorahi wieder. Vor über acht Jahren hatte er mich dort allein gelassen. Damals war ich ein Kind, jetzt war ich vierzehneinhalb Jahre alt. Als ich ihn nun dort stehen sah, müde und abgespannt, kamen die Erinnerungen in mir hoch.

»Was willst du denn hier?«, fragte ich ihn barsch. »Warum bist du hergekommen? Du warst es doch, der mich damals verkauft hat!« »Ich bin dich holen gekommen. Los, wir fahren nach Hause«, sagte Amar.

Natürlich weiß ich, warum er mich damals weggeschickt hat, dass er vielleicht aus seiner Sicht auch keine andere Wahl hatte, dass er verzweifelt war wegen der Schulden und die 4000 Rupien, die sie für mich bezahlt haben, eine große Summe waren. Aber ganz verziehen habe ich Amar bis heute nicht.

Diesmal kam ich nicht zum *Maghi*-Fest wieder, son-

dern zu Beginn des Sommers. Es war sehr heiß. Meine
Brüder hatten inzwischen insgesamt neun Kinder. Ich
genoss es, mit meinen kleinen Nichten und Neffen zu
spielen und durch das Dorf zu streifen. Ich fühlte mich
frei und glücklich, fast wie früher. Wir streiften durch
den Wald, gingen im Fluss baden. Der Monsun war in
diesem Jahr spät dran, deshalb führte der Rapti-River
nur ganz wenig Wasser, so dass selbst ich mich traute,
hineinzugehen und mich abzukühlen.

Besonders stolz aber war ich, dass ich während meines Besuches Fahrrad fahren lernte. Ohne Stützräder,
auf dem klapprigen Fahrrad von Amar. Als erstes Mädchen in Manpur! Guru, mein jüngerer Bruder, zeigte es
mir. Anfangs musste er mich festhalten. Doch schon
nach ein paar wackeligen Runden konnte ich es.

Meine Schwägerinnen und meine Mutter staunten
nicht schlecht. Früher hieß es noch, Fahrradfahren gehöre sich nicht für Frauen. Immer wenn Amar das Rad
nicht brauchte, drehte ich damit meine Runden im Dorf.
Allein, oder mit meinem Bruder, einem meiner Neffen
oder Nichten oder eine Freundin auf dem Gepäckträger.
Wenn ich allein war, trat ich richtig in die Pedale und war
glücklich. Es war ein herrliches Gefühl, über die Feldwe-
ge zu sausen. Die Landschaft zog ganz schnell vorbei, die
Farben verschwammen in den Augenwinkeln wie ein
Film zu einer großen, bunten Fläche.

Am letzten Abend saß ich mit den Frauen draußen
zusammen. Die Sonne ging gerade über den Hügeln
Richtung Indien unter und färbte die Wolken über dem
Dschungel und das Wasser des Rapti-River leuchtend
orange. Meine jüngsten Nichten Sachita und Sarimsa
spielten vor uns auf dem Boden mit ein paar kleinen
Hunden. Sie quietschten vor Vergnügen und rannten

mit ihren nackten Popos den tapsigen, schwarzen Welpen hinterher. Plötzlich wie aus heiterem Himmel fragte mich Bisrami, wie es mir denn in Kathmandu gehe. Es war das erste Mal, dass sich jemand meiner Familie nach meinen Gefühlen erkundigte.

»Bist du glücklich in der Stadt bei den reichen Leuten? Bestimmt leben sie anders als wir. Bestimmt haben sie eine schöne Wohnung, richtige Möbel, fließend Wasser ...«

Einen kurzen Moment zögerte ich. Doch dann wagte ich es nach acht Jahren, ihnen zum ersten Mal zu erzählen, wie es wirklich war: »Ich arbeite von morgens früh bis abends spät für drei Haushalte. Sita behandelt mich gut, aber die anderen sind gemein und hässlich zu mir. Sie behandeln mich wie Dreck. Für sie bin ich kein Mensch, sondern nur eine *Kamlahari*, die jederzeit ohne zu fragen oder aufzubegehren ihre Arbeit zu machen hat. Zur Schule durfte ich nie gehen. Nein, ich bin nicht glücklich dort. Aber ich mache es für die Familie.« Ich holte tief Luft. Ich merkte, wie ich immer lauter geworden war. Die Frauen sahen mich erschrocken an. Jetzt oder nie, dachte ich. Das war der Moment, um etwas loszuwerden, was mir schon seit einer Weile auf der Seele lag.

»Ihr müsst mir etwas versprechen«, fing ich zaghaft an. Die Frauen waren immer noch geschockt, weil ich noch nie so eindringlich und direkt mit ihnen gesprochen hatte.

»Ja, was sollen wir dir versprechen?«, hakte Bisrami nach.

Ich richtete mich auf, sah Bisrami in die Augen und nahm meinen ganzen Mut zusammen: »Auch wenn ich auch dieses Mal wieder zurück nach Kathmandu gehe, will ich, dass ihr mir versprecht, dass ich die letzte *Kamlahari* in dieser Familie bin. Sachita und Sarisma, Maheshwori und Ramita werdet ihr niemals wegschicken, versprecht es mir. Ich bin die letzte *Kamlahari* unserer Familie.«

Sie sahen mich betroffen und entsetzt an. Es dauerte ein paar Minuten, bis Bisrami das Schweigen brach. Sie war ergriffen: »Von mir, Urmila, hast du das Versprechen! Ich habe nur eine Tochter, aber ich werde Maheshwori niemals als *Kamlahari* wegschicken. Ich möchte nicht, dass sie erleben muss, was du gerade durchmachst.« Sie wischte sich eine Träne aus dem Augenwinkel.

Indrawati, die Frau meines zweitältesten Bruders, nahm meine Hand, blickte mir in die Augen und sagte: »Auch ich habe nur eine Tochter, aber auch Ramita werde ich vor diesem schweren Schicksal schützen. Versprochen.«

Die Frau meines dritten Bruders zögerte. Für sie war es am schwersten. Sie hatte bereits zwei Töchter und noch keinen Sohn.

»Radha, bitte versprich auch du mir, dass du es nicht zulassen wirst, dass Sachita und Sarisma als *Kamlahari* weggeschickt werden. Bitte, tu es für mich«, flehte ich sie an.

Radha blickte zu ihren beiden Mädchen hinüber, die immer noch mit den Hundewelpen spielten. Sie lachten und versuchten, die Hundchen festzuhalten. Doch sie entwischten ihnen immer wieder.

»Gut, Urmila, auch wenn es nicht leicht ist, das hier und heute zu versprechen. Aber du hast mein Wort. Ich werde alles versuchen, um sie zu schützen.«

»Ich danke euch, ich danke euch sehr!« Ich war erleichtert, es endlich einmal ausgesprochen zu haben. Der Gedanke, dass meinen Nichten irgendwann dasselbe Schicksal wie mir drohte, war unerträglich und quälte mich schon seit Monaten. Dass meine Schwägerinnen versuchen würden, ihre Töchter davor zu bewahren, war ein großer Schritt.

Nur meine Mutter sagte kein Wort und wich meinem Blick aus. Für ihre Generation war es noch völlig normal, ihre Töchter wegzugeben. Eltern waren sogar stolz, wenn ihre Kinder als *Kamlahari* arbeiteten. »Dann lernt meine Tochter etwas und wird später schneller einen Mann finden«, war eine gängige Auffassung bei den *Tharu*. Doch meine Generation und die meiner Schwägerinnen würde hoffentlich endlich die Fesseln der Leibeigenschaft durchbrechen und ihre Töchter vor dieser menschenunwürdigen Versklavung bewahren.

Nach zwei Tagen holte mich ein Verwandter von Sita wieder ab. Doch mein Herz war nicht mehr ganz so schwer wie beim letzten Abschied. Ein bisschen hatte ich mich schon daran gewöhnt.

Den Bus von Ghorahi zurück nach Kathmandu nahm ich allein. Der Vater von Sita brachte mich diesmal persönlich zur Haltestelle. Ich bat ihn, mir noch etwas zu trinken holen zu dürfen, und kaufte mir auch noch schnell eine Zeitung. Er sah mich an, sagte aber nichts. Ich verabschiedete mich von ihm und quetschte mich in den wie immer überfüllten Bus. Ich hatte Glück, in der vorletzten Reihe fand ich noch einen Platz neben einer alten Frau mit viel Gepäck. Aber für mich reichte es gerade noch.

Auf der Fahrt wurden wir aufgehalten. An einer Brücke gab es eine Blockade. Anscheinend war ein Unfall passiert, und die aufgebrachte Menge besetzte die Brücke, bis die Polizei kam und schlichtete. Ganze zwei Stunden standen wir da, ohne dass sich etwas bewegte. Vor uns staute sich eine lange Kolonne von bestimmt zwanzig Bussen, die auch alle weiterfahren wollten. Die Leute stiegen aus und diskutierten lautstark, wann es wohl weitergehen würde. Aber nichts geschah.

Immer wieder ließen die Fahrer die Motoren an, weil plötzlich das Gerücht umging, die Sperre sei geräumt. Doch jedes Mal war es falscher Alarm. Ich traute mich dennoch nicht, meinen Platz zu verlassen, weil ich Angst hatte, dass der Bus sonst womöglich ohne mich weiterfahren würde. Oder aber dass ich meinen Sitzplatz verlieren würde. Die alte Frau neben mir war eingenickt und schnarchte. Also blieb ich sitzen und harrte der Dinge. Zum Glück hatte ich die Zeitung gekauft und las sie von der ersten bis zur letzten Seite durch, jede noch so kleine Meldung entzifferte ich.

Trotzdem blieb noch genug Zeit zum Nachdenken. Was, wenn ich einfach aussteigen und nach Manpur zurückfahren würde? Ich könnte einen Bus auf der anderen Seite nach Ghorahi nehmen und dann weiter nach Manpur fahren. Doch ich hatte nur ein paar Rupien, die mir der Vater von Sita noch am Schluss zugesteckt hatte. Außerdem würde ich Schande über meine Familie bringen, wenn ich weglief. Nein, ich müsste hier wohl geduldig warten, bis der Bus weiterfuhr.

Endlich, nach einer Ewigkeit war es so weit. Die Sonne stand schon tief am Himmel und warf schräge Strahlen durch die Stämme und Kronen der Baumriesen. Die Motoren heulten auf und ein Bus nach dem anderen setzte sich in Bewegung. Im Schritttempo rollten wir über die Brücke.

Da war tatsächlich ein Unfall gewesen. Ein Motorrad war unter einen Bus geraten und lag völlig zerquetscht am Wegrand. Keine Ahnung, was mit seinem Fahrer passiert war. Von ihm fehlte jede Spur. Aber die Blutlache, die sie mit Sand zugedeckt hatten, deutete darauf hin, dass es schlimm gewesen sein musste. Ich schloss schnell die Augen, um nicht hinzusehen. Ich hatte sowieso immer Angst, wenn ich im Überlandbus saß. Denn sie fahren oft wie die Henker, überholen auf kurvigen, kleinen Bergstraßen oder fahren beim Überholen laut hupend geradeaus auf ein entgegenkommendes Auto zu, das nur im letzten Moment zur Seite fährt und ausweicht. Schon oft habe ich da die Augen geschlossen und gebetet, dass wir heil ankommen. Auf der Straße gilt eben das Gesetz des Stärkeren. Autos, Mopeds, Fahrräder, Rikschas oder erst recht Fußgänger haben den Bussen Platz zu machen.

Nachdem sich der Bus eine Passstraße hochgewunden hatte und mir in den vielen Kurven schon wieder übel geworden war, erreichten wir die Bergkuppe, und plötzlich tauchten vor uns am Horizont die Gipfel des *Himalaya* auf.

Bisher war ich meistens im Nachtbus von Lamahi nach Kathmandu gefahren, oder aber Nebel oder Wolken hatten das Gebirge verschluckt, doch heute war der Himmel klar. Es war wie jedes Mal ein atemberaubender Anblick! Staunend betrachtete ich die spitz gezackten Bergrücken, die in der sanften Abendsonne wie Metall glänzten. Meine Nachbarin, die alte Frau, war inzwischen aufgewacht, sah mein verzücktes Gesicht und lächelte: »*Moru* – schön, nicht?«

Ich nickte, immer noch sprachlos.

»Ich bin bis heute vom Anblick der Berge verzaubert«, gab sie zu, »und ich bin schon über siebzig Jahre alt und bin im Kathmandu-Tal aufgewachsen. Doch wenn sich das Dach der Welt vor mir aufbaut, bin ich wie am ersten Tag ergriffen und dankbar, dass ich etwas so Schönes sehen darf.«

Zurück in Kathmandu konnte ich Manpur nicht vergessen. Ich wurde im November fünfzehn Jahre alt, und ich war müde, jeden Tag für drei Haushalte zu schuften. Ich erzählte Sita, wie sehr ich mein Zuhause vermisste und dass es immer noch mein sehnlichster Wunsch war, zur Schule zu gehen.

Als sie nicht reagierte, erwiderte ich: »Wenn ich nicht zur Schule gehen darf, möchte ich lieber nach Hause. Oder zumindest will ich nur noch für Sie und nicht mehr für die anderen arbeiten. Ich kann hart arbeiten, aber drei Haushalte sind zu viel! Bitte lassen Sie mich nach Manpur zu meiner Familie zurückkehren.«

»Die anderen werden es niemals akzeptieren, wenn du nur für mich arbeitest«, sagte Sita. »Und dich zurück nach Hause zu schicken ist immer noch gefährlich. Aber wenn du willst, kann ich dir eine Stelle bei meiner Tante besorgen. Sie sucht gerade jemanden. Sie lebt allein, ihre Söhne sind erwachsen und studieren in Amerika. Das heißt, bei ihr gibt es nicht so viel zu tun. Sie ist eine reiche und einflussreiche Frau und wohnt in einem großen Haus. Du würdest ein eigenes Zimmer haben, und sie würde dich bestimmt auch bezahlen, wenn du bei ihr bleibst. Vielleicht ist das besser für dich.« Sita versuchte mich zu überreden.

Vielleicht wollte sie mir tatsächlich etwas Gutes tun, ich weiß es nicht. Vielleicht hatte sie auch den Streit mit ihrem Bruder satt. Ich war jedenfalls der ständigen Diskussionen und Attacken ihres Bruders und der restlichen Familie so überdrüssig, dass mir mittlerweile alles egal war. Ich wollte nur, dass dieses Hin und Her aufhörte. Daher willigte ich irgendwann resigniert ein. Schlimmer, dachte ich, könnte es nicht werden. Wie sehr ich mich da doch täuschte …

CRUEL MA'AM

»Obwohl ich als Mensch geboren wurde, war mein Leben bisher nicht eines Menschen würdig.«

URMILAS LIED

Ein schwarzer Tag

Der Abschied von Sita, Paiya und Mohan nach achteinhalb Jahren fiel mir sehr schwer. Sita war doch meistens nett zu mir gewesen. Sie hatte mich nie geschlagen und mich die letzten Monate oft mehr wie ein eigenes Kind behandelt als wie eine Dienerin.

Bis heute sind wir in Kontakt geblieben. Als ich letztes Jahr im Fernsehen zu sehen war, wo ich zum *Kamlahari*-Projekt interviewt wurde, hat sie mich ganz aufgeregt angerufen: »Oh, ich bin so stolz auf dich. Ich hätte nie gedacht, dass ich eines meiner Kinder mal im Fernsehen sehe.« Plötzlich nannte sie mich *ihr* Kind! Kaum zu glauben. Dass ich in diesem Interview gegen die *Kamlahari*-Praxis protestiert habe, hat sie nicht gestört.

Sita selbst ist sich bis heute keiner Schuld bewusst, dass sie mich als *Kamlahari* bei sich beschäftigt hat: »Gut, du bist nicht zur Schule gegangen. Aber ich habe dich immer gut behandelt. Du hast Kleider von mir bekommen, Essen und sogar Geschenke. Ich habe dich wie eine Tochter angenommen«, entschuldigte sie ihr Handeln.

Auch mit Paiya bin ich bis heute befreundet. Sie studiert Medizin in Kathmandu. Als ich zuletzt für eine

Kampagne in der Stadt war, habe ich sie besucht. Sie steht der *Kamlahari*-Praxis wesentlich skeptischer gegenüber als ihre Mutter. Sie sagt, dass es toll ist, was ich mache. Dass ich mich für die Rechte der *Kamlahari* engagiere.

Sie hat sich auch bei mir entschuldigt: »Es ist nicht richtig, Mädchen wie dich für so wenig Geld im Haushalt von anderen Familien arbeiten zu lassen. Auch Mädchen aus armen Familien sollten in die Schule gehen dürfen!«

Es war an einem heißen Abend im Monat Ashad, als es auf einmal an der Tür klingelte. Nach nepalesischem Kalender war es der 18.3.2061, nach westlichem Mittwoch, der 2. Juli 2004.

Ich weiß es genau, denn einige Zeit zuvor hatte ich begonnen, Tagebuch zu schreiben. Ich schrieb alles, was mir auf dem Herzen lag und was ich niemandem sagen konnte, in ein Heft. Das erste war schon fast voll. Es tat gut, einen »Verbündeten« zu haben. Ich musste nur aufpassen, das Tagebuch gut zu verstecken. Denn wenn Sita oder eines der Kinder es gefunden hätte, wäre es bestimmt sehr unangenehm für mich geworden. Der Tag, an dem ich Sita verließ und zu ihrer Tante ging, hat sich bei mir ins Gedächtnis eingebrannt. Es war ein schwarzer Tag für mich …

Sita drückte den Türöffner. Ein paar Minuten später öffnete sich die Aufzugtür, und im Türrahmen stand eine schlanke, elegant gekleidete Frau im hellen, sandfarbenen Anzug. Sie war vielleicht in den Fünfzigern. Sie trug eine Sonnenbrille in den Haaren, hellorangefarbenen Lippenstift und sah sehr streng und wichtig aus.

»Ich komme das Mädchen abholen«, sagte sie.

Sita begrüßte sie fast ehrfürchtig. So ergeben hatte ich sie vorher noch nie gesehen. Auch Paiya und Mohan verneigten sich vor der Tante. Nur kurz berührte sie ihre Köpfe.

»Urmila, das ist meine Tante. Sie ist deine neue *Maharani*. Ab jetzt wirst du für sie arbeiten«, erklärte Sita.

Mohan und Paiya waren zurück in ihre Zimmer gelaufen und beobachteten die Szene aus sicherer Entfernung.

»Kann ich dir einen Tee oder ein Glas Wasser anbieten?«, fragte Sita.

»Nein danke, ich habe nicht so viel Zeit«, antwortete die Tante.

Sita hatte mir geholfen, meine Tasche zu packen. Jetzt nahm sie sie und begleitete mich und die Tante hinunter. Ich verabschiedete mich von Mohan und umarmte Paiya. Meine Augen füllten sich mit Tränen. Paiya versprach mir, dass wir uns wiedersehen würden.

»Jetzt komm schon, Mädchen«, rief die Tante ungeduldig.

Vor dem Haus stand ein großer dunkelbrauner Jeep mit dunklen Scheiben. Ein Fahrer in blauem Anzug öffnete mir die Tür und packte meine Tasche in den Kofferraum. Die Tante verabschiedete sich von Sita und stieg hinten ein.

»*Namaste*, Urmila«, sagte Sita und drückte mich fest an sich. »Ich hoffe, dass es dir bei meiner Tante bessergehen wird. Sie hat versprochen, dir 1500 Rupien* im Monat zu zahlen. Die kannst du deiner Familie schicken. Oder du sparst es für dich. Das wäre doch toll.«

---

*   Circa 15 Euro.

Ich wollte sie nicht loslassen, und ein paar Tränen liefen mir über die Wange.

»Nun geh schon«, Sita schob mich sanft zur Tür. Ich stieg ein, der Wagen rollte los. Ich winkte und winkte, bis ich Sita und das Haus nicht mehr sehen konnte.

Meine neue *Maharani* wohnte in Jawalakhel, Lalitpur, auf der anderen Seite des Flusses und am anderen Ende der Stadt. Der Fahrer und auch die *Maharani* redeten während der Fahrt kein Wort mit mir. Im Radio liefen die Nachrichten. Ein Mann erzählte mit einer hektischen Stimme von *Banda* – Streiks – im Süden, die auch auf Kathmandu übergreifen sollten. Ich fühlte mich wie so oft in meinem Leben ganz klein auf dem großen Rücksitz.

Draußen zog die Stadt an mir vorbei. Der Lärm, das Gehupe, das übliche Verkehrschaos, die vielen Menschen, die unterwegs waren von der Arbeit oder vom Einkaufen nach Hause. Tuktuks, Busse, Rikschas, die sich durchzufädeln versuchten. Alles sah seltsam golden aus durch die getönten Scheiben.

Vor einer Tankstelle wartete eine lange Schlange Autos und Mopeds. Es gab wohl gerade mal wieder Benzin, also stellten sich alle an. Auf der Terrasse vor einem Fastfood-Restaurant saßen ein paar Mädchen in meinem Alter unter einem Sonnenschirm. Sie waren westlich angezogen, trugen enge Jeans, bunte Turnschuhe, T-Shirts mit Glitzeraufschrift und offene Haare. Sie tranken Softdrinks aus Pappbechern mit Strohhalmen und lachten laut. Neidisch sah ich zu ihnen hinüber. Was hätte ich dafür gegeben, auch dazuzugehören, auch eine Freundin zu haben. Eine Freundin, der ich alles erzählen und mit der ich alles teilen könnte. Mit der ich auch mal Spaß haben könnte.

Am Fluss sah ich zum ersten Mal die Hütten aus Sperrholzplatten, Kartons, Plastikplanen, Lumpen und Wellblech. Ärmlicher noch als in meinem Dorf. Auch dort wohnten Menschen, jeden Tag kamen Hunderte in die Stadt. Sie verließen das Land und hofften hier in Kathmandu auf Arbeit und ein besseres Leben. Doch viele von ihnen strandeten in den Slums am Fluss. Zwischen Müll und Unrat.

Der Wagen rollte vorbei an den Slums, vorbei an den Geschäftshäusern und Büros, Garküchen und Shops, an Tempeln und Wohnblocks. Er fuhr hinauf auf die Hügel, wo die Grundstücke immer größer und die Mauern um die Häuser immer höher werden.

Die Tante wohnte in einem schicken und teuren Wohnviertel. Nur ab und zu konnte man hier durch ein Tor oder Gitter einen Blick auf ein herrschaftliches Haus erhaschen.

Das Auto hielt vor einer großen Villa. Das Haus sah aus wie ein Schloss und war von hohen Mauern umgeben. Auf ein Hupen hin öffnete sich das Tor. Wir bogen in einen üppigen, grünen Garten ein. Ich stieg zögernd aus. Der Rasen war saftig grün und kurz geschoren wie ein Teppich. Ein Gärtner war an einem der Blumenbeete beschäftigt, obwohl es schon dämmerte. So einen schönen Ort hatte ich noch nicht gesehen. Alles sah so ordentlich und perfekt aus. Gleich mehrere Familien hätten hier wohnen können, so viel Platz war hier.

Ich schaute mich noch sprachlos um, als eine Stimme hinter mir plötzlich rief: »Mädchen, wo bleibst du denn?« Es war die Tante. Sie blickte mich streng an. »Komm, ich zeig dir, wo du schlafen wirst.«

Der Fahrer hatte meine Tasche am Eingang abgestellt. Ich nahm sie und folgte der Tante ins Haus. Sie steuerte durch den Flur auf eine Tür zu. Dahinter führte eine enge Treppe in den Keller. Dort gab es mehrere Dienstbotenzimmer.

Die Tante zeigte auf ein Zimmer: »Hier wirst du schlafen. Im Moment habe ich keine anderen Hausangestellten, die hier wohnen. Du kannst dir also ein Bett aussuchen.« Im Zimmer standen zwei Stockbetten und ein Metallschrank mit vier Fächern, es gab kein Fenster, und der Raum sah fast wie eine Gefängniszelle aus.

»Oh, nein, *Maharani*, bitte nicht hier. Ich habe Angst ganz allein hier im Keller«, weinte ich.

»Erstens hast du mich mit ›Eure Exzellenz‹ anzureden, und zweitens: Mein Personal wohnt immer hier«, fuhr sie mich an.

»Aber es ist niemand da, Eure Exzellenz.«

»Ja, im Moment nicht, die Köchin ist leider gegangen. Sie war undankbar, wie die meisten Angestellten.«

Ich konnte mir beim besten Willen nicht vorstellen, allein in diesem dunklen Loch zu schlafen: »Bitte, Ma'am, Eure Exzellenz, lassen Sie mich irgendwo oben schlafen. Das Haus ist so groß, und ich kenne es noch nicht. Ich fürchte mich allein.«

»Das werden wir noch sehen«, die Tante war genervt. »Deine Sachen lässt du jedenfalls hier. Dann zeige ich dir jetzt erst mal, wo du arbeiten wirst.«

Sie drehte sich um, stakste die Treppe wieder nach oben und führte mich in die Küche.

»Hier wirst du vor allem zu tun haben«, erklärte sie. »Das reicht fürs Erste. Mehr brauchst du heute noch nicht zu sehen«, beschloss sie und stellte mir dann viele Fragen. Woher ich käme, wie alt ich sei, wer meine Eltern seien, ob ich kochen könnte, ob ich waschen könnte, was ich über sie gehört hätte. Sie fragte mich sogar, ob ich einen Freund hätte.

»Nein«, antwortete ich und schüttelte den Kopf.

»Ich will, dass du weißt, dass ich, wenn du für mich arbeitest, deine absolute Loyalität erwarte. Wenn du hinter meinem Rücken schlecht über mich redest oder Sachen tust, dann bekomme ich das sowieso raus. Also mach mir keinen Ärger, Mädchen! Ich habe schon viele dumme Bedienstete erlebt, die dachten, sie wären schlauer als ich«, warnte sie mich.

An dem Abend erlaubte sie mir, vor der Tür ihres Schlafzimmers im ersten Stock zu schlafen. »Aber nur heute, weil du noch neu hier bist«, räumte sie gleich ein, »morgen wirst du unten in den Personalzimmern schlafen.«

Ich war froh, dass ich nicht allein im Keller schlafen musste, und rollte meine Matte im Flur aus.

Am nächsten Morgen weckte sie mich um fünf Uhr. Erst machte sie sich in der Küche einen Tee. Dann zeigte sie mir den Rest des Hauses. Es war riesig. Es hatte zwei Etagen und einen Keller. Von den Fluren gingen zahlreiche Zimmer ab, doch die Türen waren alle verschlossen. Eigentlich war das Haus viel zu groß für sie allein. Mir machten die vielen Türen und die menschenleeren Räume Angst. Ich fürchtete, mich in diesem Labyrinth zu verlaufen.

»Wovor hast du denn Angst?«, fragte die Tante, »am Tor ist ein Wachmann, der aufpasst. Hier kommt keiner ohne Erlaubnis rein.« Ihr schien es zu gefallen, in einer Festung zu wohnen.

Vielleicht musste sie das auch, denn sie war Abgeordnete im Parlament. Sie gehörte der Nationalen Demokratischen Partei an, der Partei der Königstreuen.

Bis 1990 war Nepal eine absolute Monarchie. Das habe ich im Schulbuch von Paiya gelesen. Die ersten Versuche, eine Demokratie einzurichten, mündeten direkt in einen Bürgerkrieg. Der Konflikt flammte ständig wieder auf. Regelmäßig kam es zu Streiks, Straßenblockaden und auch bewaffneten Übergriffen, bei denen sich Rebellen und Maoistenanhänger auf der einen Seite und Polizei und Armee auf der anderen Seite gegenüberstanden und bei denen es auch oft Tote gab, wie die Nachrichten meldeten.

Doch Nepal ist bis heute feudalistisch organisiert. Das heißt, dass nur einige wenige Reiche und Privilegierte über das Land bestimmen wie früher Könige und Fürsten. Auch das habe ich inzwischen gelernt. Die Tante gehörte zu dieser Elite. Sie ist in eine der einflussreichsten Familien und oberen Kasten geboren. Sie war von klein auf daran gewöhnt, dass man sie bedient und ihr gehorcht. Und das erwartete sie auch immer noch von all ihren Untergebenen. Besonders aber von mir.

Eingesperrt

Als sie an diesem Morgen ging, schloss sie alle Türen ab. Einzig in der Küche, im Flur, im Keller und im Garten konnte ich mich bewegen. Vielleicht hatte sie Angst, dass ich etwas klaute, dass ich in ihre Schränke schaute oder mich auf ihrem Seidensofa ausruhte. Für sie waren alle Bediensteten nicht vertrauenswürdig, Gauner und nur auf ihren Reichtum aus. Wenn sie alle so behandelte wie mich, kein Wunder …

Die Küche war aus strahlend weißem Marmor, größer

als die Hütte meiner Eltern in Manpur und ganz modern eingerichtet. Es gab zwei Kühlschränke, zahlreiche Küchenmaschinen, eine Mikrowelle, einen Ofen, wo ein ganzes Schwein hineingepasst hätte, und sogar einen Fernseher. Die Oberflächen aus Edelstahl glänzten um die Wette mit der dunklen Glasplatte auf dem Herd. Ratlos stand ich da. Ich öffnete die Schubladen und sah hinein. Sie fuhren fast von selbst auf und zu. Ich ließ sie ein paarmal auf und zu gleiten. Dann drückte ich auf den Knopf am Fernseher und erschrak, weil urplötzlich eine fremde Männerstimme laut durch die Küche schrie. Ich duckte mich instinktiv, doch es waren nur die Nachrichten, die irgendeinen Politiker zeigten, der vor sich hin wetterte und wild gestikulierte. Seine Stimme hallte durch das leere, große Haus. Es war unheimlich. Ich fühlte mich unendlich allein. Allein in diesem Haus, in dieser Stadt, auf diesem Planeten.

Nach ein paar Minuten machte ich den Fernseher wieder aus, weil ich Angst hatte, dass mich der Wachmann hören könnte oder die Tante es sonst irgendwie merken und wütend sein würde. Draußen wurde es schon warm. Es würde sicher ein heißer Tag werden. Aber drinnen war es immer kalt, weil fast ständig die Klimaanlage lief. Die Tante mochte es, in einem Kühlschrank zu leben. Sobald man den Ventilator ausschaltete, beklagte sie sich, dass es zu heiß sei.

Also ging ich in den Garten. Er war groß und schön angelegt. Mit Blumenbeeten, Kieswegen und dickem, weichem Rasen. Der Rasensprenkler lief fast den ganzen Tag. Es war herrlich, die Sonne im Gesicht zu spüren, den Wind. Ich schaute mir die Blumen an. Einige davon hatte ich noch nie gesehen. Die Tante hatte wunderschöne Rosen, die scheinbar sehr viel Pflege brauchten. Denn meistens war irgendein Gärtner damit beschäftigt, die Rosenstöcke zurechtzuschneiden, hochzubinden, zu behandeln oder zu düngen.

Ich entdeckte außerdem ein Beet, in dem die Tante Kräuter und Pflanzen für ihre Gesundheit und Schönheit züchtete. Aloe vera, Salat, *Jamara*, Sesam, Gurken, Melonen, Pfefferminz, Koriander, Kamille. Um dieses Beet sollte ich mich kümmern. Ich zupfte ein paar trockene Blättchen und Blüten ab und schleppte ein paar Gießkannen mit Wasser heran. Doch dann hatte ich wieder nichts zu tun. Mich einfach ins Gras oder auf die Terrasse zu setzen, das traute ich mich nicht, weil der Wachmann oder der Gärtner es womöglich der Tante gemeldet hätten. Also zog ich mich wieder in die Küche zurück. Schon vermisste ich die Arbeit bei Sita und ihren Verwandten. Die Minuten zu zählen war fast schlimmer, als zu viel zu tun zu haben.

Auch das große eiserne Tor zur Straße war immer verschlossen. Niemand sollte hereinkommen können, aber ich konnte auch nicht hinaus. Ich fühlte mich eingesperrt. Eingesperrt wie ein Tier im Käfig.

»Eure Exzellenz«, meine neue *Maharani*, hatte ein aufbrausendes Temperament und einen schwierigen Charakter. Das lernte ich sehr schnell. Sie hatte ihre ganz eigenen Vorstellungen und duldete keinerlei Widerrede.

Sie achtete sehr auf ihre Gesundheit und ihre Schönheit. Obwohl sie Anfang fünfzig sein musste, sah sie wirklich noch sehr gut aus. Darauf war sie sehr stolz, aber sie tat auch alles, um Falten vorzubeugen und schlank zu bleiben.

Der Tag begann mit einem aufwendigen Beauty-

Ritual: Morgens um vier stand sie auf und nahm erst mal ein langes Bad. Wenn ich das Wasser im oberen Badezimmer laufen hörte, musste ich aufstehen. Danach frisierte, cremte und pflegte sie sich stundenlang. Sie machte Morgengymnastik und wählte sorgfältig ihre Kleider aus.

Manchmal fragte sie mich, was ihr besser stünde. Schließlich war ich der einzige Mensch weit und breit, mit dem sie reden konnte. Dann musste ich ganz vorsichtig sein, was ich ihr antwortete. Wenn ich nur immer sagte, dass alles toll war, wurde sie ungehalten und schnaubte bloß: »Ach, was frage ich ein dahergelaufenes *Tharu*-Mädchen, du hast ja eh keine Ahnung.«

Machte ich aber anfangs den Fehler, meine ehrliche Meinung zu äußern und zum Beispiel zu sagen, Blau gefiele mir besser, dann fuhr sie mich an: »Wie wagst du, mit mir zu sprechen? Du bist nur eine Hausangestellte.«

Es war ein ständiger Drahtseilakt, sie nicht wütend zu machen. Also versuchte ich, möglichst schnell wieder aus dem Zimmer zu entkommen.

Der morgendliche Ablauf war ganz genau geregelt: Um sechs Uhr wollte sie einen frischen Saft aus *Jamara*-Blüten trinken. Die grünen und gelben Blätter kannte ich bis dahin nur als Opfergabe und Haarschmuck bei religiösen Feiertagen. An *Dassain* oder *Tihar* schmücken wir uns häufig damit. Aber sie trank jeden Morgen den Saft, weil er, wie sie sagte, gut für die Haut sei.

Die Pflanzen im Garten musste ich wie einen Augapfel hüten. Die Tante hatte mir genau erklärt, wann und wie viel ich sie gießen musste. Nur die obersten Blätter sollte ich pflücken und dann im Mixer pürieren.

Um sieben Uhr musste ich ihr einen frischen Gurkensaft servieren. Um acht Uhr nahm sie einen Fruchtsaft – Apfel, Ananas oder Orange – diesmal aus der Flasche. Für neun Uhr musste ich ihr dann einen Teller frisches Obst aufschneiden: Papaya, Mango, Melone, Äpfel.

Während sie sich zurechtmachte, telefonierte sie mit vielen wichtigen Leuten. Sie hatte sechs verschiedene Telefonleitungen, und wehe, ich war mal nicht schnell genug am Apparat, um die Anrufe entgegenzunehmen. Sobald es klingelte, musste ich alles stehen und liegen lassen und zum Telefon sprinten. Manchmal telefonierte sie gleich parallel mit zwei oder drei Hörern. Dann winkte sie mich mit genervtem Gesichtsausdruck herein, ich stellte das Glas ab und verschwand so schnell und leise wie möglich wieder.

Je nachdem, wen sie gerade an der Strippe hatte, konnte ihre Stimme charmant und melodiös klingen. Dann lachte sie viel, warf die Haare in den Nacken, spielte an ihrem Armband oder betrachtete sich währenddessen im Spiegel. Oft genug aber war ihre Stimme herrisch und arrogant, und sie brüllte Beschimpfungen ins Telefon. Dann rannte sie hektisch auf und ab beim Sprechen und gestikulierte wild.

Ihre Untergebenen hatten nicht viel zu lachen mit ihr. Sie war eine launische und egozentrische Person, der man es kaum recht machen konnte und die jeden spüren ließ, dass sie sich für etwas Besseres hielt. Es sei denn, sie hatte mit den Mächtigen und Reichen dieses Landes oder der Welt zu tun, dann zeigte sie sich von ihrer liebenswürdigen und geistreichen Seite. In ihr wohnen, glaube ich, wirklich zwei Seelen.

Bald begriff ich, warum es nur so wenige Menschen in ihrer Gesellschaft aushielten. Die letzten Angestellten waren entweder irgendwann geflohen oder aber sie hatte sie vor die Tür gesetzt. Sie erzählte mir stolz, dass sie den letzten Wachmann mit seiner Frau entlassen hatte, weil er angeblich unachtsam gewesen war. Seine Sachen hatte sie einfach auf die Straße werfen lassen.

Auch ihren Ehemann hatte sie aus dem Haus gejagt. Sie gehört zu einer der mächtigsten und ältesten Familien in Nepal. Aus politischen Gründen hatte sie »intercast« geheiratet, das heißt, ihr Mann stammte nicht aus derselben Kaste wie sie, sondern aus einer niedrigeren. Als sie von ihm genug hatte, setzte sie ihn an die Luft.

Ihre zwei erwachsenen Söhne studierten in Amerika. Der eine sei Filmemacher, der andere Modedesigner, erzählte sie mir stolz. Ihre Tochter war schon verheiratet, mit einem Hotelerben, Sprössling einer der reichsten Familien des Landes.

Früher hat sie wohl einige Jahre in Singapur gelebt. Dort sind auch ihre Kinder zur Welt gekommen, berichtete sie, und dass sie dort früher als Lehrerin an einer High School gearbeitet hatte.

Bhat – Reis

Vom ersten Tag an verließ ich das Haus nur selten. Die Einkäufe erledigte die Tante selbst, schickte den Fahrer oder einen ihrer Angestellten im Büro. Sie sagte mir auch, was ich kochen sollte.

Reis ist in Nepal ein Grundnahrungsmittel. Die meisten Nepalesen essen zu den Mahlzeiten nur *Bhat* mit etwas Gemüse und Linsensoße. Es gibt viele Sorten Reis, den guten, mit dicken, perlweißen Körnern, den nicht so guten mit kleineren Körnern oder aber minderwertigen braunen oder zerstückelten Reis.

Gleich zu Beginn hatte sie mir zwei Sorten Reis in die Küche gestellt. Der eine, der gute weiße, mit schönen großen Körnern, war für sie. Der andere, der minderwertige, graue, mit graupeligen, kleinen und zerhackten Körnern, war für mich. Also kochte ich jeden Tag zwei Sorten Reis in diesem Zwei-Personen-Haushalt. Einen Topf für sie, einen Topf für mich. Denn außer mir war niemand da. Sie duldete nie, dass ich dem Fahrer, dem Gärtner oder Wachmann etwas zu essen brachte.

»Die verdienen genug Geld und tun nichts. Ich werde sie nicht auch noch durchfüttern«, antwortete sie mir, als ich sie mal danach fragte, ob ich den Männern einen Teller bringen dürfte.

Wenn sie selbst kochte, schnitt sie sich die zarten oberen Blätter vom Gemüse ab. Die briet sie langsam und schonend in gutem Öl mit vielen Kräutern. Für mich gab es die unteren, faserigen Enden mit Wurzeln, in Wasser gegart mit viel Salz und Chilis. Eine ganze Handvoll Chilis warf sie in den Topf und sagte dann: »Ja, ihr *Tharu*, ihr mögt doch alles so scharf. Das wird extra schön scharf, ganz wie ihr bei euch kocht.«

Sie setzte sich dann mit dem Teller an den langen, dunkel glänzenden Mahagoni-Tisch im Esszimmer. Dort musste ich jeden Tag für sie decken, mit einem Seidentischläufer aus Indien, dem schönen chinesischen Porzellan und den Kristallgläsern aus Italien. Das Wasser in der Karaffe musste immer eiskalt sein. Sonst bekam sie leicht einen Wutanfall.

Ich aß, wie jeden Tag, auf dem Boden in der Küche. Aber das Gemüse, das sie für mich gekocht hatte, konnte ich beim besten Willen nicht herunterschlucken. Es war viel zu scharf und verbrannte mir fast den Mund. Sie sah mein Zögern und schimpfte: »Was, ist dir mein

Essen etwa nicht gut genug? Schön aufessen, du verwöhnte Göre, ich komme nachher kontrollieren, ob der Teller leer ist.« Als sie die Küche verlassen hatte, habe ich das Gemüse schnell im Garten entsorgt. Es war wirklich nicht essbar.

Einmal ertappte ich sie dabei, wie sie Tierfett in meinem Reis mitkochte. Ein dickes, weißes, glibberiges Stück Schweinebauch, wie es die Hunde bei ihrer Tochter bekamen. Keine Ahnung, ob sie meinte, mir damit etwas Gutes zu tun, weil sie immer fand, dass ich zu dünn war. Oder ob sie mich damit ärgern wollte. Denn sie wusste, dass ich Vegetarierin war und weder Fleisch noch Eier, noch Tierfett aß. Auch wenn ich es nicht sah, ich roch und schmeckte es sofort. Keinen Bissen brachte ich davon herunter. Als sie nicht hinschaute, kippte ich den ganzen Topf Reis unter die Büsche im Garten und schaufelte etwas Erde darüber, damit die Tante oder der Gärtner es nicht entdecken würden.

An anderen Tagen hingegen brachte Eure Exzellenz, meine *Maharani* extra für mich Pilze, Erdbeeren und Tofu vom Einkaufen mit, weil sie wusste, dass ich diese gerne aß. Bei ihr wusste man wirklich nie genau, woran man war. Wenn ich kochte, beschwerte sie sich ständig. Bei Sita und selbst bei ihrer unfreundlichen Familie hatte es nie ein Problem gegeben, sie hatten ohne zu Murren das gegessen, was ich zubereitet hatte.

Aber die Tante hatte ihre sehr eigenen Vorstellungen. Mal war es zu heiß, mal zu kalt. Mal war es ihr zu wenig gewürzt, mal zu viel.

»Pah«, schrie sie und spuckte den Bissen wieder auf den Teller. »Das kann man ja nicht essen, was du mir da vorgesetzt hast! Das kannst du höchstens den Schweinen in deinem Dorf geben!«

Einmal fegte sie sogar den Teller in einem Anfall vom Tisch. Er zerbrach auf dem Boden und der Reis, der Blumenkohl, die Fleischstückchen und die Soße verteilten sich im ganzen Zimmer.

»Los, mach es sauber, worauf wartest du? Das war ein kostbarer Teller, den kannst du in deinem Leben nicht bezahlen«, herrschte sie mich an.

Ich holte einen Lappen, um es aufzuputzen, und die Tränen liefen mir die Wangen hinunter.

»Dumme Gans, was gibt es da zu heulen? Streng dich halt mehr an. Dass ihr alle immer so dumm und einfältig sein müsst!«

Von diesem Tag an nannte ich sie innerlich nur noch »Cruel Ma'am« – grausame Dame.

Launen einer Diva

Hatte ich gedacht, dass mein Leben sich bessern würde, als ich Sitas Haus verließ, so hatte ich mich gründlich getäuscht. Bei Sita hatten sie mich zumindest in den letzten Jahren wie ein Familienmitglied behandelt, hier fühlte ich mich meistens wie ein Nichts. Ein dummes Dienstmädchen, das herumkommandiert und gedemütigt werden durfte. An so vielen Tagen ließ mich Cruel Ma'am spüren, was sie von mir hielt. Dass ich nichts wert sei.

Manchmal aber war ich die einzige menschliche Gesellschaft und Vertraute, die sie hatte.

»Ach, Urmila, du bist die Einzige, die für mich da ist«, sagte sie in manch melancholischen Momenten, wenn sie sich einsam fühlte oder nach einem langen, wichtigen Tag müde war. »Du wirst immer bei mir bleiben, ja?

Versprich es mir. Es wird sich für dich lohnen«, drängte sie mich.

Ich versuchte, ihrem Blick auszuweichen oder nur stumm zu nicken. Ich wusste nicht, was ich unerträglicher fand: wenn sie mich wie Dreck behandelte oder wenn sie plötzlich sentimental wurde.

Am meisten hasste ich es, wenn ich sie massieren musste. Ich hasste es, sie anfassen zu müssen. Ich hasste es, ihr so nah zu sein. Und ich hasste es, ihr über so einen langen Zeitraum nicht ausweichen zu können. Als sie mal abends verspannt war und sich über ihren schmerzenden Nacken beklagte, hatte ich den Fehler gemacht, ihr aus Mitgefühl eine Massage anzubieten. Sita und Paiya hatten es mir beigebracht. Cruel Ma'am war so dankbar, dass sie mich an diesem Abend mit in ein Restaurant nahm und mir *Momos* bestellte, die gefüllten tibetanischen Teigtaschen, die ich so liebe. Von da an aber forderte sie auch täglich die Massage ein.

Wenn sie aus dem Büro zurückkam, ging sie hoch ins Schlafzimmer, zog sich bis auf die Unterhose aus, legte sich aufs Bett und rief nach mir.

»Urmila, wo bleibst du? Ich warte auf meine Massage. Du weißt, wie gut sie mir tut.« Sie sagte, sie würde sich danach so positiv, frisch und jung fühlen. Sie ging noch nicht einmal ans Telefon in der Zeit.

Widerwillig wärmte ich etwas Kokosöl auf und stieg die Treppe hoch. Jeden Tag musste ich mich mehr überwinden. Schon der Anblick, wie sie auf ihrem riesigen, mit teurer Bettwäsche bezogenen Bett lag, drehte mir den Magen um. Dennoch beherrschte ich mich, ließ meine Hände mechanisch über ihren Rücken kreisen und versuchte, dabei möglichst abzuschalten.

Ich dachte an Manpur, an meine Familie. Wie es ihnen

wohl ging? An meine kleinen Nichten und Neffen. Wie viele es in der Zwischenzeit wohl waren? Ich stellte mir die gelben Rapsfelder vor, die Hütten, die sich dazwischen ducken, die Schweinchen, die zufrieden davor im Dreck liegen, die kleinen Hunde, die vor den Häusern spielen. Ich sah das helle, samtige Grün der Reisfelder, die sich im Wind wie ein Meer hin- und herwiegen. Das dunkle, satte Grün des Dschungels. Die bunten Tupfen der Saris. Die Frauen, die von den Feldern zurückkamen, ein Bündel Raps oder Mais auf dem Kopf. Ich spitzte die Ohren und hörte die fremden, aufregenden Geräusche, die zu uns aus dem Urwald herüberdrangen. Die Vögel, das Kreischen der Affen, das Rauschen in den großen mächtigen Bäumen. Das Prasseln des Regens auf den Strohdächern. Das Klingeln der Fahrräder auf dem Feldweg. Das tiefe, kehlige Brüllen der Wasserbüffel. Die Lieder der Frauen, die bei der Arbeit singen.

Ich träumte mich weg in eine Phantasiewelt, in der ich zur Schule ging. In einer blitzsauberen, neuen Schuluniform, mit hellblauer Bluse, einem dunkelblauen Faltenrock, einem Stapel Hefte unter dem Arm – wie die Kinder, die ich bei uns im Dorf gesehen hatte. Warum hatte ich nicht das Glück, dass meine Eltern mich zur Schule schicken konnten? Warum musste ich weit weg von zu Hause leben, in diesem Gefängnis, mit Flachbildfernseher, Mikrowelle, Rasensprenkler und Wachmann?

Cruel Ma'am seufzte wohlig, während ich sie massierte. Bisweilen schlief sie auch dabei ein. Das war gut. Dann atmete ich auf. An anderen Tagen aber wurde sie gesprächig. Das waren die wenigen Momente, in denen sie auf einmal von sich erzählte. Von ihrer Arbeit, von früher, von ihrer Familie, von ihren Reisen. Wo sie schon alles gewesen war und wen sie alles getroffen hatte.

Wahrscheinlich hätte ich es als Ehre sehen sollen, dass sie sich mir, einer *Kamlahari*, anvertraute. Aber ich fand es fast noch widerlicher, als sie anfassen zu müssen. Ich hörte es mir an, möglichst ohne etwas zu sagen außer »Hm, aha, ja wirklich, oh nein«.

Doch an manchen Tagen reichte ihr das nicht. Dann wollte sie mehr von mir hören. Was ich davon halten würde, was meine Meinung sei. Ich bemühte mich, so diplomatisch und ausweichend wie möglich zu antworten. Denn wenn ich ein falsches Wort sagte oder etwas, das ihr nicht passte, konnte ihre Stimmung ganz schnell wieder kippen. Das war sehr anstrengend. Hinterher war ich völlig erschöpft, nicht, weil ich sie eine Stunde lang kneten musste, sondern weil ich die ganze Zeit überlegen musste, was ich sagen sollte, und höllisch aufpassen musste, nicht in eine ihrer Fallen zu tappen.

Sie sagte: »Du bist jetzt schon so lange von zu Hause fort. Deine Eltern suchen nicht nach dir, sie fragen nicht nach dir. Sie vermissen dich wahrscheinlich gar nicht, sondern sind froh, dass du weg bist und hier in Kathmandu etwas lernst. Sie lieben dich nicht, sonst hätten sie dich nicht weggegeben. Daher solltest du das Geld, das du bei mir verdienst, nicht deinen Eltern geben. Behalte es für dich. Ich habe genug Geld, du musst dir keine Sorgen machen. Du kannst bei mir bleiben. Vielleicht gehe ich irgendwann nach Amerika und nehme dich mit. Du kannst immer mit mir kommen. Wirst du bei mir bleiben? Wirst du mit mir nach Amerika kommen? Du wirst bei mir bleiben, oder?«

Ich sagte nicht nein und auch nicht ja, obwohl ihre

Worte mich sehr verletzten. Was, wenn sie recht hatte? Wenn meine Familie mich tatsächlich längst vergessen hatte und froh war, dass ich nicht wiederkam?

Manchmal, wenn sie sich entspannte, fragte sie auch: »Was möchtest du, sag es mir. Sollen wir zum Tempel gehen?«

Sie wusste, dass ich gern zum Tempel mitkam. Es war eine der wenigen Gelegenheiten, mal aus dem Haus zu kommen. Außerdem liebte ich schon immer die Atmosphäre dort.

Einmal nahm sie mich nach Pashupatinath mit. Pashupatinath ist der bedeutendste und größte Hindu-Tempel Nepals. Hier werden die Toten am Ufer des Flusses Bagmati verbrannt. Von überall strömen die Menschen her. Man sieht viele Pilger und Sadus, Asketen mit langen Bärten, weiß gefärbten Körpern und Haaren, die sie zu Zöpfen auf dem Kopf auftürmen. Die heiligen Männer kommen aus ganz Nepal und sogar aus Indien und Bangladesch.

Geweiht ist der Tempel Shiva, in seiner Form als Herr der Tiere. Er ist auch der Schutzpatron von Nepal. In den Bäumen mit ihren verzweigten Luftwurzeln und Zweigen und auf den Tempeldächern kreischen Rhesusaffen. Sie nutzen jede Gelegenheit, um den Besuchern Nüsse, Obst oder Kekse zu klauen, sie werfen die Opfergaben um und treiben in der ganzen Anlage ihren Schabernak. Es riecht nach Feuer. Die Luft flirrt durch die vielen Menschen, Tauben und Gebetsglocken, die läuten.

Außerdem gibt es in Pashupatinath das einzige staatliche Altersheim des Landes. Dorthin brachte Cruel Ma'am Decken, Laken und Reis. Denn natürlich gab sie Almosen, wie es sich für eine gläubige Hindu gehört. Sie war sicher davon überzeugt, ein barmherziger und guter Mensch zu sein. Ich begleitete sie dorthin. Das heißt, sie lief vorneweg und ich trug das Bündel hinterher.

Wenn sie aber einen schlechten Tag hatte und ich sie bat, mich in den Tempel mitzunehmen, lästerte sie herablassend: »*Tharu* sind Ratten. Ratten haben im Tempel nichts zu suchen!«

Am unangenehmsten war es mir, wenn sie sich bei der Massage umdrehte und ihren nackten Busen nicht bedeckte. Diesen Moment fürchtete ich regelrecht. In unserer Kultur zieht man sich nicht voreinander aus. Noch nicht einmal, wenn wir am Brunnen oder zu Hause unter Frauen sind. Wir versuchen immer, uns mit einem Tuch zu bedecken oder wenigstens wegzudrehen.

Sie aber war stolz, dass ihre Brüste noch so prall und fest waren. Ihr machte es scheinbar nichts aus, im Gegenteil, sie genoss es. Ich versuchte dann nur, sie mit einem Tuch zu bedecken oder so gut es ging drumherum zu massieren, am Hals, am Bauch und ja nicht ihre Brust zu berühren, weil ich mich ekelte.

Eifersucht

In gewisser Weise war sie fast eifersüchtig auf mich. Sie, die einflussreiche Politikerin, die knallharte Geschäftsfrau, die angesehene High-Society-Lady war eifersüchtig auf mich kleines Dorfmädchen. Auf mich, die *Kamlahari*, die in ihrem Haus bedienen, putzen und waschen musste. Das merkte ich immer wieder. Denn ich hatte etwas, was sie sich mit ihrem ganzen Geld nicht kaufen und ihrer ganzen Macht nicht herzaubern konnte. Oft sah sie mich prüfend an und sagte mir: »Ach, Urmila, du bist noch so jung. Deine Haut ist noch straff. Was gäbe ich für deine Jugend! Wenn ich in den Spiegel blicke, sehe ich nur Falten. Da kann ich noch so teure Cremes verwenden, sie gehen nicht mehr weg …«

Deshalb ließ sie mich auch meistens in einer viel zu langen *Kurta* herumlaufen. Der Saum war aufgerissen, weil ich immer über ihn stolperte, und die Ärmel waren viel zu lang und baumelten mir über die Hände. Sie wollte einfach nicht, dass ich hübsch aussah.

Einer Freundin, die einmal zu Besuch kam, fiel das auf: »Schau mal, ihr Kleid ist viel zu lang für sie. Sie ist so ein hübsches, liebes Mädchen. Sie hat so ein nettes, aufrichtiges Gesicht. Warum lässt du sie in so einem Aufzug herumlaufen?«

»Ach was«, entgegnete Cruel Ma'am. »Was sind schon ein paar Zentimeter zu viel? Es ist ein teures Hemd, das mir mein Sohn aus Amerika mitgebracht hat. Ich habe es nur ein- oder zweimal angehabt, und jetzt darf sie es tragen. Das Material ist wirklich hochwertig. Es ist ganz tolle Qualität. Was macht da schon die Länge aus?«

Einmal war ich bei ihrer Tochter. Das war der einzige Gang, den sie mir allein gestattete. Susie wohnte etwa eine Viertelstunde entfernt in einem noch viel größeren Haus. Es war ein richtiger Palast. Eine mit Palmen gesäumte Auffahrt führte zu einem ausladenden Haus. Im Garten schimmerte ein großer, türkisfarbener Swimmingpool. Es gab einen riesigen Innenhof mit Springbrunnen, einen Tennisplatz und sogar einen Helikopter-Landeplatz. Ich habe es einmal miterlebt, wie ein Hubschrauber dort landete. Es war beeindruckend und beängstigend zugleich: Erst hört man das Rattern der Rotoren von weitem, dann kam der Lärm immer näher. Es war ein ohrenbetäubendes Geräusch, und da ich nicht wusste, woher es kam, versteckte ich mich hinter einer Bank. Die Palmen bogen sich im Wind, jemand schrie, alle sollten sich in Sicherheit bringen, Kissen und Blätter wirbelten durch den Garten. Das schwarze Riesending landete, und ein dicker Mann mit Sonnenbrille stieg aus. Irgendein Geschäftsmann. Bestimmt war er jemand sehr Wichtiges.

Im Haus der Tochter gab es viele Angestellte, es waren mindestens fünfzehn Personen: Hausmädchen, Köche, Gärtner, Chauffeure und für jedes Kind eine eigene Kinderfrau. Sogar für die Hunde, zwei südafrikanische Ridgebacks, gab es einen eigenen Angestellten. Seine Aufgabe bestand lediglich darin, die Hunde auszuführen und zu füttern.

Aber das Personal wurde – im Gegensatz zu mir – hier gut behandelt. Sie bekamen ausreichend und gutes Essen, sie hatten eine Küche und einen Aufenthaltsraum für sich, hatten alle schicke, saubere Arbeitskleidung und Uniformen. Nicht so wie ich.

Susie konnte meinen Anblick in meiner zu langen, fleckigen und ausgefransten *Kurta* nicht ertragen. »Es ist eine Schande, wie du herumläufst«, sagte sie. »Ich verstehe nicht, dass meine Mutter nicht etwas mehr auf dein Äußeres achtet. Was sollen denn die Leute denken, wenn sie dich so sehen?«

Sie steckte mich in eine schöne weiße *Kurta* mit bestickter Borte am Hals und am Saum und schickte mich so nach Hause zu ihrer Mutter: »So, jetzt sieht meine Mutter mal, wie hübsch und ordentlich du aussehen kannst.«

Doch ihre Mutter fand das gar nicht gut. »Wie siehst du denn aus«, schimpfte sie, »wer hat dich denn so rausgeputzt? Hast du dich etwa bei meiner Tochter über deine Kleidung beklagt, du undankbares kleines Luder?«

»Nein, Ihre Tochter hat mir das angezogen. Ihr gefiel es besser so.«

»Zieh es sofort wieder aus! Sofort! So laufen meine Bediensteten nicht rum«, schrie sie. »Ich bestimme hier, was du zu tragen hast. Es gibt gar keinen Grund, dich so herzurichten. Du wirst nur irgendeinen dahergelaufenen Mann treffen, ihm den Kopf verdrehen und mit ihm durchbrennen! Ist es das, was du willst?«

»Nein, nein«, verteidigte ich mich und lief in den Keller, um die *Kurta* der Tochter wieder auszuziehen. Ich hörte, wie Cruel Ma'am Susie anrief und ihr sagte, sie wolle nicht, dass sie sich um mich kümmere. Und sie wolle auch nicht, dass sie mir etwas anderes anziehe. Die alte *Kurta* sei völlig in Ordnung. Schließlich gehe es nicht um einen Schönheitswettbewerb. Ich sei nur eine *Kamlahari* und ein *Tharu*-Mädchen aus dem Dorf.

Manchmal allerdings, wenn sie Lust hatte oder eine Begleitung brauchte, nahm sie mich zu privaten Einladungen oder auf Veranstaltungen mit. Dann lieh sie mir etwas Nettes zum Anziehen. Eine Jeans und ein T-Shirt oder eine Bluse. Denn blamieren sollte ich sie natürlich nicht.

Das Konzert

An einem Abend war Cruel Ma'am besonders guter Laune. Heiter und gelöst wie sonst nie kehrte sie schon am Nachmittag aus dem Büro zurück.

»Heute Abend nehme ich dich mit zu einem Konzert«, verkündete sie gönnerhaft schon auf der Türschwelle. »Du wirst sehen, es wird dir gefallen. Es ist ein ganz besonderes Konzert, ein Benefizkonzert von der *Kumari*-Bank, anlässlich ihres Jubiläums. Alle wichtigen Persönlichkeiten aus Kathmandu werden da sein. Ein bekannter nepalesischer Violonist wird spielen, Ani Choying Drolma wird singen, und noch viele andere mehr werden da sein. Komm mit hoch, damit wir dir etwas zum Anziehen aussuchen.«

Ich war überrascht über ihre gute Laune und Freundlichkeit. Sollte sie vielleicht doch kein so schlechter Mensch sein? Vielleicht hatte sie ja doch auch im letzten Jahr, das ich bei ihr gearbeitet hatte, gemerkt, dass ich kein dummes, dahergelaufenes *Tharu*-Mädchen war. Dass ich sie nicht beklaute oder betrog, sobald sie aus dem Haus war?

Ich fiel auf ihr Spiel herein und folgte ihr in die obere Etage in ihr Schlafzimmer. Dort öffnete sie ihren fünftürigen, riesigen Kleiderschrank.

»Hier wäre ein schöner Sari, der könnte dir stehen.« Sie hielt mir einen prächtigen, hellblauen Sari vor. »Nein, das ist nicht das Richtige. Wie wäre es damit?« Sie holte ein aufwendig besticktes weißes Abendkleid heraus. »Nein, du sollst nicht schöner aussehen als ich«, verwarf sie es wieder.

»Hm, das hier könnte passen«, überlegte sie und reichte mir eine relativ schlichte, weiße *Kurta* aus Seide mit kurzen Ärmeln. Am Ausschnitt und am Saum war sie mit einem feinen Muster bestickt. Dazu eine weiße, schmale Hose. »Los, worauf wartest du? Probier sie an!«

Ich ging nach nebenan und schlüpfte in die *Kurta*. Sie war etwas zu weit, aber von der Länge passte sie. Der Stoff fühlte sich wunderbar glatt und zart an.

»Na? Wo bleibst du? Komm her und zeig dich!«, rief Cruel Ma'am.

Ich ging zurück zu ihr.

»Ja, das sieht doch gut aus. Nicht zu auffällig, auch nicht zu körperbetont und schön schlicht. Noch etwas Schmuck, und du wirst hübsch aussehen.«

Ich drehte mich vor dem Spiegel und sah mich an. Noch nie hatte ich so etwas getragen. Und selbst wenn es schlicht und etwas zu weit war. Ich fand es wunderschön.

»Gut, dann zieh sie jetzt wieder aus, sonst zerknitterst du sie noch bis zum Konzert. Ich mache mich nun selbst fertig, dann kümmere ich mich um dich. Lass mir jetzt erst mal ein Bad ein!«

Cruel Ma'am machte sich in aller Ruhe fertig und rief mich nach einer Weile wieder zu sich. Sie hatte sich bereits angezogen und trug einen silbergrauen Sari, der über und über mit glitzernden Steinen besetzt war.

»Los, zieh dich an, mach schon.«

Ich beeilte mich, in die *Kurta* zu schlüpfen.

»Komm her zu mir«, rief sie, »dreh dich mal um.« Dann öffnete sie eine Schatulle aus ihrer Kommode und legte mir höchstpersönlich eine wunderschöne goldene Kette um, die aus filigranen Blüten und Ranken bestand, und gab mir die passenden Ohrringe dazu. Ich konnte es nicht glauben! Genau so eine Kette und diese Ohrringe dazu hatte Miss Nepal vor einiger Zeit bei einem Auftritt im Fernsehen getragen! Ich erkannte sie eindeutig wieder! Schon damals vor dem Fernsehen fand ich die Kette traumhaft schön. Ich hielt den Atem an und konnte kaum fassen, was mir passierte.

»Ist das die Kette, die Miss Nepal auch hat?«, platzte ich heraus.

»Keine Ahnung, kann sein. In einer Zeitschrift habe ich sie mal damit gesehen, glaube ich«, antwortete sie ausweichend. »Irgendwann, wenn ich weiterhin mit dir so zufrieden sein kann, schenke ich dir die Kette vielleicht«, versprach sie plötzlich, während sie den Verschluss kontrollierte.

Ich sah sie mit großen Augen an.

»Aber nur, wenn du es dir verdienst«, korrigierte sie sich schnell und rauschte aus dem Zimmer. »Komm schon. Wir sind spät dran.«

Der Abend war wunderschön. Ich war noch nie zuvor bei einem klassischen Konzert gewesen und auch nicht in so einem prunkvollen Saal. Das Konzert fand in einem großen, vornehmen Hotel statt.

Ich stieg hinter Cruel Ma'am die Treppe mit einem dicken, roten Samtteppich hinunter. Hunderte Leuchter tauchten den Saal in strahlendes Licht, die Bühne und Balkone waren mit viel Gold verkleidet.

Viele wichtige Persönlichkeiten aus Politik und Kultur waren gekommen. Cruel Ma'am grüßte nach rechts und links. Sie stellte mich ihren Gesprächspartnern nicht vor. Aber ein- oder zweimal fragte sie jemand, wer ich sei, und machte ihr ein Kompliment, dass ich hübsch aussähe. Da drehte sie sich immer noch erstaunlich freundlich und gutgelaunt zu mir um und sagte: »Das ist meine Urmila. Sie ist ein ganz außergewöhnliches Mädchen und ein sehr hübsches auch, das stimmt.«

Ich genoss jede Sekunde dieses Abends. Besonders aber das Violinkonzert von Mozart. Die Musik verzauberte mich von der ersten Note an. So etwas Schönes und zutiefst Anrührendes hatte ich noch nie gehört! Der Violinist spielte mit einer Leidenschaft und mit so viel Gefühl, dass ich eine Gänsehaut bekam. Durch und durch gingen mir die Töne, als träfen sie mitten in mein Herz. Es war unbeschreiblich schön.

Nach der Pause trat Ani Choying Drolma auf, eine bekannte nepalesische Sängerin und buddhistische Nonne, wie mir Cruel Ma'am zuflüsterte. Ani hatte kurz geschorene Haare wie alle Nonnen in Nepal und Tibet und trug eine rote Bluse, einen langen schwarzen Rock und einen orangenen Schal. Sie sang ein paar bekannte nepalesische Volkslieder, darunter »Pulko ankha ma«, ein Lied, das ich seit diesem Augenblick, als ich es das erste Mal hörte, sehr liebe. »Pulko ankha ma, phulai sansaara, Kaanda ko sankhama, kaandai sansara …« Es ist ein weises Lied voller Hoffnung: »In den Augen der Blume gleicht die Welt einer Blume. In den Augen des Dorns gleicht die Welt einem Dorn.«

Das heißt, wenn man die Welt mit dem Herzen sieht und ihr freundlich gesinnt ist, dann ist sie auch schön. Ich singe es oft. Es ist ein Friedenslied, eine Botschaft, an die ich glaube. Wir sollten wie Buddha mit allem Leben respektvoll umgehen, zu allen Menschen, allen Tieren, sogar zu den Ameisen sollten wir freundlich sein. Wir sollten die gesamte Schöpfung mit unserem Herzen betrachten.

Cruel Ma'am war amüsiert von meiner Ergriffenheit. Ich nahm ihre Seitenblicke wahr, mit denen sie prüfte, ob es mir gefiel. Ich merkte, wie zufrieden sie war, etwas Gutes getan zu haben, indem sie mir, dem Mädchen vom Dorf, die Welt der Musik zumindest für einen Moment zugänglich gemacht hatte. Doch es ärgerte mich nicht, denn in diesem Moment überwog tatsächlich meine Dankbarkeit für dieses Erlebnis.

Ich nahm es ihr auch nicht übel, als sie nach dem Konzert nicht mehr so nett war. Wie in Trance schwebte ich die Treppe wieder hinauf und stieg ins Auto, den Kopf noch voller Musik. Cruel Ma'am hatte plötzlich Kopfschmerzen, ihre Laune war schlagartig nicht mehr gut. Sie wollte nur noch schnell nach Hause und ins Bett. Kaum im Haus angekommen, nahm sie mir den Schmuck ab und wartete ungeduldig neben mir, bis ich die *Kurta* ausgezogen hatte. Da stand ich. Fast nackt. Wieder ich, das armselige *Kamlahari*-Mädchen.

Dennoch werde ich diesen Abend nie vergessen. Klassische Musik – vor allem Violinkonzerte von Mozart – liebe ich bis heute. Wenn ich die Tochter eines reichen Mannes wäre, würde ich Geigenunterricht nehmen und lernen, wie man so wundervolle Töne hervorzaubert. Wenn ich kann, werde ich mir irgendwann eine Violine kaufen und lernen, Geige zu spielen.

Die Tagebücher

Einige Monate war ich nun schon bei Cruel Ma'am. Sechzehn bis achtzehn Stunden am Tag stand ich ihr auf Abruf zur Verfügung. Ich musste um vier Uhr morgens aufstehen und das Haus putzen, bevor Cruel Ma'am aufwachte. Den Rest des Tages wusch ich die Wäsche, bügelte, kochte, servierte und bediente sie.

Cruel Ma'am hatte zwar eine Waschmaschine und sogar einen Trockner – wie viele der Reichen in Kathmandu. Doch das meiste ihrer Kleider und Wäsche ließ sie mich unten im Keller in der Waschküche mit der Hand waschen. Als Ausrede führte sie an, dass sie der Maschine nicht vertraute.

»Diese Bluse ist aus Singapur, dieses Kleid ist aus Japan, diese Hose ist aus Spanien. Ich möchte nicht, dass die Sachen nachher ruiniert sind ...« Das hörte ich fast täglich. Die Kleider seien zu empfindlich, sie müssten mit der Hand gewaschen werden. Sie hatte aber auch Angst, dass ich womöglich tagsüber, wenn sie weg war, nicht genug zu tun hätte.

Oft bot sie ihrer Tochter an, ich könne ihre Wäsche und die der Kinder auch noch waschen. Denn sie fand, dass die Hausmädchen von Susie faul und nicht ordentlich genug seien. Also hatte ich manchmal ganze Berge zu bewältigen. »Dann langweilst du dich wenigstens nicht«, sagte sie. Sie hatte immer Angst, ich könnte zu wenig zu tun haben und auf dumme Gedanken kommen.

Susie und vor allem ihr Mann hatten Mitleid mit mir. Der Mann war nett, obwohl er zu einer der reichsten Familien des Landes gehörte. Dennoch hatte er eine andere Einstellung gegenüber seinen Hausangestellten. Er sagte seiner Frau immer wieder, dass sie mit ihrer Mutter sprechen sollte. Sie sollte ihr sagen, dass sie mich besser behandeln und vor allem ordentlich bezahlen sollte. Zu mir sagte er, dass es eine Schande sei, dass eine so einflussreiche und wohlhabende Frau wie Cruel Ma'am ein so junges und nettes Mädchen wie mich ausbeuten würde.

Susie steckte mir daher jedes Mal etwas Geld zu, wenn ich Wäsche für sie wusch oder andere Arbeiten in ihrem Haus erledigte. Mal 500 Rupien, mal 300, mal 200[*]. Allerdings sagte sie immer ihrer Mutter, dass sie mir etwas

---

[*] 500 Rupien entsprechen circa 5 Euro, 300 Rupien 3 Euro und 200 Rupien 2 Euro.

gegeben hatte. Vielleicht hatte sie Angst, dass ich es sparen würde, um nach Hause zu flüchten. Cruel Ma'am nahm es mir jedes Mal ab und sagte, sie würde es für mich auf die Seite legen. Ich bräuchte es ja nicht. Sie wollte auf jeden Fall verhindern, dass ich weglief.

Schon lange hatte ich von Sita nichts mehr gehört. Nur einmal hatte ich es geschafft, sie von Susie aus anzurufen. Denn im Haus von Cruel Ma'am kam ich nie an ein Telefon heran. Wenn sie weg war, schloss sie immer noch die Zimmer ab. Und in der Küche war kein Telefon. Also nutzte ich die Chance, als ich bei Susie war, um zu telefonieren. Ich versuchte es mehrmals, doch ich erreichte Sita nie.

Doch dann auf einmal war sie endlich dran. Ich schluckte und sagte: »Sita! *Namaskar*, hier ist Urmila!«

»Urmila, *Namaste*, wie schön, von dir zu hören. Wie geht es dir? Warum hast du nie angerufen?«

Es war schön, Sitas Stimme zu hören, angesichts meiner Einsamkeit bei Cruel Ma'am kam sie mir fast vor wie eine Verwandte oder eine Freundin.

»Ich bin bei der Tochter von meiner *Maharani*. Deine Tante lässt mich nicht mit dir telefonieren. Mir geht es nicht so gut. Die Tante ist oft böse zu mir. Sie lässt mich nicht aus dem Haus, und sie hat mir auch noch nichts bezahlt«, stieß ich hervor.

»Oh, das tut mir leid«, sagte Sita. »Aber was kann ich tun? Pass auf: Ich rede mal mit meiner Tante. Sie soll dich besser behandeln, und sie soll dir dein Geld geben. Ja?«

»Ja, gut«, stammelte ich, aber ich wusste nicht, ob es eine gute Idee war, wenn Sita mit der Tante über mich sprechen würde.

»Wie geht es Paiya und Mohan? Ich vermisse sie sehr«, sagte ich noch. Doch die Stimme versagte mir.

»Paiya und Mohan geht es gut. Paiya arbeitet fleißig in der Schule, Mohan hat immer noch Schwierigkeiten in Englisch. Er will nachmittags lieber Computer spielen als Vokabeln pauken.« Sie plauderte noch ein Weilchen weiter, als ob nichts sei. Als ob wir uns gestern erst gesprochen hätten.

Ich merkte, wie Enttäuschung in mir hochstieg: »Ich muss jetzt Schluss machen«, sagte ich und ließ den Hörer sinken. Eine tiefe Traurigkeit überkam mich. Ich fühlte mich kraftlos, verlassen und unendlich allein.

Zwei Tage später rief Sita Cruel Ma'am an. Ich hörte sie telefonieren. Nachdem sie aufgelegt hatte, rief mich meine *Maharani* zu sich und sagte: »Setz dich.«

Ich kniete mich auf den Boden vor sie. Ich sah schon an ihrem verbissenen Zug um den Mund, dass etwas nicht in Ordnung war. Dann machte sie eine unerträglich lange Pause. Ich betrachtete ihre Hände, die nervös an ihrer Kette spielten oder auf den Tisch trommelten, und duckte mich schon in Erwartung des bevorstehenden Donnerwetters.

»Das war Sita. Du hast dich also bei ihr beklagt, ja? Du undankbares, dahergelaufenes *Kamlahari*-Mädchen! Zu Hause in deinem Dorf hast du noch nicht einmal genug zu essen gehabt und bist barfuß zusammen mit den Schweinen und den Ziegen durch den Dreck gerannt. Jetzt lebst du in einem modernen, großen Haus mit allen Annehmlichkeiten. Du bekommst gutes Essen – sogar Pizza, Spaghetti und Erdbeeren, die du so magst –, du wohnst hier mit mir unter meinem Dach, ich habe dir Kleider von mir gegeben, du musst nur für mich, eine alleinstehende Frau, ein paar Stunden am Tag arbeiten – und du beschwerst dich? Warum hast du Sita angerufen, du dumme Gans? Was hast du ihr über mich erzählt?«

Cruel Ma'am war völlig außer sich, an ihrem Hals tauchten rote Flecken auf. Doch sie war lange noch nicht fertig. Sie redete sich immer weiter in Rage: »Ich bin zutiefst enttäuscht von dir! Du bist genauso wie all die anderen Bediensteten! Kein bisschen besser und kein bisschen schlauer!«, schrie sie. »Faul und undankbar bist du! Und ich hatte gerade begonnen, dich ins Herz zu schließen. Da sieht man es wieder: *Tharu* kann man nicht trauen! *Tharu* sind Ratten. Was fehlt dir denn hier? Nun sag schon! Raus mit der Sprache.« Sie sah mich böse mit zusammengekniffenen Augen an.

»Ich bin den ganzen Tag allein«, flüsterte ich eingeschüchtert.

»Was? Rede gefälligst lauter!«, herrschte sie mich an.

»Ich bin fast den ganzen Tag allein«, wiederholte ich. »Ich habe Angst hier in dem großen Haus. Sie hatten mir versprochen, mich für meine Arbeit zu bezahlen.«

»Was? Auch noch frech werden? Mach deine Arbeit erst mal richtig und hör auf, dich ständig zu beklagen! Geld willst du also?« Sie griff in ihre Jackentasche und warf mir ein paar Scheine und Münzen hin. Wie man Hunden Knochen vorwirft. »Da, hier hast du es! Geld ist für mich überhaupt kein Problem, davon habe ich genug! Mach du deine Arbeit richtig, ohne dich ständig bei anderen zu beklagen, dann werde ich dich auch dafür bezahlen.« Sie stand auf und drehte mir den Rücken zu. »Und nun geh, ich will dich nicht mehr sehen heute. Undankbares *Tharu*-Mädchen!«

Ich stand auf und verließ den Raum. Das Geld auf

dem Boden ließ ich liegen. Meine Hände zitterten, meine Knie auch. Das hatte ich davon, dass ich versucht hatte, Sita um Hilfe zu bitten. Es hatte alles nur schlimmer gemacht. Wie hatte ich auch denken können, dass es etwas ändern würde. Demnächst würde ich mich niemandem mehr anvertrauen. Es hatte sowieso keinen Sinn und kehrte sich am Ende noch gegen mich.

Nur meinem Tagebuch vertraute ich alles an. Ich schrieb tagsüber, wenn Cruel Ma'am nicht im Haus war. Drei ganze Hefte habe ich in den Jahren bei ihr gefüllt. Ich schrieb fast täglich. Über alles, was mich bewegte, alles, was ich vermisste. Die Ungerechtigkeiten, die Demütigungen, meine Wünsche und Träume.

Seite um Seite, so wie ich konnte und so wie man die Wörter spricht. Oft sagte ich mir das Wort laut vor und überlegte, wie man es wohl schreiben musste. Es waren bestimmt sehr viele Fehler drin, weil ich nicht viel über Rechtschreibung und Satzzeichen wusste. Aber ich schrieb mir einfach alles von der Seele, meine Wut, meine Hilflosigkeit, meine Einsamkeit.

Ich dachte mir kleine Geschichten aus. Kleine Fluchten aus dem Alltag. Geschichten, in denen ich frei war, mit den anderen Kindern zur Schule ging, Freunde hatte. In meinem Tagebuch rechnete ich mit Cruel Ma'am ab und sagte ihr gehörig meine Meinung. Ich sagte ihr, dass es Unrecht sei, mich wie eine Sklavin zu behandeln. Ich sagte ihr, dass sie eine selbstsüchtige, böse Frau sei. Dass ich mich wehren würde und dass sie aufpassen sollte, denn eines Tages käme ich zurück und würde Gerechtigkeit fordern.

Ich dachte mir auch Gedichte und Lieder aus. Seit meiner Kindheit singe ich viel. In meiner Kultur gehören

Lieder zum Alltag dazu. Die Frauen singen beim Reisdreschen, sie singen beim Wäschewaschen am Fluss oder an der Wasserpumpe, sie singen, wenn sie mit großen Bündeln Grünfutter und Blättern aus dem Wald zurückkommen. Wenn sie Gemüse putzen, wenn sie die Tiere zusammentreiben. Bei Festen gehören Lieder und Tänze natürlich erst recht dazu.

Obwohl oder vielleicht gerade weil ich so lange schon von Zuhause und meinem Dorf in der Ebene fort war, sang ich unsere Lieder häufig. Um sie nicht zu vergessen und auch, um nicht so allein zu sein. Außerdem erfand ich neue dazu. So vertrieb ich mir die Zeit.

Die Tagebücher versteckte ich unter der Matratze in einem der Personalzimmer im Keller und betete jedes Mal, dass Cruel Ma'am sie nie finden möge. Denn das wäre mein schwärzester Tag geworden. Wer weiß, wozu diese grausame und hartherzige Frau fähig gewesen wäre.

Tee für den Dalai Lama

Da ich noch immer die einzige Hausangestellte war und nach wie vor Angst hatte, allein im Keller zu schlafen, hatte Cruel Ma'am mir erlaubt, im Flur vor der Küche zu schlafen. Das bedeutete aber, dass ich meine Matte erst ausrollen konnte, wenn der letzte Gast gegangen war. Und sie hatte häufig Gäste.

Oft musste ich spontan für acht, fünfzehn oder gar zwanzig Leute am Abend kochen. Sie rief dann den Wachmann an, und der kam zu mir und sagte: »Heute Abend erwartet Madam Gäste. Du sollst das oder das kochen …«

Viele wichtige Politiker, Staatsmänner, Schauspieler, Banker und Geschäftsleute kamen zu diesen Partys und Einladungen. Der frühere Premierminister, ein Freund der Familie, kam regelmäßig, auch diverse Minister und Hoteldirektoren sah ich häufig.

Oft wollte Cruel Ma'am sie mit europäischen oder ausländischen Gerichten beeindrucken. Sie legte mir seltsame Rezepte hin, die sie im Fernsehen gesehen hatte oder in einer Illustrierten. Dann wiederholte sie stolz: »Ich wollte schon immer was Besonderes sein. Anders als die anderen, extravaganter, ausgefallener. In Nepal bekommt man überall immer nur das Gleiche zu essen. *Dal Bhat*, *Momos*, ich kann das alles nicht mehr sehen! Wie langweilig!«

Also musste ich nach diesen fremden Rezepten kochen. Einmal war es eine Fischsuppe mit lauter Gräten und Fischstücken, ein anderes Mal Lammrücken oder ein ganzes Hühnchen im Ofen. Dabei hatte ich so etwas noch nie gemacht. Es war nicht einfach, diese Dinge zu kochen, ohne sie je zuvor gegessen zu haben. Ich wusste nicht, wie ich die Innereien aus dem Hühnchen herausbekommen sollte. Ich stand ratlos vor dem Kochbuch, das Cruel Ma'am mir hingelegt hatte. Ich selbst bin Vegetarierin. Es ekelte mich, mit der Hand in das Hühnchen zu greifen und Herz und Leber herauszuziehen. Aber ich hatte keine andere Wahl. Ich machte die Augen zu und versuchte es blind.

Nicht alle Wünsche konnte ich ihr erfüllen. Manches gelang mir einfach nicht. Das Lamm aus dem Ofen war viel zu hart und außen fast schwarz verkohlt. Die Fischsuppe schmeckte auch nicht. Sie roch faulig. Die Gäste ließen ihre Teller fast unangetastet stehen. Dafür gab es dann böse Worte, Drohungen und Schimpftiraden von

Cruel Ma'am. »Dieses *Tharu*-Mädchen ist wirklich zu dämlich für alles. Sie kann gar nichts!«, regte sie sich vor ihren Gästen auf. Ich trug die Teller ab und beeilte mich, wieder in die Küche zu kommen.

Aber ein paar Rezepte beherrschte ich mit der Zeit ganz gut. Ich lernte Pizza und Pasta zu machen. Meine Gemüsepizza und meine Spaghetti mit Pilzen sind wirklich sehr lecker.

Manchmal halfen mir die Ehefrauen oder Töchter der Gäste und bedauerten mich, wenn sie sahen, wie sich das Geschirr in der Küche türmte und was ich alles an Arbeit zu bewältigen hatte. »Du armes Mädchen, das ist viel zu viel Arbeit für dich allein. Wie schaffst du das alles bloß?«, sagten sie dann. Manchmal räumten sie mit ab oder trugen Schüsseln und Teller mit Essen in den Salon. Doch meistens sprang Cruel Ma'am dann sofort auf. »Nein, nein, ihr müsst Urmila nicht helfen, die schafft das ganz allein. Setzt euch doch, macht es euch bequem, und genießt den Abend.«

Mich schimpfte sie dann in der Küche: »So, so, du versuchst also Mitleid zu erwecken und diese armen Mädchen zum Arbeiten anzutreiben. Schäm dich. Sie sind noch viel zu jung zum Arbeiten.« Dabei waren die Mädchen nicht jünger als ich.

»Heute Abend kommt ein sehr wichtiger Ehrengast«, informierte mich Cruel Ma'am eines Tages. »Ich möchte, dass du Tee, Obst und ein paar Snacks vorbereitest. Er ist ein hoher Geistlicher, er lebt wie ein Asket. Und ich möchte, dass du ihn äußerst respektvoll behandelst.«

Am späten Nachmittag, an das genaue Datum kann

ich mich nicht mehr erinnern, aber es war irgendwann im Herbst 2006, kam sie mit einem großen Gefolge nach Hause. Darunter war auch ein freundlicher älterer Mann, kahlgeschoren, mit Brille und einem dunkelroten Gewand buddhistischer Mönche. Er hatte eine ganz besondere Aura und ein gütiges Lächeln. Ich bin zwar als Hindu geboren, aber ich verehre auch Buddha. Mir gefällt, was ich von der buddhistischen Lehre gehört habe. Das Versprechen, das Nirwana zu erreichen. Der Glaube, dass man sich nur durch die Kraft des Geistes und der Vernunft selbst helfen und weiterentwickeln kann. Aber in Nepal mischen sich Hinduismus und Buddhismus ohnehin sehr oft. Die Grenzen zwischen beiden Religionen sind bei uns sehr fließend. Schließlich war Buddha ein nepalesischer Prinz.

Den hohen Gast von Cruel Ma'am kannte ich nicht, aber alle anderen Gäste taten sehr ehrerbietig, als ob er ein sehr hoher Würdenträger sei. Sie verneigten sich tief und hörten ihm ehrfuchtsvoll zu, ohne ihm ins Wort zu fallen. Selbst Cruel Ma'am hielt sich sehr respektvoll zurück. »Darf ich Ihnen, Eure Heiligkeit, einen Tee anbieten?«, fragte sie den Mann.

Cruel Ma'am kam zu mir in die Küche. Als sie sah, dass ich die Haare offen trug, befahl sie mir, ich sollte meine Haare augenblicklich zum Zopf flechten, denn ihr Ehrengast sei ein sehr bekannter Guru. Die Gäste ließen sich im Wohnzimmer nieder. Ich machte mir schnell einen Zopf und servierte Tee, Früchte und Kekse im Salon. Die Gäste sprachen sehr angeregt, als ich eintrat. Keiner von ihnen beachtete mich. Bis auf den Guru. Als ich ihm das Tablett hinhielt, nahm er das Glas Tee, sah mich an und berührte mich mit der freien Hand sanft an der Stirn, als ob er mich segnete: »Good girl«, sagte er und lächelte mir aufmunternd zu. Es war das wärmste, herzlichste Lächeln, das ich je gesehen habe. Ich hatte das Gefühl, er könnte in meine Seele schauen.

»Schon gut, schon gut, du kannst wieder gehen«, verscheuchte mich Cruel Ma'am, weil ich einen Moment zu lang bei dem Mann verweilt hatte.

Später brachte ich noch Kartoffelbrot, süßsaure Tomaten und *Kimchi* – eingelegten Rettich. Wieder lächelte mich der Guru freundlich an. Ihre Diskussion drehte sich um Waisenkinder. Cruel Ma'am unterstützte zwei Waisenhäuser. Jetzt wollte sie einen Verein gründen. Sie sprachen darüber, wie man Geld für die Kinder sammeln könnten, was am dringendsten gebraucht würde, wen sie ansprechen könnte. Sie diskutierten fast zwei Stunden lang. Später erfuhr ich, dass Cruel Ma'am die Kassenwartin des neuen Vereins geworden war. Das erzählte sie mir einige Zeit nach dem Treffen, als ich sie mal wieder massieren musste.

Erst da erfuhr ich auch, wem ich an diesem Nachmittag Tee serviert hatte. Im Fernsehen sah ich den Mann im Mönchsgewand wieder. Ich fragte Cruel Ma'am, ob es der Guru gewesen sei, den sie bei sich im Haus empfangen hatte. Sie sagte: »Ja, das ist der Dalai Lama. Er ist ein sehr wichtiger Mann, er hat sehr viel Einfluss in der ganzen Welt.«

Ich bin sehr glücklich, dass ich den Dalai Lama treffen durfte. Auch wenn ich ihn nur bedient habe, war es ein unvergessliches Erlebnis. Offiziell hat der Dalai Lama Nepal nie besucht, um nicht einen politischen Konflikt zwischen Nepal und China zu riskieren. Inoffiziell aber war er zu diesem Treffen da, und ich habe ihn gesehen.

Im Februar desselben Jahres war Cruel Ma'am zu einem großen Treffen ihrer Partei nach *Lumbini* gefahren, der Geburtsstätte Buddhas. Nach zwei Tagen rief sie an und sagte, ich sollte nachkommen.

»Du musst mir meine Medikamente und ein paar Kleider bringen, außerdem könnte ich dich hier gut gebrauchen.« Bei der Gelegenheit könnte ich auch sehen, wo Prinz Siddhartha geboren wurde und aufgewachsen war, fügte sie noch zu. Denn sie hatte mitbekommen, dass mich die buddistische Lehre interessierte. Natürlich wollte ich. Und wie!

Einerseits war ich überrascht, dass sie mich auf eine Reise einlud. Andererseits jedoch war ich froh um jede Gelegenheit, das Haus verlassen zu können. Ich würde etwas vom Land sehen, nicht immer nur dieselben Mauern und Räume wie jeden Tag.

Ich fuhr mit dem Bus nach *Lumbini*. Am Fenster zogen grüne Landschaften vorbei, dicht bewachsene Hügel, steile Felswände, in Treppen angelegte Felder. Es tat so gut, Natur zu sehen. Sie war wie Balsam für die Augen. Die Weite des Himmels, die Ebenen, die sich bis zum Horizont erstreckten, die strohgedeckten Häuser dazwischen, die Menschen auf den Feldern. Erst jetzt fiel mir auf, wie sehr mir das Landleben fehlte. Ich hielt die Nase in den Wind und sog die Luft in mich ein.

Prinz Siddhartha Gautama war ein Sohn aus dem Herrscherhaus der Shakya. Bei seiner Geburt sagte ein Seher voraus, dass er später mal ein heiliger Mann werden würde. Daraufhin hielt sein Vater, der wollte, dass er der nächste König würde, alle religiösen Lehren und alles menschliche Leid von ihm fern.

Erst mit 29 verließ Prinz Siddhartha zum ersten Mal

auf eigene Faust den Palast seines Vaters und begegnete nun all dem menschlichen Elend außerhalb der königlichen Mauern. Er sah die Armut, das Leid, den Tod – und veränderte sein Leben. Er zog aus dem Palast aus und wanderte sechs Jahre lang als Asket durch Nepal und Indien. Auf seiner Reise begründete er seine Lehre. Diese besagt, dass wir das Leid auf dieser Welt wieder und wieder erdulden müssen, um das Nirvana zu erreichen. Nur wenn wir unsere Weisheit und unser Mitgefühl weiterentwickeln, wenn wir meditieren und nach den fünf Tugenden leben, können wir den Kreislauf von Tod und Wiedergeburt durchbrechen.

Ich bin keine Buddhistin, aber mir gefällt diese Philosophie.

Fünf Tage blieben wir in *Lumbini* und wohnten dort bei Verwandten von Cruel Ma'am in einem schönen, großen Haus in den Reisfeldern. Ich schlief auf dem Boden in Cruel Ma'ams Zimmer.

Wenn sie zu ihrem Kongress musste, begleitete ich sie entweder und wartete dort auf sie oder ich blieb bei den Verwandten und half im Haushalt. An einem Nachmittag nahm sie mich wie versprochen zur heiligen Stätte mit.

Menschen aus aller Welt kommen nach *Lumbini*, um Buddha zu verehren. Mönche aus Indien, Reisegruppen aus Japan, Rucksacktouristen aus Australien oder Deutschland. Im *Maya-Devi*-Tempel kann man die Geburtsstätte von Prinz Siddhartha besichtigen, außerdem die Reste des damaligen Palastes und viele Tempel. Jede buddhistische Nation hat dort einen Tempel, eine Pagode oder eine *Stupa* zu Ehren von Buddha errichtet: Thailand, Burma, Myanmar, China, Japan, Korea, Sri

Lanka, Vietnam. Es gibt sogar einen deutschen Tempel. Er heißt Seerosentempel und ist sehr schön bunt.

Es war wundervoll, von Tempel zu Tempel zu spazieren. Über dem ganzen Garten lag etwas Ruhiges und Friedliches. Der Himmel und die Wolken spiegelten sich in den vielen Teichen und Wasserbecken. Um den heiligen *Bodhi-Baum* wehten Tausende von Gebetsfahnen. Überall blühten Orchideen und Seerosen. Kraniche und andere Vögel nisteten in den Bäumen. Ihre Laute legten sich über die Gesänge der Mönche. Man spürte, dass dies ein ganz besonderer Ort ist.

Am letzten Tag unserer Reise gab mir Cruel Ma'am einen großen braunen Umschlag und sagte, ich solle ihn in meiner Tasche aufbewahren. Ich wusste nicht, was in dem Umschlag war. Cruel Ma'am schickte mich vormittags in die Stadt, um noch ein paar Einkäufe für sie zu erledigen.

Auf dem Weg bemerkte ich plötzlich, dass mir zwei junge Männer folgten. Ich überlegte noch, was ich tun sollte, wo ich mich verstecken könnte, doch da holten sie mich bereits ein und sagten, ich sollte ihnen die Dokumente aushändigen.

»Welche Dokumente?«, fragte ich und bemühte mich, ein möglichst ahnungsloses Gesicht zu machen.

»Du weißt schon, welche. Die dir die Frau vorhin gegeben hat. Los, her damit!« Sie sahen mich finster an.

»Ich habe keine Dokumente!«, log ich.

»Dann müssen wir dich wohl mitnehmen und deine Tasche und dich durchsuchen. Das könnte aber sehr unangenehm für dich werden …«

Ich schaute mich hilfesuchend um. Zum Glück entdeckte ich auf der anderen Straßenseite ein Hotel. Ich rannte los, lief über die Straße und flüchtete mich in die Hotel-Lobby. Die beiden Männer rannten mir nach, aber sie trauten sich nicht, ins Hotel hereinzukommen.

»Darf ich bitte einmal telefonieren? Es ist wichtig«, bat ich den Mann an der Rezeption mit ängstlichem Blick nach draußen. Er musterte mich, dann nickte er: »Ja bitte, das Telefon ist dort drüben.« Ich erzählte Cruel Ma'am, dass mir zwei junge Männer gefolgt waren, die mich bedroht hatten, um gewaltsam an die Dokumente zu kommen.

»Ich hoffe, du hast sie ihnen nicht gegeben!«, war das Erste, was ihr dazu einfiel.

»Nein, habe ich nicht. Aber sie warten vor der Tür des Hotels, in dem ich mich verstecke, und beobachten mich. Was soll ich tun?«

»Gut, du bist in einem Hotel? Dann gib mir mal die Rezeption.« Ich rief dem Mann zu, dass ihn jemand sprechen wollte. Cruel Ma'am gab ihm Anweisungen, die Dokumente im Hotelsafe einzuschließen, und versprach ihm ein großes Trinkgeld dafür. Dann reichte er mir den Hörer zurück.

»Urmila, gib dem Mann den Umschlag, er wird ihn im Safe einschließen. Du bleibst, wo du bist. Ich schicke dir den Fahrer, er wird dich abholen kommen«, ordnete sie an. Zögernd übergab ich dem Hotelangestellten den Umschlag und ließ ihn nicht aus den Augen, bis er damit im Büro verschwand. »Alles in Ordnung. Sie können mir vertrauen, die Dokumente sind im Safe gut verwahrt.«

Erst am Abend informierte mich Cruel Ma'am, dass in dem Umschlag die komplette Liste der neu gewählten Mitglieder ihrer Partei war.

Dassain

Zum *Dassain*-Festival, dem wichtigsten Fest der Hindus, kamen jedes Jahr die beiden Söhne von Cruel Ma'am aus Amerika zu Besuch. Pradip und Prakash waren ganz anders als ihre Mutter. Beide lebten und studierten schon lange in Kalifornien, und sie waren es nicht mehr gewohnt, Bedienstete zu haben. Sie waren sehr nett zu mir, trugen selbst ihre Teller in die Küche, halfen mir, wenn sie sahen, wie ich mich abschleppte. Ihre Mutter sagte ihnen ein paar Mal, sie sollten das nicht tun, doch sie machten es einfach trotzdem: »In Amerika lässt man sich nicht bedienen. Jetzt schau dir dieses arme Mädchen an, alles muss sie allein hier machen.«

Vielleicht wollte sie ihren Söhnen gegenüber fortschrittlich erscheinen oder traute sich nicht, ihnen zu widersprechen. Sie sah es nicht gern, wenn sie zu mir in die Küche gingen. Ich sah ihre giftigen Seitenblicke. Aber sie ließ sie gewähren.

Pradip und Prakash sagten mir, ich könnte sie mit »Bruder« ansprechen. Doch als ihre Mutter das hörte, wurde sie sofort sauer auf mich. »Was bildest du dir ein, sie sind nicht deine Brüder! Habe ich dich etwa geboren? Nein, du bist eine *Tharu*. Du gehörst nicht zu unserer Familie und auch nicht zu unserem Stand. Dementsprechend hast du sie auch mit dem nötigen Respekt anzusprechen!«

Ihre Söhne entschuldigen sich später bei mir, dass ich deswegen Ärger bekommen hatte. Dennoch wagte ich nur noch, wenn ich ganz sicher war, dass Cruel Ma'am nicht da war, sie freundschaftlich anzusprechen. Besonders der Jüngere, Prakash – damals studierte er Modedesign, heute hat er ein eigenes Label in Kalifornien und ist sehr erfolgreich –, war sehr nett zu mir. Er setzte sich zu mir in die Küche, wenn ich das Essen vorbereitete oder abräumte, und erzählte mir von Amerika. Von den riesigen Autos, den endlosen Highways, den Hochhäusern, den Shopping Malls, vom Strand, den Partys und wie viel Spaß man dort haben würde.

Er sagte mir: »Ich schäme mich für meine Mutter, es ist absolut nicht okay, dass sie dich hier so arbeiten lässt. Du hast Besseres verdient. In Amerika wäre das nicht möglich. Da dürfen alle Kinder zur Schule gehen.« Er erzählte mir auch, dass seine Mutter, als er und sein Bruder noch jünger gewesen waren, auch zu ihnen oft sehr streng war. »Sie war sowieso selten zu Hause, und wenn sie kam, war es oft, um mit uns zu schimpfen oder uns zu ermahnen. Sie hat mir nie das Gefühl gegeben, dass sie mich wirklich liebt. Ich habe als Kind oft wegen ihr geweint. Sie nannte mich verweichlicht und Versager, wenn ich schlechte Noten in der Schule schrieb oder wenn ich beim Sport verlor. Ich hatte oft Angst vor ihr. Lieber ging ich zu meinem Vater. Der hat uns mehr verstanden. Er hat uns auch getröstet, wenn sie mit uns geschimpft hatte, oder versuchte, sie zu beschwichtigen, wenn sie mal wieder wütend war. Irgendwann hat sie dann auch ihn aus dem Haus geekelt. Aber Mutter kann nichts dafür, sie ist einfach so. Sie ist es gewohnt, alle herumzukommandieren, und kann ihre Liebe einfach nicht zeigen.«

Kaum hatte er die Küche verlassen, platzte auch schon seine Mutter herein. »Glaube bloß nicht, dass du dich an meine Söhne hier heranmachen kannst!«, schrie sie mich an. »Das werde ich niemals dulden, dass so eine wie du meinem Sohn schöne Augen macht. Wehe dir, wenn ich dich noch einmal dabei erwische!«

Sie ließ mir nicht die Gelegenheit, etwas zu erwidern, und verschwand wieder zu ihren Gästen. Doch ich war sogar froh, dass sie nicht wissen wollte, was ihr Sohn mir anvertraut hatte. Ich hätte lügen müssen und wäre in eine wirklich knifflige Situation geraten.

Es war eine schöne Zeit, wenn die Söhne im Haus waren. Cruel Ma'am war dann meistens lockerer und hatte bessere Laune. Ihre Kinder schienen selbst ihrem harten, selbstsüchtigen Herzen zu fehlen. Auch wenn sie ihnen ihre Liebe nicht zeigen konnte, bin ich davon überzeugt, dass sie sie liebt und sehr stolz auf ihre Söhne ist.

Während der Festtage kamen viele Gäste, darunter auch viele junge Leute, die Freunde der beiden Söhne. Sie waren lustig, machten manchmal Musik oder alberten herum. Es war immer etwas los. Ich hatte zwar jede Menge zu tun, aber ich zog die viele Arbeit der sonstigen Eintönigkeit tausendmal vor. Es war, als ob für zwei Wochen Leben in dieses sonst so strenge und kalte Haus eingekehrt war.

Doch leider fuhren Pradip und Prakash irgendwann wieder zurück nach Amerika. Der Abschied fiel mir nicht leicht.

»Wir haben noch mal mit Susie, unserer Schwester, gesprochen. Sie soll sich ein bisschen um dich kümmern. Und auch unserer Mutter haben wir gesagt, dass ein Mädchen wie du zur Schule gehen sollte. Sie hat versprochen, es sich zu überlegen. Ich hoffe, sie wird ihr Versprechen einlösen«, sagte Prakash, bevor er ins Auto einstieg. Ich winkte ihnen, dankbar, dass sich zum ersten Mal Menschen um mich sorgten. Aber viel Hoffnung machte ich mir nicht. Nach der Enttäuschung, als Sita mich damals zur Schule angemeldet hatte und dann doch nie gehen ließ, wollte ich nicht noch einmal den gleichen Fehler machen.

Ein paar Tage nach der Abreise ihrer Söhne rief Cruel Ma'am mich zu sich. »Pradip und Prakash haben mit mir über dich gesprochen. Sie finden, dass ich dich nicht gut behandle. Sie finden, dass du zur Schule gehen solltest. Was sagst du dazu?«, fragte sie mich streng.

Ich biss mir auf die Lippe und überlegte krampfhaft, was ich antworten sollte, damit sie mich nicht gleich wieder anschreien würde. »Ich, ich«, stotterte ich.

»Guck mal, du bis ja schon zu dumm, um eine richtige Antwort zu geben. Wie willst du denn da zur Schule gehen?«

»Nein, Eure Exzellenz, bitte, lassen Sie mich zur Schule gehen. Ich werde Ihnen zeigen, dass ich nicht zu dumm bin. Sie werden sehen, ich lerne schnell. Ich kann auch die Küchenarbeit nach der Schule machen. Ich verspreche es!« Ich spürte, wie mir das Blut in die Wangen schoss.

»Nein, aus dem Haus und in eine normale Schule lass ich dich nicht, da kommst du nur auf dumme Gedanken. Ich habe genug Geld, um einen oder sogar mehrere Privatlehrer für dich zu bezahlen.« Sie blickte mich prüfend an.

Ich wagte nicht gleich, etwas zu antworten. »Das wäre toll, ich würde auch sehr gern hier zu Hause lernen«, erwiderte ich dann.

»Aber ich habe es mir überlegt. Ich will keine fremden Männer hier im Haus haben. Man weiß ja, wie das endet. Einmal habe ich es mit einem Dienstmädchen versucht. Schon nach ein paar Wochen hat sie sich in den Lehrer verliebt, ist mit dem Typen weggelaufen und hat mich im Stich gelassen. Dabei war sie viel hässlicher als du – sie hatte schiefe, hervorstehende Zähne und ganz dunkle Haut. Also, was soll das mit dir werden? Du bist zu hübsch, um zur Schule zu gehen. Du hast helle Haut, ein ebenmäßiges Gesicht, weiße Zähne. Du verdrehst dem Lehrer ruckzuck den Kopf, und schon brennst du mit ihm durch und bist weg«, sagte sie.

»Nein, nein«, flehte ich. Wie konnte ein Mensch nur so misstrauisch sein. »Es könnte doch eine Lehrerin sein«, hakte ich vorsichtig nach.

»Lehrerin, pah, von Frauen im Lehrerberuf halte ich gar nichts. Alles nur geschwätzige, unfähige Gänse. Nein, wenn nur ein Mann.«

»Ja, gut, dann eben ein alter Mann …«, bat ich sie. »Bitte, *Maharani*, lassen Sie mich etwas lernen. Ich wünsche mir nichts mehr als das!«

»Nein«, erwiderte sie schroff. »Ich habe entschieden, dass mir keine Lehrer ins Haus kommen. Wer weiß, was dabei herauskommt. Aber ich habe meinen Söhnen versprochen, dass ich dir einen Wunsch erfülle, also darfst du dir etwas anderes wünschen. Was möchtest du? Kleider, Ohrringe, Turnschuhe, eine Sonnenbrille?«

Ich konnte meine Enttäuschung nicht verbergen. Turnschuhe als Ersatz für eine Schulbildung? Ich würde nie richtig schreiben, lesen und rechnen lernen. Ich würde immer dumm bleiben. Schon wieder war mein Traum, irgendwann zur Schule gehen oder lernen zu dürfen, jäh zerstört worden. Ich fühlte mich kraftlos, müde. Gleichzeitig spürte ich, wie eine riesige Wut in meinem Bauch aufstieg: »Wenn das so ist, dann will ich den Führerschein machen«, platzte ich trotzig heraus.

»Den Führerschein? Was willst du denn damit?«, fragte sie mich erstaunt.

»Den wollte ich immer schon gern haben. Ich wäre eine der ersten Frauen in Dang, die ihn hat.«

»Okay«, sagte Cruel Ma'am. »Wenn das dein Wunsch ist, dann lasse ich dich den Führerschein machen. Ich werde den Fahrer fragen, ob er es dir zeigen kann.« Damit war das Thema für sie erledigt, sie stand auf, ging hinaus und ließ mich stehen.

Führerschein

Jedes Mal, wenn die Söhne nun aus Amerika anriefen und ich ans Telefon ging, fragten sie mich, wie es mir ginge. Ich erzählte ihnen das mit dem Führerschein.

»Gut, na wenigstens etwas«, sagte Prakash. Ich erwiderte nichts. Was hätte er schon tun können?

Der Fahrer, ein gemütlicher, untersetzter, älterer Mann aus Pokhara, war nett. Ich hatte ihm schon ein paar Mal heimlich Essen gebracht. Er war sehr freundlich zu mir. Schließlich zahlte ihm Cruel Ma'am auch reichlich Geld dafür. Ich sah, wie sie ihm mehrere 1000-Rupien-Scheine* gleich bei der ersten Fahrstunde zusteckte.

An einem schönen Märzmorgen zeigte der Fahrer mir das Lenkrad, den Blinker, die Kupplung und alle anderen Hebel. »Okay, nun setz dich rein, probier es aus«, forderte er mich auf.

Ich stieg in den neuen, schneeweißen Jeep von Cruel Ma'am. Der Wagen war erst ein paar Monate alt und parkte vor der Garage. Ich fühlte mich wie eine Königin hinter dem Steuerrad. Selbst im Stillstand fand ich es

---

* 1000 Rupien entsprechen circa 10 Euro.

großartig. Ich drehte das Steuerrad nach links und nach rechts, schaltete den Blinker und das Licht ein und aus, trat die Pedale und versuchte, die Gänge zu wechseln.

»Das machst du schon ganz gut«, sagte der Fahrer: »Aber das Pedal musst du immer ganz durchtreten und erst dann vorsichtig kuppeln. So, nach oben links, das ist der erste Gang.«

Ich bemühte mich, die Pedale so weit wie möglich durchzutreten. Doch wieder hakte die Kupplung.

»Warte, warte, ich stelle dir den Sitz noch etwas vor.« Ächzend und mit rotem Gesicht kam der Fahrer wieder hoch. Ich setzte mich erneut hinter das Steuer, streckte die Füße aus und trat die Pedale durch. Diesmal kam ich dran und schaltete, ohne dass die Kupplung hakte, in den ersten Gang. Stolz sah ich den Fahrer an.

»Prima«, lobte er mich.

Ich saß glücklich in dem Auto, schaltete das Radio ein, probierte alle Knöpfe aus, den Scheibenwischer, die Lüftung, die Klimaanlage. Es war einfach wunderbar. Der Fahrer ließ mich machen. Er setzte sich auf einen Plastikstuhl neben der Garage in die Sonne und rauchte gemütlich eine Zigarette.

Doch leider kam nach einer halben Stunde Cruel Ma'am aus dem Haus und unterbrach mein Glück: »Urmila, es reicht, schließlich hast du auch noch Hausarbeit, die auf dich wartet. Du hast jetzt lang genug da drin gesessen und deinen Spaß gehabt«, rief sie.

Am nächsten Tag konnte ich es kaum erwarten, bis ich wieder ins Auto steigen durfte. Diesmal durfte ich den Motor anmachen und im ersten Gang ein paar Meter – von der Garage bis zum Tor – rollen. Und dann wieder im Rückwärtsgang zurück. Und wieder vor und wieder zurück. Vor und zurück. Es war toll, ich hätte den ganzen Tag so weitermachen können!

Als ich das erste Mal draußen auf der Straße fahren durfte – das Wohnviertel von Cruel Ma'am ist sehr ruhig, und es fahren nicht so viele andere Autos –, bestand sie darauf, mitzukommen: »Sicher ist sicher«, sagte sie.

Ich weiß nicht, ob sie immer noch Angst hatte, dass ich durchbrennen oder zu viel mit dem Fahrer reden würde. Oder ob sie bloß neugierig war. Durch ihre Anwesenheit fiel die Stunde leider nur sehr kurz aus, denn schon nach zwanzig Minuten war Cruel Ma'ams Geduld am Ende, und sie hatte es satt, mit 40 Stundenkilometern durch die Straßen zu schleichen. Aber ich schlug mich nicht schlecht, das musste selbst sie zugeben.

Auch der Fahrer lobte mich wieder: »Für ein Mädchen macht sie das wirklich sehr gut. Ich hätte nie gedacht, dass sie es so schnell lernt.«

Ich wurde rot vor Stolz und warf einen kurzen Blick in den Rückspiegel, um Cruel Ma'ams Reaktion zu sehen. Ich sah, wie ihr Mund sich erst spitz zusammenzog, dann aber ein winziges Lächeln um ihre Mundwinkel spielte.

Noch zweimal ist Cruel Ma'am mitgefahren. Dann hatte sie keine Lust mehr und ließ mich mit dem Fahrer allein losziehen. Wir fuhren immer weitere Strecken. Ich genoss jede Minute dieser Ausflüge. Dabei entdeckte ich, dass gleich nebenan in Cruel Ma'ams Stadtteil Jawalakhel ein großer Zoo war und das Tibetische Dorf, wo sich die Flüchtlinge aus unserem Nachbarstaat niederlassen durften, als sie aus Tibet vertrieben wurden.

Nach fünf Tagen konnte ich – immer noch im Viertel der Tante – halbwegs Auto fahren. Ich kuppelte so sanft und fließend wie möglich, beschleunigte und bremste, ohne den Motor abzuwürgen, und fuhr ohne zu großes Ruckeln an. Nur das Einparken und Rückwärtsfahren klappte noch nicht gut. Es war schwer, die Maße der Limousine abzuschätzen. Außerdem hatte der Fahrer Angst, dass ich einen Kratzer in das neue Auto machen könnte, und ließ mich das Einparken daher nur ungern üben. Aber das machte nichts, ich war begeistert und so glücklich wie schon lange nicht mehr. Es war ein tolles Erfolgsgefühl. Auch ich konnte etwas!

Der Fahrer lobte mich vor Cruel Ma'am: »Urmila ist jetzt so weit. Sie lernt sehr schnell, sie ist ein kluges Mädchen!« Das war das schönste Kompliment, dass er mir hätte machen können.

»Gut«, sagte Cruel Ma'am nur gönnerhaft.

Um den Führerschein zu beantragen, brauchten sie einen Personalausweis von mir. Den aber hatte ich nicht. Außerdem war ich erst sechzehn. Also meinte die Tante, dass ich meine Geburtsurkunde ändern lassen müsste, wenn ich einen Führerschein wollte. Keine Frage, ich wollte ihn unbedingt. Cruel Ma'am schickte jemanden aus ihrer Familie in Ghorahi nach Manpur, um die Urkunde zu holen.

Es dauerte Wochen, bis das Papier endlich kam. Damit ließ sie mir einen falschen Ausweis ausstellen – das ist in Nepal gang und gäbe. Es werden Geburtsdaten gefälscht, um Kinder zu verheiraten oder früher zur Schule zu schicken oder – wie in meinem Fall – einen Führerschein zu bekommen. Seitdem bin ich also laut Personalausweis zwei Jahre älter.

Leider hat mir das aber nichts genützt. Den Führerschein habe ich nie bekommen. Erst verschlechterte sich die politische Lage in Kathmandu. Neunzehn Tage lang gab es in der Stadt Kämpfe rund um den Königs-

palast, weil die Rebellen den König vertreiben wollten. Nachts wurde sogar eine Ausgangssperre verhängt.
Deshalb verbot Cruel Ma'am dem Fahrer und mir, weiterhin mit dem Wagen draußen herumzufahren.

Es stimmte zwar, dass in den Nachrichten zu dieser
Zeit oft von Krawallen, Schießereien und Straßenblockaden zu hören war. Aber das war im Zentrum von
Kathmandu, also weit weg von dem Wohnviertel, in
dem Cruel Ma'ams Haus steht.

Als sich die Lage wieder beruhigt hatte und die Bür-
gerkriegsparteien einen Waffenstillstand vereinbart hatten, sagte Cruel Ma'am, der Führerschein sei beantragt,
es würde aber dauern. Irgendwann behauptete sie, der
gefälschte Ausweis sei doch nicht gültig. Jedes Mal,
wenn ich nachfragte, tischte sie mir eine andere Lüge
auf.

»Was willst du denn, du hast doch Fahren gelernt,
also sei zufrieden. Im Moment brauchst du es doch
nicht. Du bist doch hier bei mir. Hier wirst du nicht
fahren. Irgendwann, wenn du ihn brauchst, bekommst
du schon deinen Führerschein.« Damit war für sie das
Thema erledigt.

Sie hatte wahrscheinlich nie vorgehabt, mir den Führerschein auszuhändigen. Denn dann hätte ich ja eine
Perspektive gehabt und hätte woanders Arbeit finden
können. Fahrer sind in meiner Region auf dem Land
sehr gesucht. Es ist teuer, den Führerschein zu machen.
Nicht viele haben das Geld dafür – daher gibt es auch
nur sehr wenige, die Auto fahren können. Es war ein
weiteres Versprechen, das nicht gehalten wurde. Eine
weitere Hoffnung, die enttäuscht wurde. Ein weiterer
Traum, der sich in Luft auflöste.

Später habe ich noch einmal versucht, den Führerschein zu bekommen. Aber es scheiterte am Geld. 6000 Rupien* hätten die Prüfung und der Ausweis kosten sollen. Die hatte ich nicht.

Todesangst

Nach anderthalb Jahren hatte mir Cruel Ma'am erlaubt, dass ich in der Bibliothek im ersten Stock schlief. Es war eine große Gunst, die sie mir erwies.

»Du hast mir gezeigt, dass ich dir vertrauen kann. Du bist ein ehrliches Mädchen. Deine Loyalität weiß ich zu honorieren. Ich gebe dir die Erlaubnis, ab sofort in der Bibliothek zu schlafen. Unter der Bedingung, dass du deine Schlafmatte und deine persönlichen Sachen jeden Morgen in den Keller räumst. Denn den ganzen Tag möchte ich deinen Krempel nicht herumliegen haben.« Sie schaute mich gönnerhaft an. »Danke, *Maharani*, ich freue mich über Ihr Vertrauen«, sagte ich. Ich freute mich vor allem, dass ich nicht mehr im zugigen Flur schlafen musste. In der Bibliothek konnte ich die Tür hinter mir schließen, ich konnte abends Licht anmachen und noch in einem Buch blättern oder in meinem Tagebuch schreiben. Es war ein neues Leben.

Eines Abends, es war schon spät, und Cruel Ma'am war eigentlich schon zu Bett gegangen, klopfte es an meiner Tür.

Seltsam, dachte ich, denn die Tante klopfte sonst nie. Sie kam immer einfach rein. Aber es klopfte wieder, lauter und nachdrücklicher. Also stand ich auf, um zu öff-

---

*   Das sind etwa 60 Euro.

nen. Da flog die Tür mit einem Knall auf. Im Rahmen stand ein maskierter Mann mit Taschenlampe. Ich erschrak fürchterlich.

»Wer bist du, wo sind die anderen?«, schrie er.

Erst brachte ich keinen Ton heraus, ich war starr vor Schreck. Aus meinem Hals kam nur ein Krächzen. Er leuchtete mit seiner Taschenlampe in den Raum und in mein Gesicht.

Als die Schrecksekunde vorbei war, schrie ich: »Räuber, Räuber!« Der Mann packte mich brutal und hielt mir den Mund zu. Da sah ich, dass noch andere Männer die Treppe hochkamen. Sie hatten alle schwarze Masken über Mund und Nase. So wie die, die die Menschen draußen in Kathmandu gegen den Smog und die Abgase tragen.

»Wer ist noch hier im Haus? Wo sind sie?«, herrschte mich wieder einer von ihnen an.

In dem Moment schrie Cruel Ma'am aus ihrem Zimmer: »Ich habe eine Pistole, weg, ihr Gesindel, sonst schieße ich! Außerdem habe ich die Polizei schon gerufen, sie sind unterwegs!«

Die Männer riefen sich noch etwas zu, dann ergriffen sie die Flucht. Dieses Mal nahmen sie nur den DVD-Player und ein paar Dinge aus dem Wohnzimmer mit. Wir hatten Glück, dass sie nicht bewaffnet waren und dass sie sich von Cruel Ma'ams Drohung beeindrucken ließen.

Eine Scheibe im Wohnzimmer war eingeschlagen, wahrscheinlich waren sie durch das Fenster eingestiegen. Cruel Ma'am tat unbeeindruckt. »Ach, das Fenster kann der Glaser gleich reparieren, alles nicht so schlimm.«

Ihre Familie und ihre Freunde rieten ihr, zur Polizei zu gehen. Aber sie wollte nicht. Vielleicht hatte sie

Angst, dass die Presse Wind von dem Überfall bekäme, wenn sie an die Öffentlichkeit ging. Sie hatte sowieso ihre eigene Theorie, wer es gewesen sei: die diebischen Nachbarn oder die Flüchtlinge aus Tibet.

Mehrfach lief sie mit ihrem Handy im Garten auf und ab und tat so, als ob sie mit der Polizei telefonieren würde: »Ja, Officer, ich weiß, wer es gewesen ist. Sie können gern kommen!« Dabei sprach sie extra laut, damit die Nachbarn, die sie verdächtigte, es hörten. Denn direkt neben ihrer Villa war vor einiger Zeit ein Apartmentblock gebaut worden. Von Anfang an war das Gebäude Cruel Ma'am ein Dorn im Auge gewesen: »Jetzt zieht der Pöbel hier in das Viertel, es ist ein Skandal«, wetterte sie regelmäßig.

Vielleicht scheute sie aber auch den Gang zur Polizei, weil sie in den letzten Monaten zweimal vorgeladen worden war. Man ermittelte gegen sie wegen Betrugs. Cruel Ma'am besaß eine Personalvermittlungsfirma – eine der ersten in Nepal. Sie hatte sie Mitte der 90er Jahre gegründet. Dort, so warf man ihr vor, soll sie die Leute mit falschen Versprechungen geködert haben. Ihre Firma soll den Menschen attraktive Jobs im Ausland versprochen haben, die sie ihnen dann aber nie besorgt hat.

Dafür aber soll sie die Anmeldegebühr oder Provision kassiert haben und aus der Hoffnung der Menschen, einen gut bezahlten Job zu finden, Profit geschlagen haben. Wundern würde mich das bei ihr nicht.

Cruel Ma'am hatte damals ihre Beziehungen zum Polizeiminister spielen lassen, und die Anschuldigungen waren wieder fallengelassen worden. Doch sicher hatte sie keine Lust, dass sie wieder in irgendwelche Ermittlungen verwickelt würde.

Beim zweiten Überfall hatten wir nicht so viel Glück. Bereits nach dem ersten Einbruch hatte sich Cruel Ma'am auch nicht mehr so sicher gefühlt, wenn sie und ich allein im Haus waren. Offen zugeben wollte sie ihre Besorgnis natürlich nicht. Wenn ich manchmal wagte zu äußern, dass ich Angst hatte, wenn ich tagsüber in dem großen Haus allein war, dann winkte sie nur ab: »Was willst du, der Wachmann ist da, und die Räuber werden schon nicht wiederkommen. Erst recht nicht am helllichten Tag. Also stell dich nicht so an.«

Dennoch schliefen jetzt fast immer Angestellte ihrer Tochter in den Personalzimmern unten im Keller.

Im Herbst reiste die Tochter von Cruel Ma'am mit ihrem Mann für mehrere Wochen nach Kanada. Die Tochter schlug vor, dass wir so lange in ihr Haus ziehen könnten. Doch Cruel Ma'am bestand darauf, in ihrem eigenen Haus zu bleiben: »Nein, ich will nicht woanders wohnen. Ich brauche meine Telefone, meine Sachen, meine Kleider.«

Also beschlossen sie, dass Susies Kinder mit der Kinderfrau bei uns im Haus übernachten sollten. Das eine Enkelkind war noch ein Baby und erst ein paar Wochen zuvor zur Welt gekommen, das andere war zwei Jahre alt. Da es erneut Überfälle in der Nachbarschaft gegeben hatte, schliefen wir alle zusammen im Schlafzimmer von Cruel Ma'am im ersten Stock. Sogar ich.

Eines Nachts wachte ich auf, weil ich Geräusche hörte. Nur wenige Sekunden später öffnete sich die Schlafzimmertür ganz langsam, und im Spalt sah ich das Licht einer Taschenlampe. Mehrere maskierte Männer betraten den Raum. Diesmal waren sie bewaffnet. Sie hatten Gewehre und Pistolen dabei. »Aufwachen!«, brüllten sie.

Die Tante und die Kinderfrau schraken aus dem Schlaf hoch, das Baby und das Kind fingen an zu weinen.

»Wer seid ihr? Bist du die Besitzerin des Hauses? Wer wohnt alles hier?«, fragten sie Cruel Ma'am, die mit weit aufgerissenen Augen auf ihrem Bett saß.

Sie zog sich die Decke bis zum Hals hoch und zitterte am ganzen Leib, als er sein Gewehr auf sie richtete.

»Nein, ich bin nicht die Besitzerin. Die Besitzer sind verreist. Ich bin nur eine alte Frau, wir sind die Hausangestellten und wissen von nichts.«

Diesmal hatte sie keine Zeit gehabt, ihre Pistole aus der Schublade zu holen. Sie war kreidebleich. So ängstlich hatte ich Cruel Ma'am noch nie gesehen.

Auch ich hatte Todesangst. Der Mann drehte sich zu mir und zu der Kinderfrau um: »Und wer seid ihr? Stimmt das, was die alte Frau sagt? Was sind das für Kinder? Wem gehört dieses Haus?« Die Kinderfrau bekam keinen Ton heraus, sie versuchte verzweifelt, das schreiende Baby zu beruhigen.

»Ja, es stimmt«, stammelte ich, »wir sind nur Hausangestellte. Die Frau, der das Haus gehört, ist verreist. Die Kinder sind von dieser Frau hier«, ich zeigte auf die Kinderfrau.

Doch sie ließen nicht locker. Sie wollten wissen, wem die Autos in der Garage gehörten, wessen Haus das sei. »Los, antworte, sonst bringen wir euch um!«, schrien sie und drückten mir die Pistole an die Stirn. Die Kinderfrau begann zu weinen und flehte um ihr Leben. Cruel Ma'am sank ohnmächtig zusammen. Sie lag auf ihrem Bett und sah aus wie tot.

Die Männer schnappten Cruel Ma'ams Handy, das auf ihrem Nachttisch lag, und steckten es ein. Außerdem schnitten sie alle Telefonkabel im Zimmer durch.

»Los, runter mit euch, legt euch hin«, befahl einer der Männer. Er deckte uns mit mehreren Kissen und Decken zu, so dass wir nichts mehr sehen konnten. Die Kinderfrau wimmerte, das ältere Kind schrie vor Angst, das Baby war zum Glück wieder eingeschlafen. »Ruhe, habe ich gesagt, wehe, wenn ich euch miteinander reden höre, dann erschieße ich euch.«

Ich hörte sie im Haus auf und ab rennen. Sie liefen die Treppen hoch und runter, aus dem Untergeschoss drangen Kommandos und lautes Krachen und Scheppern, als ob sie Schubladen herausrissen und durchsuchten. Wie viele waren sie wohl? Wonach suchten sie? Hatten sie es nur auf Geld und Wertsachen abgesehen?

Plötzlich hörte ich wieder Schritte, einer der Männer riss die Decken von meinem Gesicht und schrie: »Was machst du da? Hast du ein Handy? Versuchst du etwa, die Polizei anzurufen?«

»Nein, nein, ich habe kein Handy. Ich bin nur eine einfache Dienerin«, sagte ich.

Er zog mich an den Haaren hoch und stieß mich vor sich her durch die Tür, weiter durch den Flur in das Zimmer nebenan. Da saß ein Mann im Sessel und rauchte. Er war wohl der Anführer. Er stellte mir wieder dieselben Fragen. Er wollte wissen, wem das Haus gehöre, wo die Besitzer seien, wer wir seien. Ich sagte ihm noch mal, dass wir nur Diener seien und auf die Rückkehr der Besitzerin warteten. Der Mann nahm sein Handy und telefonierte. Ich hörte ihn wiederholen, was ich gesagt hatte, und fragen, was er machen solle.

»Wehe dir, wenn du mich anlügst! Dann bringen wir dich um. Los, jetzt zeigst du mir die anderen Räume.« Er warf mir einen schweren Schlüsselbund zu. Keine

Ahnung, wo sie den her hatten. Ich suchte den passenden Schlüssel und öffnete die nächste Tür im Gang.

»Was ist das hier?«, herrschte er mich an.

»Das ist die Bibliothek.« Er schubste mich hinein und folgte mir. »Los, setz dich! Du gehörst also nicht zur Familie? Bist du ganz sicher? Mir kannst du nichts vormachen! Was machst du dann hier? Sind Töchter oder Söhne der Familie hier?«

»Nein, ich bin nur eine *Kamlahari*. Ich komme aus Rapti Zone im Deukhuri-Valley im Dang-Bezirk«, erklärte ich voller Verzweiflung.

»Das glaube ich dir nicht, du redest viel zu schlau, um eine *Kamlahari* zu sein! Du lügst doch! Du willst nur deine Haut retten«, schrie er. Dabei fuchtelte er mir mit seiner Pistole vor dem Gesicht herum.

»Nein!«, ich schüttelte entsetzt den Kopf, ohne hochzusehen, »nein, ich bin eine *Kamlahari*, bitte glauben Sie mir.«

»Dann sag mir, was du hier verdienst?«

»1500 Rupien* im Monat hat mir die *Maharani* versprochen.«

Plötzlich kam ein Mann in schwarzer Lederjacke in den Raum. Er sagte: »Sie kann keine *Kamlahari* sein, ich habe gesehen, wie sie den Jeep gefahren hat. Sie muss die Tochter sein.« Das Herz blieb mir fast stehen. Sie dachten, ich sei die Tochter, wie sollte ich das nur erklären?

»Sie wird uns viel Geld bringen, los, nehmen wir sie mit!« Er packte mich am Arm und wollte mich mit hinausziehen.

»Nein«, flehte ich, »ich bin nicht die Tochter, bitte,

---

* Das sind circa 15 Euro.

ich bin Urmila Chaudhary aus Manpur in Dang. Meine Eltern heißen Phul Pat Chaudhary und Khal She Deve Chaudhary. Sie sind *Kamaya*, wie schon meine Großeltern, und ich bin eine *Kamlahari*, ich bin nur ein Dienstmädchen.«

Der Anführer kam auf mich zu, seine Stimme war bedrohlich leise: »Wenn du mich anlügst, hat dein letztes Stündlein geschlagen, ich warne dich!« Er hielt mir die Mündung der Pistole direkt an die Stirn. Ich schloss die Augen. Mein Herz raste, in meinen Ohren rauschte das Blut so laut, als ob ein Gewitterregen draußen niederprasselte. Einen kurzen Moment wurde mir schwarz vor Augen. Ich wartete auf den Knall. Doch er kam nicht. Dann versagten meine Beine, und ich klappte zusammen.

Sie schleiften mich zurück in das Schlafzimmer, deckten mich wieder mit Decken zu und sagten, ich solle schlafen. Cruel Ma'am lag immer noch regungslos im Bett, den Kopf zur anderen Seite gedreht, so dass ich ihr Gesicht nicht sehen konnte. Jetzt rissen sie die Kinderfrau aus ihrem Bett hoch und zerrten sie in den Nebenraum. Ich betete, dass sie nicht sagen würde, dass die Kinder von der Tochter seien, oder womöglich lügen, dass ich die Tochter sei, nur um ihre eigene Haut oder die der Kinder zu retten. Nach einer Ewigkeit brachten sie die Kinderfrau wieder ins Zimmer. Sie weinte und atmete heftig. Er warf sie aufs Bett und deckte auch sie wieder zu. »Schlaft jetzt! Wehe, ich höre euch sprechen!«

Es polterte auf der Treppe, eine Weile hörte man sie noch reden, schreien, Möbel rücken, Türen knallen.

Dann wurde es leise.

Ich wartete lange. Erst nach einiger Zeit, es kam mir

vor wie eine Ewigkeit, wagte ich es, unter der Decke hervorzuschauen. Ich konnte weder Taschenlampen noch die Einbrecher sehen. Langsam kroch ich auf den Boden und lauschte. Nichts, es war still. Ich robbte weiter zur Tür. Sie stand weit auf, ich spähte in den Flur. Niemand war zu sehen. Ich horchte in die Dunkelheit, aber im Haus war nichts mehr zu hören.

Zentimeter für Zentimeter schlich ich durch den Flur und die Treppe hinunter. Alle paar Meter hielt ich inne und horchte. Draußen dämmerte es schon. Auch im Erdgeschoss war alles ruhig. Die Haustür stand weit offen. Durch die Eingangstür konnte ich einen hellen Streifen am Himmel sehen. Es wurde langsam Tag. Auch die anderen Türen im Erdgeschoss waren offen.

Im Wohnzimmer herrschte ein unbeschreibliches Chaos. Alle Schubladen waren herausgerissen, alle Schränke geöffnet worden. Überall lagen Cruel Ma'ams Sachen herum, Geschirr war zu Bruch gegangen. Wo der Fernseher und der DVD-Player gestanden hatten, klaffte ein Lücke. In der Küche streifte mein Blick die Uhr. Es war vier Uhr morgens. Ich ging durch den Flur zur Haustür und sah hinaus. Auch draußen auf dem Rasen lagen noch Sachen verteilt. Möbel, Kleider, Bücher, CDs. Die Spur der Verwüstung zog sich bis zum Tor. Das stand ebenfalls weit offen.

Ich sah nach dem Wachmann. Ich klopfte mehrmals, bis er endlich verschlafen hinter der Gardine erschien. Die Männer hatten ihn eingeschlossen. Er rüttelte an der Tür, rieb sich die Augen und öffnete ein Fenster. Er behauptete, er habe nichts gesehen oder gehört. Schließlich kletterte er durch das Fenster hinaus in den Garten.

»Sie müssen kommen, wir sind überfallen worden.

Die *Maharani* und die Kinder sind oben. Es geht ihnen nicht gut. Kommen Sie schnell«, schrie ich ihn an.

Ich eilte zurück ins Haupthaus und wollte im Haus der Tochter von Cruel Ma'am anrufen. Doch alle Telefonkabel waren zerschnitten. Ich versuchte, die Drähte wieder miteinander zu verbinden, wie ich es im Fernsehen mal in einem Actionfilm gesehen hatte. Aber es funktionierte nicht. Also rannte ich zum Wachmann zurück und rief von seinem Handy im Haus der Tochter an: »Schnell, Sie müssen kommen, wir sind überfallen worden«, bat ich.

Doch sie glaubten mir erst nicht. Der Mann an der anderen Seite der Leitung dachte, ich machte einen Scherz.

»Nein, bitte, das ist kein Scherz, ihr müsst schnell kommen«.

Endlich glaubte er mir und lief los, um Susies Schwager ans Telefon zu holen. Minuten vergingen.

»Ja, wer ist da bitte?«, fragte der Schwager.

»Verzeihen Sie die frühe Störung, Sir, ich bin es, Urmila, die bei der Mutter von Susie arbeite. Wir sind überfallen worden, bitte kommen Sie schnell.«

Ich hatte Glück, er glaubte mir. »Wir kommen sofort«, versprach er und legte auf.

Dann ging ich wieder hinauf und sah nach Cruel Ma'am und den anderen. Cruel Ma'am lag immer noch da, als wäre sie tot. Ich traute mich nicht gleich, sie zu berühren oder ihren Puls zu kontrollieren. Doch dann nahm ich mir ein Herz und fasste ihren Arm an. Nein, sie lebte noch, sie war wohl immer noch bewusstlos. Auch die Kinderfrau reagierte nicht. Wahrscheinlich war sie nach der Aufregung völlig erschöpft eingeschlafen. Auch die Babys schliefen noch fest.

Ich holte ein Handtuch und machte es nass, dann betupfte ich Cruel Ma'ams Stirn und Wangen. Es dauerte ein paar Minuten, bis sie zu sich kam. Sie blinzelte, dann schreckte sie jäh hoch: »Sind sie weg? Was ist passiert? Wo sind die Männer?«

»Sie sind weg, keine Sorge, sie sind weg«, beruhigte ich sie.

»Oh, Gott, Urmila, das war schrecklich. Sind die Kinder okay?« Langsam fasste sie sich wieder, sie richtete sich auf und zog ihren Morgenmantel an.

»Ja, die Kinder schlafen. Die Kinderfrau auch. Ich habe im Haus Ihrer Tochter angerufen. Gleich müsste Hilfe da sein.«

Cruel Ma'am stand auf, sie bürstete sich die Haare und warf einen prüfenden Blick in den Spiegel. »Ich sehe schrecklich aus«, fand sie. Der Schock saß ihr noch tief in den Knochen.

Wir gingen gemeinsam hinunter. Als sie das Ausmaß des Schadens sah, verschlug es sogar Cruel Ma'am die Sprache. Wortlos ging sie durch die Räume, stieg über die umgefallenen Möbel und herausgerissenen Schubladen.

Ein paar Minuten später traf der Schwager der Tochter mit ein paar Hausangestellten ein. Als ich die Reifen in der Einfahrt knirschen und die Autotüren knallen hörte, lief ich hinaus. »Was ist denn hier passiert?! Wieso steht das Tor auf?« Der Schwager war entsetzt über das, was er sah.

»Es war ein Überfall«, sagte ich, »es waren mindestens fünf oder sechs bewaffnete Männer. Sie haben uns die halbe Nacht festgehalten und bedroht.«

»Wie geht es den anderen?«, wollte er wissen.

»Sie sind okay«, beruhigte ich ihn.

Cruel Ma'am erschien auf der Türschwelle. Im Morgenmantel, ungeschminkt und nach dem Schrecken der Nacht noch bleich, sah sie ausnahmsweise so alt aus, wie sie war. Fast tat sie mir leid. Doch das änderte sich schnell: »Los, Urmila, was stehst du hier rum. Koch uns einen Tee, mach dich an die Arbeit. Es gibt genug zu tun, wie du siehst.« Sie würde sich nie ändern, das wurde mir wieder einmal schmerzlich bewusst. Ich ging in die Küche, um das Teewasser aufzusetzen und Reis für das Frühstück zu kochen.

Diesmal kam auch die Polizei. Sie nahmen alles auf und machten Fotos von der Verwüstung. Cruel Ma'am, die Kinderfrau und ich mussten einzeln die Ereignisse der Nacht schildern. Der Bande war es gelungen, den Safe zu öffnen und Diamanten, Schmuck und Bargeld im Wert von über 45 Millionen Rupien* zu stehlen. Außerdem eine Rolex, Designer-Kleider und Sonnenbrillen, Kunstgegenstände, Bilder, Geschenke und andere Wertsachen. Insgesamt war es für Cruel Ma'am ein Verlust von fast 85 Millionen Rupien**.

Schnell war die Vermutung da, dass der Wachmann mit den Gangstern zusammengearbeitet hatte beziehungsweise sie gegen Bestechung reingelassen hatte. Denn ansonsten wäre es für die Räuber fast unmöglich gewesen, das schwere und gesicherte Eingangstor zu öffnen. Die Polizei nahm ihn gleich mit und Cruel Ma'am entließ ihn sofort fristlos. Seine Sachen ließ sie in gewohnter Manier auf die Straße werfen und zündete sie an.

Ich war den ganzen Tag mit Aufräumarbeiten be-

---

* Circa 450.000 Euro.
** Circa 850.000 Euro.

schäftigt, sortierte, was noch zu retten war oder was entsorgt werden musste. Alle Schubladen und viele der Regale mussten wieder eingeräumt werden.

Erst spät am Nachmittag, kam Cruel Ma'am zu mir und bedankte sich: »Urmila, ich muss dir danken, dass du den Männern nicht verraten hast, wer die Kinder und ich sind. Wer weiß, was sie uns dann angetan hätten. Du hast etwas gut bei mir dafür!«

Ich freute mich, dass sie sich zu diesem Schritt und zu diesen Worten durchgerungen hatte. Sicher war es ihr nicht leicht gefallen, sich bei mir, einer *Kamlahari*, einem *Tharu*-Mädchen aus dem Dorf, zu bedanken. Vielleicht wäre es der Moment gewesen, um sie um meine Freiheit zu bitten. Vielleicht hätte ich damals sagen sollen, dass sie mich gehen lassen sollte.

Aber in diesem Moment schaffte ich es nicht.

Die Rettung

»Wem nichts zu schwer ist, dem gelingt alles.«
NEPALESISCHES SPRICHWORT

Mein Bruder

Von diesem Tag an übernachteten wir im Haus der Tochter. Cruel Ma'am hatte Susie, die noch in Kanada war, nichts von dem Überfall erzählt, um sie nicht zu beunruhigen. Tagsüber kamen wir zurück in die Villa. Es war noch jede Menge aufzuräumen. Aber ich fühlte mich dort nicht mehr sicher. Beim kleinsten Geräusch schreckte ich zusammen. In der Küche hatte ich mir ein Messer zurechtgelegt, falls wieder Einbrecher kämen. Die Stunden, in denen ich allein war, bis Cruel Ma'am zurückkam, erschienen mir unendlich. So sehr ich früher froh gewesen war, wenn sie endlich aus dem Haus ging, so sehr wartete ich jetzt auf ihre Rückkehr.

An einem Tag im Dezember sah ich im Haus der Tochter meinen Bruder Amar in den Fernsehnachrichten. Ich traute meinen Augen kaum. Aber er war es ganz sicher! Und das Allerunglaublichste: Er war in Kathmandu, nur ein paar Kilometer von mir entfernt! In den Nachrichten zeigten sie Bilder von einer großen Kundgebung von landlosen Bauern. Sie waren aus dem ganzen Land und zu Tausenden nach Kathmandu gezogen, um für Reformen zu demonstrieren. Einen kurzen Moment schwenkte die Kamera durch die Reihen der Männer, und da stand Amar. Ich war sehr aufgeregt, dass ich ihn gesehen hatte.

»Mein Bruder, hier in Kathmandu!«, rief ich überrascht. Ich wusste aber nicht, wie ich ihn erreichen sollte. Die halbe Nacht überlegte ich, wie ich Kontakt mit ihm aufnehmen könnte. Wie ich ihm sagen könnte, wo ich bin. Doch mir fiel nichts ein.

Am nächsten Morgen, es war ein kalter, nebliger Tag, klingelte das Telefon. Ich war gerade in der Küche und beeilte mich, den Hörer abzunehmen. Aber Cruel Ma'am kam mir zuvor. Ich stellte das Saftglas, was ich gerade für sie vorbereitet hatte, auf ein Tablett und brachte es ihr ins Büro, da hörte ich sie fragen: »Wen wollen Sie sprechen? Urmila Chaudhary?«

Als ich meinen Namen hörte, blieb ich im Türrahmen stehen. Cruel Ma'am sah mich und hielt mir das Telefon hin: »Urmila, das ist für dich, glaube ich. Hast du einen Bruder, der Amar heißt? Er sagt, er ist hier in Kathmandu.«

Mein Herz begann laut zu klopfen. Ich stellte das Tablett vor ihr ab. »Ja, ich habe einen Bruder, der Amar heißt, und ich habe ihn im Fernsehen gesehen. Er ist wirklich gerade in Kathmandu«, nickte ich und streckte die Hand nach dem Telefon aus.

»Im Fernsehen? Bitte, wo hast du denn Fernsehen gesehen?«, fragte sie streng.

»Im Haus Ihrer Tochter«, antwortete ich. »Gestern haben sie es in den Nachrichten gezeigt.«

»So ist das also. Kaum dass ich dich aus den Augen lasse, schon hintergehst du mich, du intrigantes *Tharu*-Mädchen. Frag ihn, was er will«, sagte Cruel Ma'am und gab mir endlich das Telefon.

Ich erkannte nicht gleich seine Stimme: »Amar, bist

du es? Was machst du in Kathmandu? Ich habe dich im Fernsehen gesehen!«

»Ich bin auf einer Demonstration«, antwortete mein Bruder. »Wir sind eine Delegation von landlosen Bauern aus Dang. Ich bin schon seit gestern da und versuche, dich zu erreichen. Ich habe schon sehr oft angerufen, auch schon aus Lamahi«, sagte Amar, »aber entweder nahm niemand ab oder es war eine Frau dran, die sagte, es gäbe keine Urmila bei ihr im Haus. Aber der Vater von Sita in Ghorahi hat mir gesagt, du seist noch bei der Tante. Also habe ich es wieder versucht, und Gott sei Dank habe ich dich gefunden! Ich suche dich schon seit zwei Jahren. Urmila, hör mir gut zu: Ich bin noch bis morgen in Kathmandu. Kann ich dich sehen? Kann ich dich besuchen? Wo bist du?«

Ich konnte es nicht glauben. Amar war hier! Und er hatte mich all die Jahre gesucht! Tränen schossen mir in die Augen.

Ich sah Cruel Ma'am an: »Er fragt, ob er mich sehen kann? Er fragt, wo ich bin.«

»Wo ist *er* denn?«, wollte Cruel Ma'am wissen.

»Wo bist du, Amar?«, fragte ich ihn.

»Wir sind in der Nähe vom Flughafen, auf einer Verkehrsinsel. Es heißt, glaube ich, Tinkune hier. Hier sind viele tausend Landlose aus ganz Nepal.«

»Okay, dann fahren wir zu ihm«, sagte Cruel Ma'am. »Mach einen Treffpunkt mit ihm aus, damit wir ihn auch finden.«

»Amar, wir kommen zu dir«, beeilte ich mich, ihm zu sagen. Ich verabredete mich mit ihm an einer Bushaltestelle an der Baneshwor-Road, die zum Flughafen rausführt. Bis gleich!«

Cruel Ma'am machte mir Zeichen, ich sollte auflegen.

Sie verdrehte die Augen und spielte die Diva. »Oh, nein, ich kann nicht glauben, in welchen Zeiten wir leben und was mit meinem Zuhause geschieht! Jetzt erhalten schon die Hausangestellten Telefonanrufe – es ist wirklich unglaublich«, regte sie sich theatralisch auf. Ich hörte ihr nicht mehr richtig zu, ich freute mich nur, dass ich bald Amar sehen würde.

Tatsächlich hielt sie Wort und rief den Fahrer an, er solle das Auto aus der Garage holen. Kurz darauf saßen wir gemeinsam auf der Rückbank im Wagen und fuhren Richtung Flughafen.

Tausende Menschen waren dort versammelt auf einem sandigen Feld, einer Art Niemandsland zwischen drei großen Straßen. Sie hielten Transparente und Schilder hoch und skandierten Parolen: »Land für alle!« und »Endlich Gerechtigkeit!«.

Der Fahrer ließ uns ein Stück entfernt aussteigen, denn der Verkehr stand mal wieder still, und Cruel Ma'am und ich gingen zu Fuß weiter. Ich hatte Angst, dass wir Amar in dem Gedränge nicht finden würden.

An der Ecke hatte sich ein großer Kreis um eine Straßentheatergruppe gebildet – ein Stück über einen hartherzigen *Landlord*, der die Bauern ausbeutet und sie vom Land, das ihnen zusteht, vertreibt. Cruel Ma'am blieb stehen und sah amüsiert zu. Aber ich wollte zu Amar. Ich suchte ihn mit den Blicken in der Menschenmenge.

»Bitte, wir müssen meinen Bruder suchen«, bat ich.

»Ja, ja, sofort. Das Stück ist wirklich gut. Diese Gruppe spielt wunderbar«, sagte Cruel Ma'am und rührte sich nicht vom Fleck. Ich trat ungeduldig von einem Fuß auf den anderen und hielt angestrengt nach Amar Ausschau.

Da, in der Nähe, an der Bushaltestelle auf der anderen Straßenseite, die wir als Treffpunkt vereinbart hatten, meinte ich, ihn zu erkennen. »*Maharani*, da ist er! Ich glaube, ich habe ihn gesehen!«

»Schon gut, schon gut«, sagte Cruel Ma'am. Sie warf mehrere große Scheine in den Korb der Theatergruppe und folgte mir widerwillig. Wir bahnten uns einen Weg durch die vielen Autos, die Stoßstange an Stoßstange standen, und tatsächlich: Da war Amar! Auch er suchte in der Menge nach mir.

»Amar, Amar, du bist es!« Ich lief auf ihn zu, aber als ich bei ihm war, musste ich wieder weinen. Ich blieb vor ihm stehen, wischte mir die Tränen ab und neigte den Kopf vor ihm, damit er mich segnete. Er legte mir die Hand auf die Stirn. »Das ist meine *Maharani*«, stellte ich Cruel Ma'am ihm vor. »*Namaskar*«, Amar verbeugte sich ehrfürchtig vor ihr. Sie schaute ihn von oben herab an.

»*Namaste*. Sie brauchen sich keine Sorgen um Ihre Schwester zu machen. Alles ist gut hier. Bei uns leben die *Kamlahari* unter sehr guten Bedingungen.«

Amar sagte, dass er schon seit langem versucht habe, mich zu erreichen. »Nein, sorry, da waren keine Anrufe«, stritt Cruel Ma'am ab, »sonst hätte ich Sie ja mit ihr sprechen lassen, so wie heute. Denn sehen Sie, Sie haben heute Morgen angerufen, und schon sind wir hier. Sie haben bestimmt eine falsche Nummer angerufen.«

»Amar, es ist so gut, dich zu sehen«, sagte ich. »Wie geht es den anderen? Wie geht es Mama und Papa?«

»Gut, es geht ihnen gut«, antwortete er. »Unser kleiner Bruder geht auf die höhere Schule – vor ein paar Monaten war er auch schon mal in Kathmandu für ein

Praktikum. Auch er hat versucht, dich zu erreichen, aber hatte nie Glück. Wie geht es dir?«, fragte er.

Da Cruel Ma'am während des Gespräches hinter mir stehen blieb, konnte ich nicht frei sprechen. Ich konnte ihm nicht sagen, wie sehr ich hoffte, irgendwann wieder nach Hause zu dürfen. Wie schlimm für mich jeder Tag bei Cruel Ma'am war. Wie sehr ich mir immer noch wünschte, zur Schule gehen zu dürfen. »Gut«, sagte ich nur, »es geht mir gut.«

Amar sah mir ins Gesicht, und ich glaube, er verstand, dass das nicht die Wahrheit war. »Bitte sage *Dai* und *Baba*, dass es mir gut geht. Ich hoffe, ich kann euch bald wieder mal besuchen kommen.«

»Urmila, verabschiede dich jetzt bitte von deinem Bruder, wir müssen los. Mein Büro hat angerufen, ich muss hin.« Cruel Ma'am wandte sich schon zum Gehen.

Da nahm mich Amar kurz beiseite und fragte mich, ob ich ihm nicht ein paar Schuhe kaufen könnte. Denn er hatte nur Flipflops an, und es war kalt in Kathmandu in dieser Jahreszeit. »Ich habe kein Geld, Amar«, entschuldigte ich mich.

»Frag doch deine *Maharani*.«

»Amar, das ist nicht so einfach«, zögerte ich.

»Komm, sie hat genug davon.«

»*Huncha*, ich versuch's, warte kurz.« Ich lief hinter Cruel Ma'am her und bat sie, Schuhe für Amar kaufen gehen zu dürfen.

»Ich fahre mit dir den ganzen Weg hierher, damit du deinen Bruder sehen kannst, und was willst du: Geld? Das ist wieder typisch. Ich habe gerade der Theatergruppe 5000 Rupien[*] gegeben, weil sie gut spielten.«

---

[*]   Circa 50 Euro.

»Bitte, *Maharani*«, versuchte ich es erneut. »Es ist so kalt, und er hat nur Flipflops.«

»Okay«, gab sie nach. »Hier hast du 300 Rupien*. Das wird ja wohl reichen.«

Ich lief los zu einem Händler am Straßenrand. Vor ihm häufte sich ein Berg mit Schuhen auf. »Aber beeil dich, ich warte am Auto«, rief mir Cruel Ma'am hinterher und ging.

Für 290 Rupien kaufte ich ein billiges Paar Plastik-Turnschuhe. Ich rannte zurück und drückte Amar die Plastiktüte mit den Schuhen in die Hand: »Hier, Amar, ich hoffe, dass sie passen. Amar, ich würde so gern wieder einmal nach Hause kommen«, sagte ich noch schnell zum Abschied. »Leb wohl, und bitte grüß alle!«

Amar hielt mich am Arm zurück: »Urmila, wenn du willst, nehme ich dich mit nach Manpur zurück. Soll ich dich morgen holen kommen?«

»Wie soll das gehen?«, fragte ich unsicher. »Sie wird mich nicht einfach ziehen lassen.«

»Ich ruf dich morgen noch mal an!«, versprach Amar.

»Ja, ist gut! Ich muss los, sonst wird sie böse. Bis morgen!« Dann schlängelte ich mich durch die Menge zurück bis zum Wagen. Nach ein paar Metern drehte ich mich noch einmal um und winkte Amar. Er stand da und sah mir traurig nach, ohne sich zu bewegen, mit der Tüte in der Hand. Auch mein Herz war schwer, weil ich ihn nur so kurz sehen durfte und nicht mit ihm zurück nach Manpur fahren konnte. Denn Cruel Ma'am würde mich niemals gehen lassen.

---

* Circa 3 Euro.

Asha – Hoffnung

Ich stieg schnell ein und gab Cruel Ma'am die 10 Rupien* Wechselgeld zurück. Sie fragte mich, wie ich mich nun fühlte, nachdem ich meinen Bruder gesehen hatte.

»Ich bin sehr froh, dass ich ihn gesehen habe und dass es meiner Familie gut geht«, antwortete ich mechanisch.

Darauf erwiderte sie nichts mehr, sondern ging zur normalen Tagesordnung über: »Heute Abend kommen ein paar Gäste. Also bereite bitte Snacks und das Abendessen vor. Der Fahrer setzt dich zu Hause ab und geht dann einkaufen. Ich muss ins Büro, und wir sehen uns heute Abend.« Sie stieg am Abgeordnetenhaus aus, und der Fahrer brachte mich zur Villa zurück.

Am nächsten Morgen war Cruel Ma'am nach einem Anruf ihrer Tochter Susie aus Kanada guter Laune. Das sah ich gleich, als ich ihr Zimmer betrat. Sie lächelte mich an, was bei ihr nicht so häufig vorkam. Ihre Tochter hatte ihr erzählt, dass es ihr in Kanada sehr gefiel, dass ihr Mann gute Geschäfte in Toronto gemacht hatte und dass sie Ende der Woche zurückkommen würden.

Ich fühlte instinktiv, dass das meine Chance war. Als ich Cruel Ma'am den nächsten Saft servierte, nahm ich meinen ganzen Mut zusammen und fragte sie: »Bitte, Eure Exzellenz, seien Sie nicht böse mit mir, aber ich möchte mit meinem Bruder nach Hause fahren. Ich habe meine Familie seit fast drei Jahren nicht mehr

---

*   Circa 10 Cent.

gesehen. Bitte lassen Sie mich meine Eltern besuchen! Ich wünsche mir nichts mehr als das.«

»Es ist dein Leben«, sagte sie betont gönnerhaft, »du kannst tun, was du willst. Ich werde dich nicht aufhalten. Du kannst mit deinem Bruder in dein Dorf fahren, wenn du willst. Und wenn du willst, kommst du danach wieder zu mir zurück. Das kannst du entscheiden.«

Ich sah sie sprachlos an: »Wirklich?«, fragte ich ungläubig. »Oh, ich wäre überglücklich, wenn Sie mich fahren ließen! Danke, *Maharani*!« Glücklich und erleichtert verließ ich das Zimmer. In Gedanken stellte ich mir schon vor, wie ich mit Amar zurückfahren würde, wie ich in Manpur meine Eltern, meine Geschwister, meine Neffen und Nichten wiedersehen würde. Meine Knie waren ganz weich vor Aufregung. Zitternd stieg ich die Treppe hinunter.

Als ich allerdings eine halbe Stunde später den nächsten Saft hochbrachte, hatte sich Cruel Ma'am wieder gefasst. Sie empfing mich mit den Worten: »Vor fünf Minuten hat die Polizei noch einmal wegen dieses Überfalls vor zwei Wochen angerufen. Sie haben gesagt, dass die Ermittlungen noch nicht abgeschlossen sind, und dass du auch solange hier in Kathmandu bleiben musst, weil sie vielleicht noch Fragen an dich haben. Ich weiß, dass du nichts damit zu tun hast, aber die Polizei wird dich eventuell erneut vernehmen wollen. Es kann sich noch drei oder vier Monate hinziehen, aber solange kannst du nicht zu deiner Familie fahren. Es tut mir leid, aber ich kann es nicht ändern.«

Ich sah sie entsetzt an. Das Telefon hatte in der letzten Viertelstunde nicht geklingelt, so viel wusste ich, denn ich hatte unten gebügelt und lauerte auf jedes Klingeln, weil Amar sich melden wollte. Es war ein Trick von ihr, um mich nicht gehen zu lassen. Wahrscheinlich tat ihr ihre Großzügigkeit schon wieder leid.

»Ich habe keine Angst vor der Polizei«, sagte ich ihr, »ich habe ihnen alles erzählt, wie es war. Sie können mich jederzeit noch mal dazu befragen.«

»Dann ist ja gut«, sagte sie. »Du wirst dich eben noch ein bisschen gedulden müssen.« Sie machte mir ein Zeichen, dass ich verschwinden sollte. Und als ich nicht sofort das Zimmer verließ, stand sie auf und schloss die Tür hinter mir. Das Thema war für sie erledigt.

Wenig später rief Amar an. Zum Glück war ich diesmal schneller und hatte abgenommen, weil ich ahnte, dass er es diesmal sein könnte. Er fragte, ob er mich abholen sollte.

»Nein, Amar, es geht nicht. Ich muss noch hierbleiben. Aber sobald ich kann, werde ich nachkommen. Sag den anderen, dass ich sie vermisse und dass wir uns hoffentlich bald in Manpur wiedersehen.« Ich ließ den Hörer sinken und fühlte mich unendlich leer. Aber tief in mir wusste ich auch, dass ich es mir nicht noch einmal verbieten lassen würde. Bei der nächsten Gelegenheit würde ich nach Hause fahren.

Doch an diesem Abend fuhr mein Bruder erst einmal ohne mich ab.

Das Ende

Cruel Ma'am strengte sich in den nächsten Wochen sichtlich an. Sie war freundlicher zu mir, schnauzte mich nicht mehr ständig und wegen jeder Kleinigkeit an. Abends kochte sie jetzt oft für uns beide. Plötzlich bekam ich den gleichen Reis wie sie. Nicht den kleinkörnigen, zerhackten wie früher. Doch immer noch aß ich auf dem Boden und sie am Tisch. So weit konnte sie wohl doch nicht über ihren Schatten springen.

Sie überreichte mir einen Umschlag mit dem Geld, das mir ihre Tochter in den zweieinhalb Jahren immer wieder zugesteckt hatte, wenn ich für sie wusch oder Botengänge für sie erledigte. Cruel Ma'am hatte es immer gleich einkassiert und zur Seite gelegt. Nun plötzlich holte sie diesen Umschlag aus ihrem Schreibtisch und händigte ihn mir aus: »Hier, das gehört dir. Ich habe es nur für dich aufgehoben.«

Ich schaute hinein, es war einiges in dieser langen Zeit zusammengekommen. Am Abend zählte ich es durch: 9.375 Rupien* insgesamt waren es. Für mich ein kleines Vermögen. Mehr als zwanzigmal könnte ich davon zwischen Manpur und Kathmandu mit dem Bus hin- und herfahren. Aber warum hatte sie es mir jetzt gegeben, nachdem sie es mir so lange weggenommen hatte? Wollte sie mich in Sicherheit wiegen? Und was war mit dem Lohn, den sie mir versprochen hatte? Davon war bisher noch keine Rede.

Auch telefonierte sie jetzt of laut in meiner Anwesenheit mit ihren Söhnen in Kalifornien und sagte immer wieder, dass sie plane, mich nach Amerika mitzunehmen. »Ja, hallo Pradip, Urmila und ich kommen euch bald besuchen. Vielleicht bleiben wir sogar ganz in Kalifornien, wenn es uns gefällt. Was muss ich tun, um das Visum für Urmila und mich zu beantragen? Könnt ihr mir dabei helfen?«

Mir sagte sie, dass sie überlege, nach Kalifornien zu

---

* Umgerechnet 96,50 Euro.

Pradip und Prakash zu ziehen. »Was soll ich hier allein?«, fragte sie mich. »Meine Söhne sind in Amerika, meine Tochter ist verheiratet. Du bist die Einzige, die bei mir ist. Du bist wie meine jüngere Tochter. Was soll ich in so einem großen Haus allein? Ich werde das Haus hier verkaufen und nach Amerika gehen.«

Ich wusste nicht, was ich auf diese Anfälle von Sentimentalität erwidern sollte. Oder meinte sie es am Ende sogar ernst? Jeder Tag nun stürzte mich in ein neues Gefühlschaos. Manchmal war ich völlig verwirrt und wusste nicht mehr, wo mir der Kopf stand.

Sie sagte all ihren Freunden und ihrer Familie Bescheid, dass ich über die *Maghi*-Feiertage nach Hause fahren würde. Manche von ihnen gaben mir daraufhin, wenn sie vorbeikamen, ein bisschen Geld und Süßigkeiten. Einige versuchten, mich zu überzeugen, doch zu bleiben: »Was willst du denn in deinem Dorf? Hier geht es dir doch gut. Du hast genug zu essen und lebst in einem schönen Haus. Schau, was für schicke Kleider du hast. Du siehst gar nicht mehr wie ein Dorfmädchen aus. Außerdem seid ihr doch nur zu zweit, und sie hat nur dich …« Ich wusste manchmal gar nicht mehr, was ich denken oder tun sollte.

Prakash sagte mir, er würde mich in den nächsten Tagen anrufen, wenn seine Mutter nicht zu Hause wäre. Er wolle dringend mit mir sprechen, und er wolle mir helfen. Aber ich werde nie erfahren, was er mir sagen wollte, denn leider kam dieser Anruf nie. Vielleicht hat Cruel Ma'am ihn abgefangen oder verhindert, dass er mit mir spricht – auch das werde ich wohl nie wissen.

»Stop the *Kamlahari* system!«

Susie kehrte endlich nach zwei Monaten aus Kanada zurück. Voller Begeisterung erzählte sie von ihrer Reise und brachte uns allen – auch mir – Geschenke mit. Für mich hatte sie eine teure Uhr ausgesucht, die wirklich sehr schön war. Diesmal bestand Cruel Ma'am darauf, sie mir persönlich überreichen zu dürfen: »Gib sie her, ich möchte sie Urmila anlegen. Urmila ist meine liebste Angestellte.« Noch ein halbes Jahr zuvor hatte sie ihre Tochter angeschnauzt, weil sie mir von einer Tibetreise einen Schal mitgebracht hatte. »Was soll das? So ein kostbares Geschenk für eine *Kamlahari*. Was für eine Verschwendung!«

Doch trotz aller Überredungsversuche und teurer Geschenke, mein Entschluss stand fest: Ich wollte nach Hause, ich wollte meine Familie besuchen. Amar hatte mir eine Kontaktnummer im Dorf gegeben, unter der ich ihn anrufen konnte. Als Cruel Ma'am merkte, dass ich nicht locker ließ, erlaubte sie mir, Amar in Manpur anzurufen.

»Wenn du willst, hole ich dich zum *Maghi*-Fest in Kathmandu ab«, versprach mir Amar. Als ich Cruel Ma'am davon erzählte, veränderte sich ihre Laune schlagartig. Bis *Maghi* waren es nur noch sechs Tage.

Plötzlich erzählte sie bei ihren Bekannten und Nachbarn herum, dass ich ein schlechtes Mädchen sei, dass ich beim Überfall mit den Gangstern gemeinsame Sache gemacht hätte und dass sie mich nach Hause schicken würde.

Nur ihrer engsten Familie sagte sie, dass ich nach Hause fahren, dass ich aber sicher wiederkommen würde. Vermutlich hoffte sie bis zuletzt, dass sie mich überreden könnte.

Dann passierte etwas, das mein Leben für immer verändern sollte: In Susies Haus fand ich im Dienstbotenzimmer eines Tages eine Zeitung. Ich liebe es, Zeitung zu lesen, denn zum einen hilft es mir, meine Lesefähigkeit zu verbessern. Zum anderen erfuhr ich aus der Zeitung, was in der Stadt und im Land los war. Ich las über den Bau eines Staudamms in den Bergen, über eine Impfkampagne für Kleinkinder, über Nashörner im Chitwan-Nationalpark und über ein Filmfestival in Kathmandu. Für mich, die kaum das Haus verließ, waren diese Bilder und Texte wie Nachrichten aus einer unbekannten Welt.

Auf der vorletzten Seite im Nepalteil blieb ich plötzlich an einer Überschrift hängen: »Stop the *Kamlahari* system« stand groß darüber. Ich traute meinen Augen nicht und las aufgeregt weiter: »In diesen Tagen, kurz vor dem *Maghi*-Fest der *Tharu*, gibt es Hoffnung für Tausende *Kamlahari*-Mädchen.« Mein Puls begann zu rasen. In dem Artikel stand, dass in meinem Distrikt, in Dang, eine lokale, nepalesische Hilfsorganisation ein Programm begonnen hatte, das es auch schon älteren *Kamlahari*-Mädchen ermöglichte, zur Schule zu gehen. Ich las es wieder und wieder, um sicher zu sein, dass ich es nicht falsch verstand. Eine Organisation, die sich des Schicksals der *Kamlahari* annahm!

Also gab es Leute, die das Unrecht erkannten und etwas dagegen tun wollten? Und sie gingen jetzt, wo *Maghi* wieder bevorstand und Tausende Mädchen verkauft werden würden – so wie ich vor elf Jahren – auf die Straße und demonstrierten gegen diese uralte Tradition. Auf einem Foto waren Mädchen mit Pappschildern zu sehen, auf denen stand: »Stop the *Kamlahari* system«. Das waren wunderbare Nachrichten!

Ich riss die Seite heraus und versteckte den Artikel in meinem Ärmel. Weder Cruel Ma'am noch Susie erzählte ich, was ich gelesen hatte. Als ich einen Tag später dann auch noch im Fernsehen ein Interview mit einem *Kamlahari*-Mädchen sah, wusste ich, dass ich nicht geträumt hatte. Das Mädchen lächelte schüchtern in die Kamera und erzählte, dass sie jetzt zur Schule gehen dürfte und dass sie sehr glücklich sei.

Ich saß fasziniert vor dem Bildschirm. Verschiedene Gedanken schossen mir durch den Kopf: Was, wenn auch ich mit diesem *Kamlahari*-Programm zur Schule gehen könnte? Vielleicht könnte ich dann in Dang bei meiner Familie bleiben? Vielleicht gab es Hoffnung, dass mein Traum doch noch in Erfüllung gehen würde?

Es war schwer, mir nichts anmerken zu lassen. Ich war so glücklich und aufgedreht über diese Neuigkeiten, dass ich hätte singen und tanzen können. Doch ich verkniff es mir, weil ich bei Susie oder ihrer Mutter keinen Verdacht wecken wollte.

Am nächsten Morgen rief mich Cruel Ma'am: »Urmila, komm, steig ins Auto ein, ich will dir etwas zeigen.« Sie tat geheimnisvoll.

Wir fuhren von Lalitpur Richtung Kathmandu, und immer noch verriet sie nicht, wohin die Reise ging. Vor einer modernen, neuen Luxus-Wohnanlage, mit Security an der Eingangspforte und Kamera-Überwachungssystem, setzte uns der Fahrer ab.

Cruel Ma'am stieg aus. »Na los, wir sind angekommen.« Endlich rückte sie mit dem Grund unseres Besuches heraus: »Das hier ist unser neues Zuhause. Na, was sagst du?« Ich verstand nicht gleich, was sie damit meinte. Cruel Ma'am sah meine Verwirrung und erklärte:

»Nach dem letzten Überfall habe ich eine Wohnung hier gekauft, und in einer Woche können wir schon einziehen. Ist das nicht phantastisch? Dann brauchen wir keine Angst mehr zu haben und können wieder ruhig schlafen.« Sie schaute mich erwartungsvoll an. »Also, gefällt es dir?«

Ich stand immer noch völlig erstarrt da und bemühte mich, mein Entsetzen nicht zu deutlich zu zeigen.

»Los, sehen wir es uns an«, sagte Cruel Ma'am und marschierte vorneweg auf die Pforte zu. Ich folgte ihr mit weichen Knien.

Das Apartment, das Cruel Ma'am gekauft hatte, lag im fünften Stock, war sehr geräumig, hell und noch völlig leer. In den cremefarbenen, glänzenden Steinböden spiegelten wir uns.

Diesmal zeigte mir mein Spiegelbild nicht mehr ein kleines, verschüchtertes Mädchen in zerschlissenen Kleidern und ohne Schuhe. Diesmal sah ich eine junge Frau in westlicher Kleidung. Schon vor einer Woche hatte mir Cruel Ma'am ein paar neue Kleider im College-Stil hingelegt mit dem Kommentar: »Schluss mit der *Kurta*, die war dir sowieso immer zu groß. Es wird Zeit, dass wir dich ordentlich anziehen.« Überrascht über ihren Sinneswandel hatte ich die *Kurta* abgelegt, die ich nun schon jahrelang fast täglich trug, und war in Hose, T-Shirt und Sweat-Shirt-Jacke geschlüpft. Es fühlte sich ungewohnt, aber gut an.

»Hier, das ist dein Zimmer«, sagte Cruel Ma'am und riss mich aus meinen Gedanken. Sie öffnete die Glasschiebetür zum Balkon. »Ich werde die Villa verkaufen. Sie ist viel zu groß für uns. Wir werden hier sicher sein und viel besser aufgehoben als in Jawalakhel. Was meinst du?«

Ich sagte nichts. Ich dachte an den Artikel, den ich am Tag zuvor gelesen hatte.

Sie zeigte mir noch die modern ausgestattete Küche, das riesige Wohnzimmer, das luxuriöse Marmorbad, ihr Schlafzimmer mit Balkon und Blick über die Stadt und das Büro. Ich folgte ihr durch die Räume und sah mir alles an. Aber insgeheim hatte ich schon beschlossen, dass ich niemals mit Cruel Ma'am in diese Wohnung einziehen würde. Ich würde zurück nach Dang gehen, und ich würde versuchen, dort mit dieser Organisation Kontakt aufzunehmen. Meine größte Hoffnung war es, dass sie auch mich zur Schule schicken würden.

So wie Cruel Ma'am sich ins Zeug legte, um mich mit aller Kraft noch umzustimmen, merkte ich immer deutlicher, dass sie sich wohl ehrlich Sorgen um ihre Zukunft machte. Sie wollte wirklich, dass ich bei ihr blieb. Ihre Freundlichkeiten waren in Wahrheit Erpressungsversuche, weil sie befürchete, ich könnte tatsächlich an *Maghi* nach Dang reisen und nie mehr zurückkommen.

Sie bat ihre Tochter, während ich dabeistand, für die Zeit, in der ich bei meiner Familie sein würde, eine ihrer Hausangestellten als Ersatz zu ihr zu schicken. »Ich habe Angst allein in dem großen Haus. Was soll ich tun, wenn Urmila geht? Wer wird mir morgens den Saft machen, wer wird sich um mich kümmern? Wer wird meinen Körper pflegen und für meine Gesundheit sorgen? Wer wird mich massieren, wenn ich verspannt bin? Das kann ich doch unmöglich selbst machen!«, klagte Cruel Ma'am theatralisch.

Doch Susie erwiderte streng: »Nein, Mutter, meine Dienstmädchen wollen nicht bei dir arbeiten. Sie sagen, dass du sie immer zum Weinen bringst und dass du sie nicht gut behandelst. Ich glaube, du kommst sehr gut allein klar.«

Als ich das hörte, fühlte ich mich tatsächlich schlecht. Zum ersten Mal tat mir Cruel Ma'am fast leid. Nach fast drei Jahren, die ich unter ihr gelitten hatte. Arme *Maharani*, dachte ich, vielleicht hat sie mich trotz allem gemocht und war auf mich angewiesen. Sicher, ich war die Einzige, die ihr von ihrem Personal geblieben war. Aber auch die Einzige, die sie herumkommandieren konnte. Ich wusste, wie sehr sie ihr Haus liebte, und nun wollte sie es verkaufen und in eine Wohnung ziehen. Wer würde sich um sie kümmern? Würde sie ein neues Dienstmädchen finden? Und würde diese neue Hausangestellte alles hinkriegen, was sie von ihr verlangte? Sie war anspruchsvoll. Nur ich wusste inzwischen sehr genau, was Cruel Ma'am wollte und worauf es bei ihr ankam. Daher fühlte ich mich in gewisser Weise verantwortlich für sie und ihr Wohlergehen. Es belastete mich, sie allein zu lassen. Andererseits zählte ich schon die Tage, die ich noch bei ihr aushalten musste. Nur noch drei Tage waren es, bis Amar mich abholen und ich endlich Manpur und meine Familie wiedersehen würde!

Susie machte ihrerseits noch einen letzten Versuch, mich in Kathmandu zu halten. Ich denke, sie meinte es gut mit mir. Sie nahm mich zur Seite und bot mir an, dass ich, wenn ich zurückkäme, bei ihr arbeiten könnte. »Du arbeitest für mich, und ich bezahle dich ordentlich dafür, und für meine Mutter suche ich eine neue Haushälterin, versprochen!« Sie steckte mir etwas Geld zu: »Hier, das wirst du sicher brauchen können.«

»Danke, Susie-*Maharani*, für das Geld und das Angebot. Ich werde es mir überlegen. Danke auch für alles, was Sie für mich getan haben. Aber ich möchte nach

Das einzige Kindheitsfoto, das es von mir und meiner Familie gibt. Von links nach rechts: meine Oma, meine Mama mit mir auf dem Arm, mein Papa. Davor: meine Cousine Budhani und meine Schwester Sarda

Das bin ich heute mit zwei meiner Kamlahari-*»Schwestern«*
im Narti Hostel

Hier dürfen ehemalige Kamlahari *und andere Kinder zur Schule gehen.*

Auf dem Dachboden in der Hütte meiner Eltern beim Lernen. Auch wenn mir nur wenig Zeit dafür bleibt, nutze ich jede Gelegenheit, denn ich möchte unbedingt meinen Schulabschluss schaffen.

Ehemalige Kamlahari-*Mädchen bei einer Demonstration des Forums in Kathmandu*

Als Präsidentin des Kamlahari-Forums *muss ich häufig Reden halten. Anfangs war ich sehr aufgeregt, aber inzwischen bin ich stolz, den* Kamlahari *eine Stimme zu geben.*

Ehemalige Kamlahari-Mädchen*, die sich zu Ehren ausländischer Gäste in Lamahi prächtig geschmückt haben*

Hier tanze ich bei einer unserer Theater-Aufführungen des Kamlahari-*Forums.*

Die letzte Kamlahari – *das bin ich in unserer traditionellen* Tharu-Tracht.

Auf dem Weg nach Manpur: Mit dem Fahrrad brauche ich aus Lamahi über eine Stunde zu meiner Familie.

Hier lerne ich bei einem Workshop, wie man richtig foto-grafiert. Ich liebe es, Bilder zu machen, und trage die kleine Kamera, die ich geschenkt bekommen habe, immer bei mir.

Leckere Tharu-*Speziali-
täten, die wir in großen
Blättern servieren*

*Im Fotostudio in
Manpur kurz nach
meiner Rückkehr*

Die Brücke über den Rapti-River – seitdem sie gebaut wurde, muss man nicht mehr den Fluss durchqueren wie früher. Für mich eine große Erleichterung.

Hause und endlich meine Familie wiedersehen. Und wenn es geht, werde ich zur Schule gehen.«

Inzwischen war der Winter gekommen. Es war kalt in Kathmandu. In der Stadt schneit es fast nie, obwohl sie über tausend Meter hoch liegt. Aber von den Hügeln ringsherum und den Gipfeln des *Himalaya* rückte die weiße Schneefallgrenze nun immer näher. Man konnte den Schnee förmlich riechen.

Die letzten Nächte – seit dem Überfall übernachteten wir immer noch im Haus der Tochter – konnte ich fast nicht mehr schlafen. Ich war viel zu aufgekratzt und fieberte dem großen Tag entgegen.

Und dann war es so weit: Endlich war er da, der Moment, auf den ich seit elf Jahren gewartet hatte. Am selben Tag, als Amar kommen sollte, um mich abzuholen, fuhr auch der Möbelwagen bei Cruel Ma'am vor. Dicker gelb-grauer Nebel hing über der Stadt. Ich fröstelte, denn die Haustür stand schon seit frühmorgens sperrangelweit offen. Die Männer schleppten ein Möbelstück nach dem anderen aus dem Haus. Auf dem Rasen und in der Einfahrt stapelten sich Stühle, Lampen, der große Mahagoni-Esstisch, das Designer-Ledersofa. Sie verstauten das Geschirr, die Bücher, die Kleider und die anderen Sachen in Kisten.

Cruel Ma'am wollte keinen einzigen Tag länger warten. Sie ließ alles in das neue Appartment in der Stadt schaffen. »Was soll ich hier schon allein in dem großen Haus, jetzt, wo du mich auch noch allein lässt?«, sagte sie vorwurfsvoll zu mir.

Doch meine Vorfreude war zu groß, als dass ihre Klagen mich erreicht hätten. Ich konnte nur noch denken, dass es endlich, endlich so weit war. Den ganzen Morgen wartete ich auf Amars Anruf. Er hatte gesagt, dass er sich melden würde, sobald er in Kathmandu wäre. Als das Telefon klingelte, war ich sofort dran. Amar war am Busbahnhof in Kathmandu und sagte, dass er nach Lalitpur zum Haus von Cruel Ma'am kommen würde, um mich abzuholen. Ich konnte es kaum fassen, bald würde ich mit Amar auf dem Weg zurück nach Manpur sein!

Im Dienstbotenzimmer im Keller packte ich meine Sachen. Ich rief Cruel Ma'am, um ihr zu zeigen, dass ich nichts einpackte, was mir nicht gehörte. Bei ihr wusste man nie, was sie einem unterstellte, also war ich lieber vorsichtig. Sie stieg die Treppe in den Keller hinunter und sah sofort ein paar modische Kleider, die mir ihre Tochter schon vor Monaten geschenkt, die ich aber noch nie getragen hatte: eine enge schwarze Jeans, einen weißen Rock, ein T-Shirt mit Glitzeraufschrift und hellblaue Ledersandalen.

»Es ist kalt jetzt im Januar, für *Maghi* brauchst du diese Kleider auf keinen Fall«, sagte sie und nahm die Sommerkleider an sich, »die kannst du hierlassen und dir holen, wenn du wiederkommst.«

Die beiden Reisetaschen, in die ich meine Habseligkeiten einpacken konnte, hatte Cruel Ma'am mir gegeben. Außerdem gab sie mir 1000 Rupien* für die Busfahrkarten für Amar und mich. Ich fragte sie, ob sie mir noch etwas Geld geben könnte, weil ich ein paar Geschenke für meine Familie kaufen wollte.

»Warum brauchst du Geschenke, was soll das? Die sollen froh sein, dass du sie in ihrem Dorf besuchen

---

*   Circa 10 Euro.

kommst«, ereiferte sie sich. »Du hast doch die 9000 Rupien*, die du bei meiner Tochter verdient hast. Mehr brauchst du nicht. Außerdem kommst du ja bald wieder. Und Geschenke solltest du von dem Geld nicht kaufen. Behalte es lieber für dich.«

Dann verschwand sie aber doch noch einmal nach oben in ihr Schlafzimmer und kehrte mit einem Wintermantel, einem dicken Pullover und einer glänzend roten Daunenjacke zurück. »Hier, das ist für dich. Es sind teure Sachen. Der Mantel ist aus Spanien. Die Jacke kommt aus Kanada. Meine Tochter hat sie mir mitgebracht. Aber ich will, dass du sie nun trägst. Denn für mich bist du wie meine jüngere Tochter.«

Ich bedankte mich höflich bei ihr. »Aber trag sie nicht vor meiner Tochter, okay? Und erzähl ihr auch nicht, dass ich sie dir gegeben habe.«

Die Sachen habe ich heute noch. Manchmal ziehe ich die rote Jacke an und flaniere damit herum. Darin fühle ich mich wie ein Filmstar. Sie ist wirklich superschick.

Nachdem Amar angerufen hatte, hielt ich mit Herzklopfen am Tor Ausschau nach ihm. Meine gepackten Taschen standen im Flur, fertig zur Abreise.

»Amar, Amar!« Als ich ihn am Tor auftauchen sah, rannte ich ihm entgegen und umarmte ihn, so glücklich war ich, ihn zu sehen. Er war etwas überrascht und schob mich verlegen zur Seite. Amar, mein Bruder. Da stand er wieder vor mir. Inzwischen war ich fast so groß wie er. Ich merkte, dass ihn die fremde Umgebung und das große Haus einschüchterten.

Vor elf Jahren war er es gewesen, der mich an die

---

* Circa 90 Euro.

Männer in den glänzenden Anzügen verkauft hatte. Er war es, der damals einwilligte, dass sie mich nach Kathmandu verschleppten. Er hatte mir damals versprochen, dass mich die *Maharani* zur Schule schicken würde. Aber er war es auch, der mich in Kathmandu bei Cruel Ma'am gefunden hatte und der mich nun abholte und nach Hause brachte. Amar, *Dadu,* mein Bruder – ich werde ihm wohl für immer böse und dankbar zugleich sein.

Cruel Ma'am kam nicht einmal aus dem Haus, um Amar zu begrüßen, und rief von innen, dass Amar draußen warten sollte. Sie behandelte ihn wie einen dahergelaufenen Tagelöhner. Gastfreundlich war sie nur zu Leuten ihres Standes oder zu Menschen, die in irgendeiner Form für sie interessant waren. Also bat ich Amar, sich so lange auf ein Mäuerchen im Garten zu setzen.

»Urmila, du hast noch nichts gegessen«, rief sie mich in die Küche. »Komm, ich habe gekocht.«

»Ich habe keinen Hunger, *Maharani*, danke«, sagte ich.

Doch sie insistierte: »Los, komm, wer weiß, wann du wieder etwas Richtiges zu essen bekommst. Du bist eh schon so dünn.« Sie häufte mir Reis und Gemüse auf einen Teller. Zum Abschied hatte sie den allerfeinsten weißen Reis aus dem *Himalaya* für mich gekocht, doch ich bekam keinen Bissen runter. Ich war viel zu aufgeregt. Also brachte ich den Teller nach draußen und gab ihn Amar, der gierig aß. Seitdem er in Manpur losgefahren war, hatte er noch nichts gegessen, gestand er mir.

»Das war für dich und nicht für ihn!«, schimpfte Cruel Ma'am, als sie mich dabei erwischte. Auf ihrer Stirn tauchten die mir zur Genüge bekannten Zornesfalten auf. Doch zum ersten Mal hatte ich keine Angst vor ihr.

»Ich kann jetzt nichts essen, und mein Bruder hatte Hunger«, erwiderte ich mutig.

Es war gar nicht so schwer, ihr zu widersprechen, merkte ich und fühlte, wie sich mein Herz mit Stolz füllte. Ein warmes, wohliges und völlig neues Gefühl. Nur noch ein paar Augenblicke, und ich würde frei sein und nicht mehr länger Urmila, die *Kamlahari*. Ich würde nicht mehr Cruel Ma'ams Urmila sein, die sie wie ihr Eigentum behandeln und herumkommandieren konnte: »Urmila, tu dies, Urmila, tu das. Ach, *Tharu*-Mädchen sind ja so dumm. Kein Wunder, dass sie nur als Hausmädchen arbeiten. Mehr als putzen und kochen können sie eben nicht.« Noch zu deutlich klingen ihre Demütigungen und Erniedrigungen in meinen Ohren. Worte, die ich nie vergessen werde, solange ich lebe.

Für mich begann gerade ein neues Kapitel, und ich fühlte mich stark und zuversichtlich genug, um ihr diesmal zu widersprechen.

»Gut, das musst du wissen«, sagte sie pikiert und lenkte dann ab: »Wann geht der Bus?«

»Heute Abend um acht Uhr«, antwortete ich.

Kurz darauf rief sie mich noch einmal zu sich: »Schließ bitte alle Türen und Fenster, ich muss jetzt los«, sagte sie im gewohnten Kommandoton. Ich ging durch die schon fast leeren Räume, verriegelte die Fenster und Türen. Nur noch ein paar Kisten mit persönlichen Sachen von Cruel Ma'am standen herum.

Meine Reisetaschen stellte ich vor die Tür. Cruel Ma'am schloss ab, drehte sich um, stolzierte zum Auto, die Sonnenbrille wie immer ins Haar geschoben. Der Fahrer wartete schon mit geöffneter Tür. Sie stieg ein, und ich dachte, dass es das nun gewesen war. Denn normalerweise sagte sie mir nie auf Wiedersehen, wenn sie das Haus verließ.

Doch an diesem Tag öffnete sie noch einmal das Autofenster. Die getönte Scheibe fuhr langsam hinunter: »*Namaste*, Urmila. Ich wünsche dir eine gute Heimreise, und ich hoffe, dass du es dir noch einmal überlegst und du zurückkommen wirst. Hier geht es dir doch viel besser als in deinem Dorf.«

»Ja, Ma'am, ich werde es mir überlegen, danke«, sagte ich. Sie winkte kurz, als der Wagen abfuhr. »*Namaskar, Maharani*. Leben Sie wohl«, rief ich ihr nach. Diesmal war es ein komisches Gefühl, sie abfahren zu sehen. Vielleicht war es das letzte Mal, dass ich sie sah, schoss es mir durch den Kopf. Aber noch spürte ich nicht die erwartete Erleichterung.

Amar und ich blieben allein vor dem Haus sitzen. Die Möbelpacker und der Möbelwagen waren bereits abgefahren, um die Kisten und Kartons in die neue Wohnung zu bringen. Der Garten und das Haus lagen verlassen da. Eine unwirkliche Stille breitete sich aus. Amar aß seinen Teller auf. Ich schenkte ihm und mir ein Glas Cola ein. Die Dose hatte ich mir noch schnell aus dem Kühlschrank geholt, bevor Cruel Ma'am zugeschlossen hatte.

Das Geschirr wusch ich am Wasserhahn im Garten ab und stellte es vor das Küchenfenster auf den Boden, denn ins Haus kam ich ja nun nicht mehr hinein. Es störte mich, dass ich es nicht mehr ordentlich in den Schrank räumen konnte.

»Los, komm, Urmila, du hast genug für sie getan«, sagte Amar. Er schulterte die größere meiner beiden Reisetaschen. »Lass uns gehen, hier haben wir nichts mehr verloren.«

Ich zog den roten, glänzenden Anorak an und nahm

die zweite Tasche. In meiner neuen Jacke und mit Amar an meiner Seite ging ich in Richtung Straße. Ein kühler Wind blies uns ins Gesicht. An den Hügeln flackerten schon die ersten Lichter.

Als das schwere Eisentor der Villa, die so lange mein Gefängnis gewesen war, hinter uns ins Schloss fiel, da spürte ich plötzlich, wie sich eine riesengroße Erleichterung in mir ausbreitete. Trotz des Gewichts der Tasche auf meinem Rücken, die vollgestopft war mit meinen Habseligkeiten. Ich fühlte mich, als hätte man mir eine Last von den Schultern genommen, die mich all die Jahre zu Boden gedrückt hatte. All die Jahre war ich »nur« eine *Kamlahari* gewesen. Verkauft, um zu dienen und für andere zu arbeiten. Nie hatte mich jemand gefragt, was ich wollte. Und nie hatte ich bisher zu hoffen gewagt, dass sich das jemals ändern würde. Ein großes Glücksgefühl erfüllte mein Herz. Mein ganzer Körper kribbelte. Von nun an würde ich selbst bestimmen, was ich mit meinem Leben anstellen würde.

Ich winkte einem Taxi, so wie ich das früher oft genug gemacht hatte, wenn ich Paiya und Mohan zur Schule bringen musste. Amar sah mich mit großen Augen an. »Ich zahle uns ein Taxi bis zum Busbahnhof«, verkündete ich stolz. »Heute werden wir uns nicht mehr abschleppen.« Ein Taxi – meine erste Aktion in meinem neuen, selbstbestimmten Leben.

Endlich frei

Das Taxi quälte sich durch den dichten Feierabendverkehr. Nur langsam kamen wir voran, doch ich genoss jede Minute der Fahrt. Die Lichter, die an uns vorbeizogen; die Stadt, die ich in den ganzen elf Jahren fast nur durch Autofenster gesehen hatte und die ich kaum kannte. Die Menschen, Busse, Autos und Mopeds, die sich hektisch ihren Weg bahnten. Die Rauchwolken, die von den Garküchen aufstiegen. Die Hunde, die in deren Nähe nach Essensresten suchten. Das Gehupe verdichtete sich mit dem Stimmengewirr, den Rufen auf der Straße, dem Gedudel aus den Radios und Fernsehern zu ohrenbetäubendem Lärm, der bis zu uns durchdrang.

Auch am Busbahnhof herrschte reger Betrieb. Denn es war der Tag vor dem *Maghi*-Fest. Eines von vielen Festen für Hindus, aber das größte der *Tharu*. Und ich würde es nach sechseinhalb Jahren endlich wieder zu Hause feiern.

Amar blieb bei meinem Gepäck stehen, und ich lief los, um in einer angrenzenden, belebten Einkaufsstraße doch noch ein paar Geschenke für zu Hause zu kaufen. Eine Kette für meine Mutter, Bonbons und Abziehbilder für die Kinder, Haarklammern für meine Schwägerinnen, Kekse und nepalesische Zigaretten für meine Brüder, eine Postkarte vom Durbar-Square in Kathmandu für meinen Vater, weil er noch nie hier war.

Beladen mit meinen Mitbringseln kehrte ich zurück zu meinem Bruder.

»Hast du dein ganzes Geld jetzt schon ausgegeben, oder was?«, fragte Amar ungeduldig, »wo warst du denn so lange? Und wie viel hat dir deine *Maharani* überhaupt gegeben?«

»Sie hat mir kein Geld gegeben. Nur die 1000 Rupien[*] für die Busfahrkarten«, gestand ich.

---

[*] Circa 10 Euro.

»Was? Sie hat dir keinen Lohn gezahlt?« Amar sah mich ungläubig an.

»Nein, sie denkt, dass ich wiederkomme«, sagte ich vorsichtig.

»Keinen Pfennig hat sie dir gegeben? Für über zwei Jahre, die du bei ihr gearbeitet hast?« Mein Bruder wurde wütend.

»Die Tochter hat mir immer wieder Geld gegeben, wenn ich für sie gewaschen oder gebügelt habe«, entgegnete ich. »Das habe ich auch bekommen. Aber meine *Maharani* hat gemeint, mehr bräuchte ich nicht.«

»Das ist ja wohl die Höhe! Sie hat dich reingelegt!«, zeterte Amar.

»Ich sagte dir doch, dass sie denkt, dass ich wiederkomme.«

»Das wirst du ja dann wohl müssen. Allein, um dein Geld zu holen«, schimpfte er.

»Ich werde nicht zurückgehen«, erklärte ich ruhig. »Ich werde in Manpur zur Schule gehen.«

»Und wie stellst du dir das vor? Ohne eine Rupie? Wir können dir das nicht bezahlen, und Vater ist schon wieder krank und braucht Medizin.« Amar sah mich verärgert an.

Ich erzählte ihm von dem Programm dieser Organisation, von dem ich gehört hatte: »Sie bezahlen für die Schule von *Kamlahari*-Mädchen, so wie ich!«

»Pah, du bist siebzehn und willst jetzt mit der Schule anfangen? Die Kinder werden dich auslachen. Und wer sagt dir, dass sie auch dir die Schule zahlen werden?« Amar winkte ab.

»Es ist mir egal, wenn die Kinder lachen. Ich will und ich werde zur Schule gehen, du wirst sehen!« Auch ich war inzwischen wütend. Dennoch spürte ich Zweifel in mir aufsteigen. Was, wenn Amar recht hatte? Was, wenn ich wirklich zu alt war, um zur Schule zu gehen? Was, wenn diese Organisation nicht für mich zahlen konnte? Aber zurückgehen zu Cruel Ma'am würde ich dennoch niemals, das nahm ich mir fest vor.

Tatsächlich habe ich bis heute von den 45.000 Rupien – 1500 Rupien* pro Monat hatte sie mir versprochen, dreißig Monate habe ich für sie gearbeitet – noch keinen Cent gesehen. Aber sie wird damit nicht durchkommen. Ich habe schon mehrmals bei Sita angerufen und auch über ihren Vater in Ghorahi versucht, an das Geld zu kommen. Jedes Mal werde ich vertröstet. Aber wenn es sein muss, bin ich fest entschlossen, sogar vor Gericht zu ziehen, um meinen Lohn für die Jahre bei Cruel Ma'am einzuklagen. Ich werde sie nicht so davonkommen lassen ...

Endlich kam der Bus, der uns nach Lamahi bringen sollte. Amar und ich ergatterten einen Sitzplatz, obwohl der Andrang wegen des *Maghi*-Festes noch größer war als sonst. Erschöpft vom Abschied und der Aufregung schlief ich auf der Stelle ein.

Das Wiedersehen

Als ich wieder erwachte, waren wir schon in Dang. Es wurde langsam hell. Die Reisfelder, Wälder und Wiesen lagen noch unter einer dicken weißen Watteschicht.

---

* 45.000 Rupien entsprechen circa 450 Euro, 1500 Rupien circa 15 Euro.

Schon lange hatte ich nicht mehr so gut geschlafen. Fast die ganze Busfahrt hatte ich verschlafen – erschöpft von den Aufregungen der letzten Tage und Wochen. Und von den vielen Stunden Schlaf, die ich nachzuholen hatte. Selbst in einem überfüllten, stickigen Bus konnte ich schlafen. Weder die laute Pop-Musik noch die Enge oder das Schaukeln hatten mich stören können.

Auf den letzten Kilometern wurde es fast unerträglich voll im Bus. In einem Tempel westlich von Lamahi wurde heute ein besonderer Feiertag zelebriert, und die Leute wollten zu Hunderten dort hin. An jeder Haltestelle drängten mehr Menschen hinein. Sie alle wollten zum Tempel. Manche waren mit Gaben beladen. Mit Blumenketten, Kerzen und gefärbtem Reis, um die Götter gnädig zu stimmen. Minutenlang rührten wir uns nicht vom Fleck, und der Busfahrer diskutierte mit den Pilgern, dass er niemanden mehr mitnehmen könnte, weil der Bus voll sei.

In Lamahi, der Kleinstadt, die unserem Dorf am nächsten liegt, kamen wir fast nicht aus dem Bus heraus. Fast zehn Minuten dauerte es, bis wir uns endlich durch die dicht an dicht gedrängten Menschen einen Weg bis zur Tür und auf die Straße bahnen konnten. Keiner wollte sich bewegen. Alle hatten Angst, ihren Platz im Bus zu verlieren und nicht mehr mitzukommen. Endlich aber hatten wir es geschafft.

Es war *Maghi*-Morgen, und ganz Lamahi war auf den Beinen. Die Leute versuchten, noch rechtzeitig zum Fest zu ihren Familien zu kommen, schwer beladen mit Bierdosen, Geschenken und Essen. Deshalb dauerte es auch eine ganze Weile, bis wir einen Platz auf einem Jeep ergatterten, dem einzigen Verkehrsmittel, das über Land in die Dörfer fährt. Auf den schmalen Bänken auf der Ladefläche saßen dicht gedrängt Frauen und Männer, Alte und Junge mit großen Bündeln. Die ersten zwei Fahrzeuge waren voll. Die Menschen hingen noch außen an den Fenstern und Türen.

»Hier ist kein Platz mehr, ihr müsst warten«, schimpfte der Fahrer und ließ uns stehen. Endlich, beim dritten Jeep gelang es uns, uns dazuzuquetschen, und kurz darauf ratterten wir schon über die staubige Piste, die aus Lamahi hinaus und in das weite Flussdelta führt. Nach und nach ließen wir die Häuser hinter uns. Die Lücken zwischen den Mauern wurden immer größer, bis sie irgendwann den Blick auf die Felder und die Ebene freigaben. Nach einer guten halben Stunde hatten wir das Ufer des Rapti-River erreicht.

Mit gemischten Gefühlen erblickte ich den Fluss, dessen Überquerung mich damals so viel Überwindung gekostet hatte. Jetzt im Winter führte er wieder viel Wasser. Weiß schäumte es an den Steinen und Stromschnellen auf. Doch bevor meine alte Panik mich ergriff, erschien zum Glück am Horizont schon die Brücke.

Gerade als wir über den Rapti-River rollten, kam die Sonne durch. Gleich wurde es auch spürbar wärmer, und die Farben der Ebene kamen allmählich durch. Die silbrigen Kiesel im Flussbett, das olivgrüne Wasser, die rote, fruchtbare Ebene, die gelb blühenden Rapsfelder, die sattgrünen Bananenstauden, die strohgedeckten Lehmhütten …

Plötzlich merkte ich, wie sehr ich das alles vermisst hatte. In meinem Herzen spürte ich einen Stich. Elf Jahre Heimweh entluden sich in einem jähen Schmerz in meiner Brust. Der Druck wurde immer stärker, je näher wir Manpur kamen.

Nach zweieinhalb Jahren sah ich endlich mein Dorf,

unser Haus und meine Familie wieder. Diesmal erwartete mich meine Mutter schon. Ich erkannte sie bereits von weitem. Sie stand vor dem Haus in der Tracht der *Tharu*. Und auch sie erkannte mich diesmal gleich. Meine Haare trug ich inzwischen wieder lang und sah nicht mehr aus wie ein Junge.

Die anderen saßen in der Hütte ums Feuer herum. Amar rief ihnen zu: »Schaut, wer hier ist, kommt und begrüßt Urmila!«

Bisrami, Indrawati und Radha, meine Schwägerinnen, mein jüngerer Bruder Guru und die Kinder rannten mir entgegen.

Als ich vor elf Jahren Manpur verlassen hatte, hatte ich einen Neffen und eine Nichte, jetzt waren es zehn. Die jüngste, Samira, hatte ich noch nie gesehen. Die Kinder umringten mich und versuchten, in die Tüten mit Süßigkeiten und Geschenken zu spähen.

»Wer bist du?«, wollten sie wissen. »Wir kennen dich nicht. Kommst du aus der Stadt? Und was hast du in den Tüten? Hast du uns was mitgebracht?«

Das letzte Stück im Jeep hatte ich mir unser Wiedersehen ausgemalt. Doch so schön hatte ich es mir nicht vorgestellt. Alle wollten mich anfassen. Meine Schwägerinnen umarmten mich und weinten. Auch mir liefen die Tränen über die Wangen. »All die Jahre haben wir nichts von dir gehört und dachten, wir hätten dich verloren. Deswegen weinen wir, weil wir dich nun endlich wieder haben. Aber warum weinst du? Du bist wieder zu Hause! Deswegen musst du glücklich sein, du musst nicht weinen«, neckten mich die Frauen. Sie malten mir die *Tika* auf die Stirn, und ich gab sie an die Kinder weiter.

Gleich vom ersten Augenblick an schloss ich die

jüngste Tochter meines Bruders Hari ins Herz, Samira. Damals war sie gerade ein Jahr alt und – hellblond! Für Nepal etwas völlig Außergewöhnliches. Ich konnte meine Augen nicht von ihr lassen und hätte sie den ganzen Tag küssen und auf dem Arm herumtragen können. Dafür waren Amars Kinder schon so groß geworden, dass ich sie kaum wiedererkannte. »Was, du bist die kleine Maheshowri?«, fragte ich meine Nichte. Als ich sie das letzte Mal sah, war sie zehn Jahre alt und noch ein Kind. Jetzt war sie zwölf und ein hübsches junges Mädchen.

Ich löste mich aus dem Kreis der Kinder und ging auf meine Mutter zu. Auch sie hatte ein paar Tränen vergossen, ihr Gesicht glänzte nass. Ich wischte ihr vorsichtig mit dem Ärmel die Tränenspur weg und senkte den Kopf, damit sie mich segnete. Sie berührte meine Stirn, doch dann schloss sie mich in die Arme und weinte. Einen Moment lang blieben wir so stehen. Ich genoss die Nähe sehr, denn sonst umarmt sie mich nie. Nach ein paar Minuten drängten sich wieder die Kinder zwischen uns. Sie sprangen aufgeregt um uns herum und fragten immer in die Runde, was ich denn mitgebracht hätte.

Also verteilte ich meine Geschenke an alle. Bonbons, Aufkleber, Haarspangen, T-Shirts, Kleider, Kekse, einen warmen Schal für meine Mutter, eine Wollmütze mit Bommel für Samira, einen Ball für die Jungs.

Stolz rannten die Kinder mit dem, was sie ergattert hatten, weg, um es in Ruhe anzusehen und dann aber auch gleich den Nachbarskindern zu zeigen. Inzwischen hatte sich eine Traube Schaulustiger aus dem Dorf gebildet. Alle wollten sehen, was bei uns los war, alle wollten sehen, wer da mit dem Jeep angekommen war und wie ich jetzt aussah. »Ist das die kleine Urmila, die ihr verloren glaubtet?«, fragte eine Nachbarin.

»Ja, das ist unsere Urmila, sie ist wieder zurück aus Kathmandu. Schaut sie euch an, sieht sie nicht aus wie eine schicke Dame aus der Stadt?«, entgegnete meine Mutter stolz. Es war ein wundervolles Wiedersehen. *Anandi* – ich war überglücklich, wieder zu Hause zu sein.

Als sich die erste Aufregung endlich gelegt hatte, kauerte ich mich mit meiner Mutter und meinen Schwägerinnen ans Feuer. Sie hatten im letzten Sommer eine kleine Küchenhütte neu dazugebaut. Jetzt konnten alle zusammen am Feuer sitzen und hatten ein Dach über dem Kopf. Denn in der alten Hütte hatten sich immer nur ein paar Familienmitglieder an der Feuerstelle aufwärmen können, während die anderen warten mussten. Oder aber sie hatten ein Feuer draußen im Hof angezündet, aber da hatte man wiederum kein Dach über dem Kopf.

In der neuen Hütte war es trocken und gemütlich. Amars Tochter kochte uns Tee. Sie war jetzt schon alt genug, um in der Küche mitzuhelfen. Doch keine von meinen Nichten war, so wie meine Schwägerinnen es mir bei meinem letzten Besuch versprochen hatten, als *Kamlahari* weggeschickt worden. Das erfüllte mich mit großer Zufriedenheit, dass den Kleinen dieses Schicksal erspart geblieben war.

Der warme Tee tat gut nach der langen Fahrt. Wie schön es war, am Feuer zu sitzen, hatte ich schon fast vergessen. Ich streckte die Hände über der Glut aus und spürte, wie die Wärme sich in meinen Fingern ausbreitete. Meine Schwägerinnen erzählten, was in den letzten Jahren alles passiert war. Wer im Dorf geheiratet hatte, wer gestorben war, wie viele Schweine sie jetzt hatten, wie die letzte Ernte ausgefallen war.

Sie erzählten, dass der Winter dieses Jahr früh gekommen war und dass es in der letzten Woche auch hier in der Ebene schon richtig kalt geworden war. Ich fragte sie, ob sie von dem Programm für *Kamlahari*-Mädchen gehört hatten.

»Nein, tut uns leid, davon haben wir noch nichts gehört.« Sie schüttelten die Köpfe.

Ich berichtete ihnen, was ich darüber gelesen hatte und dass ich die Organisation fragen wollte, ob ich auch zur Schule gehen könnte.

»Aber Urmila, du bist siebzehn, du bist doch viel zu alt, um zur Schule zu gehen«, sagte Bisrami, meine Lieblings-*Bauzu*, die damals so krank gewesen war, als ich vor elf Jahren fort musste.

»Du kannst heiraten und Kinder bekommen – das macht man in deinem Alter«, zog mich meine andere Schwägerin auf.

»Nein, ich werde sicher jetzt noch nicht heiraten, und ich will auch noch keine Kinder. Ich will zur Schule gehen. Das wollte ich schon immer!« Ich merkte, dass sie meinen Wunsch nicht ernst nahmen und dachten, ich machte nur Spaß. Also wechselte ich schnell das Thema.

Wir sprachen über die Kinder. Wie groß sie geworden waren, wie süß die kleine Samira war. »Warum ist sie so blond?«, wollte ich wissen.

»Wir wissen es nicht«, sagte Radha, die Mutter der Kleinen, und zuckte die Achseln.

»Wenn die Sonne scheint, dann bekommt sie gar nicht mehr die Augen auf, und im Sommer wird ihre Haut ganz rot«, lachte meine Mutter.

»Kann man denn nichts für sie tun?«, fragte ich.

»Nein, was willst du für sie tun? Dein Vater hat mit den Geistern gesprochen, und die haben gesagt, dass man nichts tun kann«, sagte meine Schwägerin erstaunt.

Ich war skeptisch und beschloss herauszufinden, was mit Samira nicht stimmte und wie ich helfen könnte.

Zunächst aber wurde meine Aufmerksamkeit von etwas anderem abgelenkt.

Die Mädchen

Ich hatte eine Gruppe Mädchen und junger Frauen entdeckt, die sich vor der Schule versammelten, die gleich neben der neuen Hütte meiner Eltern liegt. Eine nach der anderen tauchte auf, es wurden ständig mehr. Neugierig ging ich nachsehen.

»Schau mal, wer ist denn die da?«, hörte ich eine von ihnen fragen, als ich näher kam.

»Sie ist keine *Tharu*, sie ist *Pahadi*«, sagte eine andere. »Was macht sie denn hier in Manpur?«

Ich hatte immer noch die rote Jacke von Cruel Ma'am an. Ganz eindeutig hielten sie mich für ein Mädchen von einer höheren Kaste. *Pahadi* ist eine andere Kaste als *Tharu*.

Einige von den Mädchen kannte ich noch von früher, doch sie schienen mich nicht zu erkennen. Sie sahen mich misstrauisch an, als ich sie fragte, was sie hier machten.

»Wir treffen uns hier wegen *Maghi*. Aber du bist aus der Stadt, du hast hier wohl nichts zu suchen.«

»Ich bin *Tharu*, so wie ihr, und ich bin hier in Manpur geboren«, erklärte ich.

»Warum sprichst du dann Nepali und nicht *Tharu* mit uns, hm?«, wollte die eine vorwurfsvoll wissen.

»Oh, bitte entschuldigt, das ist, weil ich gerade erst aus Kathmandu zurückgekommen bin«, antwortete ich diesmal auf *Tharu*.

Doch das machte sie erst recht misstrauisch. Sie drehten mir den Rücken zu und verschwanden in einem der Klassenräume. Einige von ihnen hatten Hefte und Kugelschreiber dabei, andere trugen Kartons unter dem Arm. »Kann ich mitkommen? Was macht ihr hier?«, fragte ich weiter.

»Ja, von mir aus kannst du mit reinkommen. Aber dich interessiert das hier sowieso nicht«, willigte endlich eine der Älteren ein. »Wir bereiten uns für eine Demonstration vor. Heute ist *Maghi*, und wie du vielleicht weißt, findet heute der *Kamlahari*-Handel statt. Wir marschieren heute bis nach Gadhawa, ins Nachbardorf an der Wegkreuzung, um gegen die *Kamlahari*-Tradition zu protestieren. Wir alle waren *Kamlahari*, und wir wollen, dass das System gestoppt wird. Aber, wie gesagt, ein Mädchen aus der Stadt wie dich interessiert das bestimmt nicht«, sagte sie schnippisch.

»Und wie es mich interessiert!«, erwiderte ich. Ich war hellhörig geworden und wollte unbedingt wissen, was sie hier vorbereiteten: »Ich habe elf Jahre als *Kamlahari* gearbeitet.«

»Du?«, fragte sie ungläubig und musterte mich. »Sieh dich doch an, du kannst keine *Kamlahari* sein.«

»Doch, heute ist der erste Tag, dass ich wieder zu Hause bin. Ich bin erst heute Morgen mit dem Nachtbus aus Kathmandu gekommen. Darf ich bei eurer Demonstration mitmachen?«

Sie sahen mich immer noch skeptisch an: »Ich glaube

immer noch nicht, dass du eine *Kamlahari* bist, aber von mir aus, dann komm halt rein.«

»Doch, ich schwöre es euch. Ich komme aus Manpur, meine Familie wohnt hier gleich neben der Schule. Vor elf Jahren haben sie mich als *Kamlahari* nach Kathmandu geschickt. Lasst mich bitte mitmachen.« Weil ich weiter insistierte, ließen sie mich eintreten.

Ein paar Mädchen knieten auf dem Boden und malten Parolen auf die Kartonschilder: »Stop the *Kamlahari* system! – Beendet das *Kamlahari*-System!«, stand darauf in Nepali und Englisch und: »Girls want education, not slavery – Mädchen brauchen Bildung, nicht Sklaverei!«

»Also, darf ich auf die Demo mitkommen?«, fragte ich wieder.

»Ich weiß nicht, es ist nur für *Kamlahari*, und du siehst wirklich nicht wie eine aus«, antwortete das Mädchen.

»Aber wenn ich euch doch sage, dass ich gerade erst zurückgekommen bin. Wer ist denn eure Anführerin? Lasst mich mit ihr sprechen«, forderte ich.

»Es ist eine Sozialarbeiterin«, sagte das Mädchen zögernd. »Sie kommt gleich. Dann kannst du sie ja fragen, ob du mit uns marschieren kannst.«

Eine Sozialarbeiterin? Wie sich herausstellte, kam sie von derselben Organisation, die sich dafür einsetzte, dass *Kamlahari*-Mädchen zur Schule gingen. Ich konnte mein Glück kaum fassen. Ich hätte mir nicht träumen lassen, dass ich diese Organisation so schnell treffen würde.

»Aber das ist ja toll! Ich habe davon gehört. Ich habe einen Artikel in der Zeitung über das *Kamlahari*-Projekt gelesen«, rief ich begeistert.

Wieder sahen mich die Mädchen misstrauisch von der Seite an. Damit hatte ich nicht gerechnet, dass mich die

Leute hier in Manpur nicht mehr als eine von ihnen, sondern als Fremde ansehen würden. Aber es sollte nicht das letzte Mal sein.

Als die Sozialarbeiterin kam, fragte ich sie, ob ich mit demonstrieren dürfte. Auch sie musterte mich erst einmal kritisch, doch dann antwortete sie: »Ja, warum nicht. Je mehr wir sind, desto besser. Wir finden schon etwas für dich. Aber so kannst du nicht mitkommen.« Dabei machte sie eine Handbewegung in Richtung meines glänzend roten Anoraks. »Du hast sicher noch etwas anderes anzuziehen, oder?«

»Ja«, antwortete ich verdattert, aber es war mir egal, ich wollte unbedingt mit dabei sein. Also lief ich schnell nach Hause und zog mir ein langes, schwarzes Kleid an und wickelte mir einen Schal um die Schultern. Ich hatte von Cruel Ma'am gelernt, dass man sich für politische Anlässe möglichst schlicht kleiden sollte.

»Gut, das ist besser«, empfing mich die Sozialarbeiterin, als ich wieder erschien. »Lass mal überlegen. Du hast doch so eine schöne, laute Stimme«, dachte sie laut nach, »hier, du kannst das halten.« Sie drückte mir ein Megafon in die Hand. »Du liest immer den ersten Satz, und die anderen antworten dir. Kriegst du das hin?«

»Ja«, nickte ich. Ich konnte es nicht glauben, dass ich mich heute gleich am ersten Tag mit lauter anderen *Kamlahari*-Mädchen auf einer Demo wiederfinden würde. Noch bis gestern war ich in Kathmandu im Haus von Cruel Ma'am und hatte keine Ahnung, wie es für mich weitergehen würde. Aber ich war sehr froh, dass sich mir diese Chance so unverhofft bot, und fest entschlossen, sie zu nutzen.

Kurz darauf setzte sich unser Zug in Bewegung. Ich musste laut durch das Megafon rufen: »Daughters need education! – Töchter brauchen Bildung!«, und die anderen antworteten dann im Chor: »Not slavery, not slavery! – Nicht Sklaverei, nicht Sklaverei!« – »Töchter brauchen Bildung!«

»Nicht Sklaverei, nicht Sklaverei!«

So zogen wir los. Wir skandierten auch: »Let's end injustice and exploitation! – Lasst uns Ungerechtigkeit und Ausbeutung beenden!«, und die anderen antworteten: »Let's end it! Let's end it! – Schluss damit! Schluss damit!«

Viele der Mädchen waren noch sehr schüchtern und antworteten nur ganz leise und zaghaft. Ich konnte nicht fassen, dass sie herumkicherten und sich zierten, wo es doch um ihre Rechte ging.

»Lauter«, feuerte ich sie an. »Immerhin geht es hier um Sklaverei. Das müsst ihr richtig laut und überzeugt hinausschreien. Oder wollt ihr wieder *Kamlahari* sein? Denkt an das Unrecht, das man euch angetan hat. Denkt an die viele Arbeit, die Schläge und die Demütigungen«, heizte ich ihnen ein.

»Das machst du gut«, lobte mich die Sozialarbeiterin, »weiter so!« Ich freute mich sehr über das Lob.

Skandierend, trommelnd und singend zogen wir die vier Kilometer von Manpur bis nach Gadhawa, dem Ort an der nächsten Kreuzung Richtung Lamahi. Überall blieben die Leute stehen, wenn sie uns kommen sahen. Dass junge Frauen sich lauthals für ihre Rechte einsetzten, das waren sie nicht gewohnt. Viele Menschen schauten erst einmal finster, wenn wir an ihnen vorbeizogen. Das *Kamlahari*-System gibt es bei den *Tharu* schon so lange, es ist eine Tradition. Viele ältere Leute verstehen bis heute nicht, was daran schlecht sein soll.

Aber einige Frauen, vor allem Mütter mit kleinen Kindern auf dem Arm oder an der Hand, sahen interessiert zu uns herüber und nickten zustimmend. Keine Mutter auf dieser Welt gibt ihr Kind gerne weg, nur haben sie bei uns bis heute oft nicht die Wahl gehabt.

Auf jeden Fall war es ein gutes Gefühl, zu wissen, dass auch andere das Unrecht erkannten. Dass wir Mädchen nicht damit allein waren und es laut hinausrufen konnten.

An der Wegkreuzung gab es eine Kundgebung. Die Sozialarbeiterin hielt eine mitreißende Rede für die Rechte der Mädchen und gegen die Ausbeutung als *Kamlahari*. Es waren sogar ein paar Lokaljournalisten mit Mikrofonen da, die aufnahmen, was sie sagte. Sie rief in die Menge, dass jedes Kind, jeder Mensch ein Recht auf Bildung habe. Auch die Mädchen. Sie sollten zur Schule gehen können und nicht arbeiten müssen, damit sie später ihren Kindern ein besseres Leben ermöglichen könnten. Wie sehr sie mir doch aus dem Herzen sprach! Wie sehr ich doch hoffte, dass sich auch für mich dieser Traum erfüllen würde …

Nach der Kundgebung zogen wir wieder zurück nach Manpur. Dort verabschiedete ich mich hastig von den anderen Mädchen und beeilte mich, nach Hause zu kommen, denn natürlich hatte ich nicht vorgehabt, gleich am ersten Tag wieder zu verschwinden. Ich war müde und aufgekratzt zugleich.

»Wo warst du die ganze Zeit?«, fragten meine Schwägerinnen. »Auf einer Demonstration«, platzte es aus mir heraus.

»Einer Demonstration? Hier in Manpur?«, fragten sie ungläubig.

»Ja, ein Marsch von *Kamlahari*-Mädchen, heute an

Maghi, weil wir die Leute auf die Rechte der Mädchen aufmerksam machen wollen.«

»Ah, ja?«, meine Mutter schaute verständnislos. Deshalb versuchte ich nicht, es ihr gleich am ersten Abend zu erklären.

Die Sozialarbeiterin hatte mir empfohlen: »Komm einfach mal bei uns in Lamahi vorbei. Dort ist unser Büro. Wir können dir helfen.« Genau das würde ich tun und meinen Schwägerinnen, Amar und allen beweisen, dass ich es ernst meinte.

Schon am nächsten Tag machte ich mich auf den Weg zum Büro der Organisation. Dort traf ich drei Mitarbeiter an, eine Frau und zwei Männer, die mir erklärten, dass sie extra zu *Maghi* als Beobachter aus Kathmandu gekommen waren, um während der Feiertage an den großen Kreuzungen mögliche neue *Kamlahari* abzufangen und um in den Dörfern ihre Präsenz zu zeigen.

»Urmila, du musst nicht mehr als *Kamlahari* arbeiten, wir werden eine Lösung für dich finden«, ermutigte mich die Frau.

»Aber mein Vater ist wieder krank. Woher soll das Geld für die Medizin kommen? Mein Bruder drängt mich, wieder nach Kathmandu zurückzukehren. Wenn ich bleibe, werden Sie auch meinem Vater helfen?«, fragte ich. So ganz traute ich ihnen nicht. Ich war schon so oft enttäuscht worden.

»Ja, du wirst von uns hören. Du musst nicht wieder *Kamlahari* sein. Du kannst ab nächster Woche schon die Brückenklasse besuchen«, versprachen sie mir.

Den ganzen Rückweg kreisten die Gedanken in meinem Kopf. Würden sie sich wieder melden? Würden sie ihr Versprechen halten? Was, wenn ich nie mehr von ihnen hörte?

Doch lange musste ich nicht warten. Kurz darauf lernte ich weitere Mitarbeiter der Hilfsorganisationen kennen. Sie hatten in der Lokalpresse Fotos von der Demo gesehen, auf denen ich mit Megafon abgebildet war. Ich hatte vor lauter Eifer gar nicht mitbekommen, dass ein Fotograf Bilder von mir geschossen hatte. So sind sie auf mich aufmerksam geworden.

EIN NEUES LEBEN

*»Wenn ich einen Tiger sehe, während ich gehe,
möchte ich zum Vogel werden und fliegen. Wenn
ich einen Adler sehe, während ich fliege, möchte
ich zum Menschen werden und gehen.«*

LIED VON MAITI NEPAL

Hanso – Lächeln

In den nächsten Wochen erfuhr ich, wie schön das Leben sein kann. Dass es nicht nur aus Schufterei und Demütigungen besteht. Ich war glücklich, meine Familie wieder zu haben, in meinem Dorf zu sein. Ich half im Haushalt mit, spielte mit meinen kleinen Neffen und Nichten, kuschelte mit Samira, meinem kleinen Augenstern.

An den Alltag in Manpur hatte ich mich schnell wieder gewöhnt. Obwohl es hier ganz anders war als in Kathmandu. Dass es an der Wasserpumpe zum Waschen nur kaltes Wasser gab, dass man fünfzig Meter bis zum Klohäuschen hinter der Schule laufen musste, auch in der Dunkelheit oder wenn es regnete, dass es fast immer nur *Dal Bhat* gab, dass die Schweine sich im Matsch vor dem Haus suhlten und ich mit den großen Kindern auf einer Matte schlafen musste – all das störte mich nicht.

Oft wachte ich mit einem Lächeln auf. Einen kurzen Moment hielt ich dann inne, besann mich, wo ich war. Nicht mehr in Kathmandu, im Haus von Cruel Ma'am, sondern in Manpur, eingekuschelt zwischen meinen Neffen und Nichten. Nicht mehr *Kamlahari*, sondern frei. Draußen krähten die Hähne um die Wette, der Tag brach an, und ich dankte allen Göttern, dass sie mir dieses neue Leben geschenkt hatten.

Wie ein Geschenk war die Begegnung mit Man Bahadur Chhetri, einem Mitarbeiter einer nepalesischen Hilfsorganisation. Er nahm sich meiner an wie ein Vater und wurde ein wichtiger Freund für mich. Schon lange setzte er sich ein für Bedürfnisse von Kindern. Deshalb wurde er schon mehrfach von aufgebrachten *Landlords* bedroht und einmal sogar gekidnappt.

Man Bahadur kam als Beobachter nach Gadhawa in die Schule, wo ich an ein paar Nachmittagen an einer sogenanten Brückenklasse für *Kamlahari* teilnahm, zu der mich die Sozialarbeiterin eingeladen hatte. Dort wurde uns erklärt, welche Möglichkeiten wir nun hätten. Die Lehrerin testete, was wir schon wussten.

Und wir lernten dort die allerwichtigsten Dinge: einfache Rechenaufgaben wie »2+5« und »7–3« und kurze Sätze schreiben, wie: »Mein Name ist Urmila. Ich bin siebzehn Jahre alt. Ich wohne in Manpur.« Aber es war immerhin ein Anfang. Mit mir saßen dreizehn andere Mädchen zwischen zwölf und neunzehn Jahren im Klassenzimmer. Die meisten von ihnen sind wie ich nie zur Schule gegangen.

Man Bahadur kam mit ein paar Leuten in die Klasse, um zu sehen, wie sich das Projekt entwickelte. Wir begrüßten die Gäste höflich. Reihum sollten wir uns vorstellen. Eine nach der anderen mussten wir aufstehen, unseren Namen nennen und erzählen, woher wir kamen. Viele Mädchen waren sehr schüchtern und trauten sich kaum, ein Wort zu sagen. Sie kicherten, versteckten sich hinter den anderen und sprachen mit ganz leiser Stimme, so dass man sie kaum verstand.

Auch ich war aufgeregt, doch ich bemühte mich, mit klarer Stimme und auf Nepali zu sprechen: »*Namaskar*, Sir, ich heiße Urmila Chaudhary, ich bin siebzehn Jahre alt und komme aus Manpur. Ich habe elf Jahre lang in Kathmandu gearbeitet, und ich bin sehr glücklich, dass ich heute hier etwas lernen darf.« Man Bahadur und die anderen hörten mir interessiert zu. Ich merkte, dass sie überrascht waren. Sie wechselten ein paar Worte, die ich nicht verstand. Auch die Mädchen tuschelten hinter meinem Rücken.

Als die Stunde um war, rief Man Bahadur mich noch einmal zu sich. »Urmila, du scheinst ein aufgeschlossenes und selbstbewusstes Mädchen zu sein. Du bist anders als die anderen. Du sprichst fließend Nepali, kannst dich gut ausdrücken, du traust dich, vor anderen zu sprechen. Das hat mich beeindruckt. Ich habe dich auch schon auf einem Foto gesehen. Du warst auf der Demonstration an *Maghi* hier in Gadhawa dabei, oder?«

»Ja, das stimmt, Sir, ich bin mitgegangen. Es war der erste Tag, an dem ich wieder aus Kathmandu nach Hause zurückgekehrt war«, antwortete ich ihm.

»Ich habe einen Artikel darüber in der Zeitung gesehen. Auf dem Foto hältst du das Megafon. Was möchtest du denn jetzt machen, wo du nun frei und wieder bei deiner Familie bist?«, wollte Man Bahadur wissen.

»Ich möchte zur Schule gehen, Sir. Ich möchte lernen, lernen und noch mal lernen«, schoss die Antwort aus mir heraus.

»Ach ja? Bist du nicht schon etwas zu alt, um in die Schule zu gehen?«, gab er zu bedenken.

»Ich bin siebzehn, Sir, aber ich werde meine ganze Energie dafür verwenden, auch in meinem Alter noch etwas zu lernen.«

Anscheinend gefiel Man Bahadur, was ich sagte. Und dass ich es mit Überzeugung äußerte. »Na gut, Urmila, wenn du es wirklich willst, dann werden wir dir helfen. Komm doch morgen Nachmittag um zwei Uhr in das Büro nach Lamahi. Schaffst du es bis dahin?«, fragte er.

»Oh, ja, Sir, vielen Dank! Ich werde kommen. Ich werde auf jeden Fall da sein. Vielen Dank, Sie wissen nicht, wie sehr ich mir wünsche, endlich zur Schule gehen zu dürfen!« Ich war überglücklich. Ich hätte vor Freude Purzelbäume schlagen können.

»*Huncha*, in Ordnung, dann sehen wir uns morgen in Lamahi!«, sagte Man Bahadur. Er und die anderen Sozialarbeiter verabschiedeten sich und gingen zum Jeep zurück, der am Rand des Weges auf sie wartete. Ich winkte ihnen nach und machte mich beschwingt und hoffnungsvoll auf den Nachhauseweg.

Mit dem Fahrrad meines Bruders strampelte ich am nächsten Tag über die sandigen Wege und die Brücke nach Lamahi.

Vollkommen mit Staub bedeckt, verschwitzt und mit klopfendem Herzen stellte ich das Fahrrad vor dem Haus ab, in dem sich das Büro befand. Ich stieg die Treppe in den ersten Stock hinauf und klopfte an die Tür. Im Flur hingen unzählige Zeitungsartikel zum *Kamlahari*-Programm und anderen Hilfsprojekten, außerdem Fotos von Demonstrationen, Straßentheatervorführungen und Aktionen der ehemaligen *Kamlahari*.

Bei diesem ersten Besuch hatten sich die Sozialarbeiter extra Zeit genommen, um mich kennenzulernen. Ich fühlte mich sehr geehrt. Sie luden mich ein, mich hinzusetzen, und wir knieten uns auf den Teppich im kleinen Besprechungszimmer. Die Wände in diesem Raum waren grün gestrichen, und auch hier hingen Zeitungsartikel und Plakate zum Thema Aids, Frauenhandel, Schulpflicht und *Kamlahari*-Handel.

Ein junges Mädchen in einer hellblauen *Kurta* brachte uns Tee. Die Gläser waren noch heiß und dampften. »Also, Urmila, dann erzähl uns mal etwas von dir«, forderten sie mich auf. Ich erzählte meine Geschichte, und sie hörten mir aufmerksam zu. Danach fragten sie mich, was ich nun gern machen würde.

Ich sagte ihnen: »Ich will zur Schule gehen.«

Doch sie waren der Auffassung, dass ich zu alt sei, um mich in der Schule einzuschreiben. »Urmila, du bist siebzehn, überlege es dir gut. Willst du es nicht lieber mit einer Berufsausbildung versuchen? Wir haben viele Angebote. Wie wäre es mit einer Schneiderlehre, einem Kochkurs oder einem Bambus-Atelier?«

»Nein, nein, bitte, lassen Sie mich zur Schule gehen. Ich wollte das schon immer. Seit elf Jahren warte ich darauf, dass ich endlich lernen darf. Ich will richtig schreiben und rechnen können. Ich werde sehr hart arbeiten, das verspreche ich!«

Sie wechselten ein paar ratlose Blicke und sahen mich nachdenklich an. Schließlich ergriff Man Bahadur das Wort: »Na gut, wenn du es wirklich so sehr willst, dann verspreche ich dir, dass wir schauen werden, was wir für dich tun können. Wenn du zur Schule gehen willst, dann sollst du zur Schule gehen.«

Ich war ihm unendlich dankbar für seine Worte. Würde sich mein Traum doch noch erfüllen? Dieses Mal spürte ich, dass es nicht nur eine leere Versprechung war. »Sie werden sehen, ich werde viel lernen. Wenn Sie mir es erlauben, dann möchte ich später mal auf die höhere Schule gehen und studieren. Ich würde gern Journalistin werden oder Anwältin.«

Sie lachten. »Na, mal langsam. Es ist ja toll, Urmila, dass du so begeistert und motiviert bist, aber erst einmal wirst du jetzt mit den kleinen Kindern in die Grundschule gehen. Dessen bist du dir bewusst, oder? Bist du dazu bereit?«

»Ja, Sir, ich bin dazu bereit. Nichts wird mich mehr davon abhalten, wenn ich nur endlich lernen darf.«

Sie lachten wieder und sagten, dass ich von ihnen hören würde. »Dann sind wir gespannt, was du uns erzählst, wenn wir dich das nächste Mal sehen«, sagten sie.

»Ich werde Sie nicht enttäuschen«, versprach ich.

Voller Hoffnung verließ ich an diesem Tag das Büro und radelte wieder zurück nach Manpur. Die Sonne ging gerade über der Ebene unter und tauchte die Felder und Wiesen in goldenes Licht. Die Berge am Horizont glühten rot. Ein Schwarm weißer Vögel ließ sich auf der Wiese nieder. Ihr weißes Gefieder leuchtete hellrosa. Es war ein wunderschöner Anblick!

Eine Gruppe von Frauen mit großen Bündeln auf dem Kopf kam mir entgegen. Sie lachten und scherzten, trotz ihrer schweren Lasten. Ihre weißen Zähne blitzten aus ihren braunen Gesichtern hervor. Ich grüßte sie freundlich im Vorbeiradeln, sie winkten zurück. In den Dörfern spielten Kinder zwischen den Hütten. Auf einem staubigen Feld am Fluss jagte eine Horde Jungs einem aus Lumpen und Plastiktüten selbstgebastelten Ball nach. In einem großen Baum mit ausladenden Ästen turnte eine Affenfamilie. Als ich anhielt, um sie zu beobachten, kamen zwei kleine halbstarke Äffchen neugierig näher, um zu sehen, ob ich nicht etwas zu essen dabei hatte. Ich warf ihnen einen Apfel zu, den ich noch in der Tasche hatte. Sie balgten sich im Sand um den Apfel, dann floh der eine damit zurück auf den Baum, der andere ließ es sich nicht gefallen und sauste hinterher. Es war niedlich anzusehen. Selbst der Rapti-River sah heute friedlich und blau aus.

Voller Schwung radelte ich über die Brücke und sang lauthals den ganzen Weg bis nach Manpur. Ich fühlte mich leicht und unbeschwert. Meine Seele schien zu fliegen, und meine Augen freuten sich über die Schönheit der Ebene.

Als ich zu Hause ankam, war es fast dunkel, die Sterne leuchteten schon am nachtblauen Himmel. Amar erwartete mich draußen vor dem Haus: »Deine *Maharani* sucht nach dir. Sie will, dass du wieder zu ihr nach Kathmandu kommst. Sie sagt, du hast es ihr versprochen, und sie will dich diesmal auch richtig bezahlen.« Amar war aufgeregt.

Ein Verwandter von Cruel Ma'am aus Ghorahi hatte mehrmals im Dorf angerufen, um nach mir zu fragen. Scheinbar gab sie sich noch nicht geschlagen. Sie wollte einfach nicht akzeptieren, dass ich nicht wiederkommen würde.

»Vielleicht ist es das Beste, Urmila, wenn du wieder zurück zu ihr gehst. Du kannst Geld verdienen, es ist eine gute Stellung bei ihr. Sie ist eine sehr bekannte Frau, nicht dass sie ihren Einfluss gegen uns geltend macht.« Amar versuchte, mir ins Gewissen zu reden.

Aber ich wollte nichts davon hören. »Amar, ich werde nicht mehr zu ihr zurückgehen. Und wovor hast du denn so große Angst? Sie wird schon nicht herkommen, um mich zu holen. Was soll sie uns denn schon tun? Ich war gerade in Lamahi. Du weißt doch, bei dieser Organisation, die den *Kamlahari*-Mädchen hilft. Die Leute waren sehr nett zu mir. Sie haben versprochen, mir zu helfen. Bald werde ich zur Schule gehen!«

»Zur Schule?! Urmila, du träumst doch. Du wirst dieses Jahr achtzehn, du bist viel zu alt, um wie die kleinen Kinder noch mal in die Schule zu gehen. Jetzt wach endlich auf!« Amar schüttelte ärgerlich den Kopf. »Ich kann verstehen, dass du nicht mehr nach Kathmandu gehen willst, aber ich denke immer noch, dass es die beste Möglichkeit für dich wäre. Diese Frau will dich unbedingt, und sie würde diesmal auch bestimmt richtig dafür zahlen. Du könntest mit ihr einen guten Lohn ausmachen. Überlege es dir noch mal!«

»Nein, Amar, noch einmal wirst du mich nicht wieder wegschicken. Ich werde zur Schule gehen, ich werde es dir beweisen!« Für mich stand fest, dass es kein Zurück mehr gab. Meine neu gewonnene Freiheit würde ich um keinen Preis wieder aufgeben.

In den nächsten Wochen kamen weitere Anrufe von Cruel Ma'ams Familie aus Ghorahi und sogar von Cruel Ma'am selbst aus Kathmandu. Sie versuchten, mich zu überreden, mir zu drohen und mich mit Geld zu ködern. Ein ganzes Jahr lang setzten sie mich unter Druck, und die Anrufe rissen einfach nicht ab.

Eines Tages meldete sich Cruel Ma'am wieder auf dem Handy eines Nachbarn, einem entfernten Verwandten der Familie aus Ghorahi. Amar war gerade nicht da. Einen Moment lang überlegte ich, was ich tun sollte. Dann nahm ich meinen ganzen Mut zusammen und nahm mit Herzklopfen das Telefon, das der Nachbar mir hinhielt. Als ich Cruel Ma'ams Stimme hörte, erschrak ich. Obwohl ich darauf vorbereitet war, hätte ich nicht gedacht, dass sie noch so eine einschüchternde Wirkung auf mich haben würde. Sofort fühlte ich mich wieder klein und schutzlos. Mein Magen zog sich vor Angst zusammen.

Doch Cruel Ma'am versuchte es auf die nette Tour: »Ach, Urmila, endlich habe ich dich mal selbst am Telefon. Ich freue mich ja so, deine Stimme zu hören. Warum hast du dich nie gemeldet? Warum hast du mich so lange warten lassen? Wie geht es dir?«, säuselte sie.

»Mir geht es gut, *Maharani*«, erwiderte ich nur kurz, noch wie gelähmt.

Doch sie fuhr völlig unbeirrt fort: »Deine Brüder aus Amerika kommen zu Besuch. Sie haben nach dir gefragt und würden dich so gern wiedersehen. Vermisst du sie denn gar nicht? Komm doch nach Kathmandu. Nur zu Besuch. Ich schicke jemanden, der dich abholt.«

Ich konnte es nicht fassen, dass sie Pradip und Prakash auf einmal »meine Brüder« nannte. Wo sie es mir doch noch in Kathmandu förmlich verboten hatte, sie so freundschaftlich anzusprechen. Was für eine falsche Schlange sie doch war! Ich erzählte ihr, dass ich ihre Söhne sehr gern wiedersehen würde, dass ich aber bald zur Schule gehen würde und deshalb in Dang bleiben wollte. »Auf diese Chance habe ich mein Leben lang gewartet«, schob ich noch hinterher. »Jetzt endlich wird mein Wunsch bald wahr.« Ich spürte neuen Mut in mir aufsteigen. Ich war hier bei meiner Familie im Terai, und sie war weit weg in ihrem schicken, neuen Apartment in Kathmandu. Sie konnte mir nichts anhaben.

Das merkte sie auch und versprach überschwenglich, dass sie mich in eine der besten Schulen in Kathmandu schicken würde. Dass ich endlich meinen Führerschein machen könnte. Dass sie ihn mir bezahlen würde und noch viel mehr. Anscheinend lag ihr wirklich viel daran, dass ich zur ihr zurückkehrte, so wie sie sich anstrengte. Doch dann? Wer wusste, ob sie diesmal ihr Wort halten würde? Oder ob sie mich wieder austricksen würde, sobald ich in ihrem Haus und in ihrer Macht wäre?

Also blieb ich stark. Es kostete mich meine ganze Kraft. Aber ich fiel nicht wieder auf ihre falschen Versprechungen und Lügen herein. Ich nahm meinen ganzen Mut zusammen, atmete tief durch und sagte: »Nein, *Maharani*, danke für Ihr Angebot, aber ich bleibe hier, und ich werde hier in Manpur zur Schule gehen. Auf Wiedersehen, *Maharani*! Grüßen Sie Pradip und Prakash, Ihre Söhne, und Susie, Ihre Tochter!« Ich legte auf, meine Hände zitterten, aber ich war stolz auf mich.

Der Fluch von Cruel Ma'am war gebrochen. Ich war ein für alle Mal fertig mit ihr. Zumindest fast, denn ich werde es nicht einfach hinnehmen, dass sie mir bis heute noch keine Rupie für die Jahre gezahlt hat, die ich für sie gearbeitet habe.

Lernen

Einen Monat nach meiner Rückkehr war es endlich so weit: Ich, Urmila Chaudhary, siebzehn Jahre alt, durfte in eine reguläre Schule gehen. Wie sehr hatte ich diesen Moment herbeigesehnt. Und wie oft hatte ich schon gedacht, ich müsste meinen größten Wunsch für immer aufgeben?

Heute war ich es selbst, die sich in neuer Schuluniform auf den Weg in den Nachbarort machte: in einem blauen Faltenrock und einer hellblauen Bluse. Tage zuvor hatte ich sie mir schon neben meiner Schlafmatte aufgehängt und ungeduldig auf den großen Augenblick gewartet, wenn ich sie endlich würde anziehen dürfen.

Und dann war der Morgen da: Mit zwei Heften, einem Bleistift, einem Mathe- und einem Nepali-Buch unter dem Arm marschierte ich los. Meine Familie und ich hätten uns all diese Sachen natürlich nicht leisten können, also hatte ich das alles von der Hilfsorganisation bekommen. Zu der Uniform, den Heften und Büchern gab es auch noch ein Paar neue Gummi-Flipflops. So schloss sich am Ende der Kreis: Mit einem Paar Kinderlatschen hatte mein Leben als *Kamlahari* damals am *Maghi*-Tag begonnen, und mit einem Paar Schuhe endete es nun, und ein neues Kapitel begann.

Zunächst besuchte ich eine Förderklasse. Dort werden die Kinder, die bisher gar nicht oder nur wenig zur Schule gegangen sind, auf den Unterricht vorbereitet. Ich war bei weitem die Größte unter lauter kleinen Kindern. Wenn sie mich kommen sahen, hänselten sie mich: »Sie ist keine *Tharu*, sie ist eine *Pahadi*, wir wollen nicht mit ihr spielen. Schaut, wie groß sie ist, und sie geht erst in die Grundschule. Sie muss wirklich sehr dumm sein.«

Ihre Sticheleien trafen mich. Es kränkte mich, dass sie mich nicht für eine *Tharu* hielten. Dennoch ertrug ich ihren Spott mit Fassung. Es waren nur Kinder, und sie waren viel jünger als ich. Ihre Nasen liefen ständig, sie waren immer dreckig und benahmen sich schlecht, ihre Kleider hatten Flecken und waren zerrissen. Ich kam aus Kathmandu und musste mich erst wieder an eine solche Umgebung und solche Umgangsformen gewöhnen. Jeden Morgen brachte ich mir von zu Hause heimlich eine rundes Strohkissen mit, das ich unter meiner Jacke versteckte. So musste ich nicht auf dem nackten, kalten und schmutzigen Boden im Klassenzimmer Platz nehmen.

Es war schon ein sehr seltsames Gefühl, zwischen all den Kindern zu sitzen, die viel jünger waren als ich. Ich bemühte mich, mich nicht zu sehr ablenken zu lassen und mich aufs Lernen zu konzentrieren.

Doch nach drei Tagen bauten sich die Kinder vor dem Klassenzimmer auf und beschimpften mich: »Du bist keine *Tharu*, hau ab, du bist eine *Pahadi*, du bist nicht wie wir!« Sie versperrten mir den Weg, spuckten mich an und wollten mich nicht ins Klassenzimmer lassen.

»Warum seid ihr so böse und eklig zu mir? Ich bin *Tharu* so wie ihr. Mein Vater ist der Heiler aus Manpur.« Verzweifelt versuchte ich, an ihnen vorbeizukommen. Da bog die Lehrerin um die Ecke. »Bitte, Frau Lehrerin, sagen Sie ihnen, dass ich eine *Tharu* bin und dass sie mich in die Klasse lassen sollen.«

»Los, Kinder, hört auf. Alle in die Klasse. Lasst Urmila rein. Schluss jetzt.«

Sie ließen von mir ab. Doch an diesem Tag lief ich weinend nach Hause. Ich war zutiefst traurig. Endlich durfte ich zur Schule gehen, und nun gönnten es mir die Kinder aus meiner eigenen Volksgruppe nicht und machten mir das Leben schwer.

Eine Woche lang ging ich nicht mehr zur Schule. Ich war enttäuscht und verletzt. Vielleicht hatten sie doch alle recht. Vielleicht war ich zu alt, um zu lernen. Wahrscheinlich musste ich das einsehen.

Amar trug seinen Teil dazu bei, mich noch weiter zu

verunsichern: »Siehst du, du bist zu alt für die Schule. Das habe ich dir doch gesagt. Du solltest doch nach Kathmandu zu deiner *Maharani* zurückgehen! Da hättest du eine gute Stelle und ein sicheres Einkommen.«

Als ich aber sofort abwinkte, meinte er: »Dann versuch es doch wenigstens mit einem Training oder einer Ausbildung. Eine Schneiderlehre wäre doch toll. Du könntest bald eigenes Geld verdienen und die Familie unterstützen.«

Zum Glück hielt meine Mutter diesmal zu mir, sonst hätte ich mich vielleicht wirklich irgendwann umstimmen lassen. »Lass sie in Ruhe, Amar. Sie hat die Möglichkeit, zur Schule zu gehen. Also soll sie zur Schule gehen«, verteidigte mich meine Mutter.

Am siebten Tag, den ich fehlte, kam mich die Lehrerin zu Hause besuchen: »Urmila, wo warst du die letzte Woche?«, wollte sie wissen.

»Ich komme nicht mehr zur Schule, die Kinder sind alle so gemein zu mir. Ich bin wohl doch zu alt«, entschuldigte ich mich.

»Aber was, du wirst dich doch nicht gleich von so ein paar Rotznasen entmutigen lassen. Du bist doppelt so alt wie sie. Wenn du wirklich lernen willst, dann musst du auch mal die Zähne zusammenbeißen und durchhalten, auch wenn der Anfang nicht einfach ist. Sie werden sich an dich gewöhnen. Also versprich mir, dass du morgen wiederkommst. Ich bin jetzt extra zu dir gekommen, um mit dir zu reden. Da erwarte ich, dass du dich auch anstrengst.«

»Na gut«, gab ich nach. Ich schämte mich, dass ich die Schule geschwänzt hatte. Denn natürlich wollte ich nicht auf mir sitzen lassen, dass ich bei der ersten Schwierigkeit aufgab. »Ich werde wiederkommen. Aber

Sie müssen mir helfen und den Kindern sagen, dass ich eine *Tharu* bin, so wie sie.«

»Das mache ich«, verprach sie. »Wir sehen uns morgen in der Klasse, in Ordnung?«

»Ja, in Ordnung.« Ich nickte. Ich würde wieder hingehen, und ich würde mich nicht mehr vor ein paar Kindern fürchten.

Die Lehrerin wandte sich zum Gehen. Ihr langer geflochtener Zopf wippte auf ihrem Rücken hin und her. Nach ein paar Metern drehte sie sich noch einmal um und winkte mir: »Bis morgen!«

»Ja, bis morgen!«, versprach ich ihr.

Am nächsten Morgen ging ich wieder zur Schule, wild entschlossen, mich nicht von den kleinen Rotznasen unterkriegen zu lassen. Erhobenen Hauptes lief ich an den Kindern vorbei. Ihre Hänseleien und Beleidigungen versuchte ich nicht zu hören. Innerlich wiederholte ich wie ein Mantra: »Ich will zur Schule gehen, ich will lernen. Ich will zur Schule gehen, ich will lernen.«

Dennoch gab es noch einige Tage, an denen ich weinend und traurig aus der Schule kam. Doch ich hielt durch. Und dann kam Chandra, und alles wurde gut.

Chandra war meine Rettung. Sie war eine *Kamlahari*, so wie ich, und auch schon sechzehn Jahre alt. Acht Jahre hat sie bei einem *Landlord* in der Nähe unseres Dorfes gearbeitet. Wir sahen uns, mochten uns auf Anhieb und waren vom ersten Tag an unzertrennlich. Endlich hatte ich einen Menschen, mit dem ich mich austauschen konnte. Eine Freundin, die etwa im selben Alter war wie ich und die Ähnliches erlebt hatte. Für mich war es ein Segen, ein Traum, der sich erfüllte.

Chandra kann ich alles anvertrauen. Sie hört zu, wenn ich von meiner Zeit in Kathmandu erzähle, und teilt diese Erfahrungen mit mir. Bis heute sind wir die besten Freundinnen, obwohl wir uns nicht mehr so oft sehen, weil wir heute unterschiedliche Schulen besuchen. Aber wenn wir uns treffen, freuen wir uns beide wie Kinder. Wir reden und reden und reden. Ich wüsste nicht, was ich ohne Chandra machen sollte!

Ab dem Tag, als Chandra in die Klasse kam, haben wir viele Stunden zusammen gelernt. Addition, Subtraktion, Multiplikation – so vieles war neu für uns. Die einfachsten Aufgaben bereiteten mir Kopfzerbrechen. Auch mit der Rechtschreibung hatte ich große Probleme. Denn ich hatte nie richtig gelernt, korrekt zu schreiben. In meinem Tagebuch kritzelte ich einfach drauf los, so wie die Wörter sich aussprachen, so schrieb ich sie auch.

Mein jüngerer Bruder Guru half mir oft bei den Schulaufgaben, und ab und zu auch Amar, als er sah, dass ich es ernst meinte und mich nicht davon abbringen ließ. Nur lesen konnte ich gut. Das Zeitunglesen bei Sita und Cruel Ma'am war ein gutes Training gewesen.

Am besten war ich in Englisch. Das konnte ich viel besser als alle anderen in der Klasse. Sie konnten kaum zwei Worte aussprechen. Wenn ich die englischen Texte las, fragten mich die Kinder immer wieder, ob ich eine Ausländerin sei: »Warum kannst du so gut Englisch? Aus welchem Land kommst du?«, löcherten sie mich.

Wenigstens waren die Jahre in Kathmandu doch nicht ganz verlorene Zeit gewesen. Bei Sita und bei Cruel Ma'am habe ich oft CNN- oder BBC-Nachrichten im Fernsehen gesehen oder englische Radiosender gehört. Außerdem waren unter Cruel Ma'ams zahlreichen Gästen, die ich bewirten musste, regelmäßig auch ausländische Gäste gewesen, aus Singapur, Indien oder Amerika, mit denen sie Englisch sprach. Manches davon habe ich mir gemerkt, und ein paar einfache Sätze und Wörter über die Jahre aufgeschnappt.

Nicht zu vergessen die Söhne von Cruel Ma'am: Sie bemühten sich jedes Mal, wenn sie zu Besuch kamen, mir ein paar neue Vokabeln und Sätze beizubringen. Ich freute mich, dass ich wenigstens in einer Sache gut war und den anderen etwas voraus hatte.

Nach vier Monaten in der Förderklasse schafften es nur fünf von uns, in die fünfte Klasse aufgenommen zu werden. Ich erzielte das zweitbeste Ergebnis von ihnen.

Die fünfte Klasse schloss ich in Gadhawa als Beste der Klasse und Zweitbeste des Jahrgangs ab. Zwei Monate lang besuchte ich die sechste Klasse und wechselte dann gleich in die siebte.

Lernen ist bis heute meine oberste Priorität. Ich weiß, dass ich, wenn ich mir einen guten Job wünsche und in diesem Land etwas verändern will, diese Chance nutzen muss.

Kämpfen

Ab dem Zeitpunkt, als Man Bahadur und die anderen sahen, dass ich es wirklich ernst mit der Schule meinte und fleißig war, haben sie mich voll und ganz unterstützt.

Eines Tages fragten sie mich sogar, ob ich nicht Lust hätte, neben der Schule bei einer Theatergruppe mitzumachen. »Du hast so viel Energie, das solltest du nutzen. Du wärst bestimmt eine sehr gute Schauspielerin«, sagten sie.

»Warum nicht?«, überlegte ich. »Ich habe noch nie Theater gespielt, aber ich probiere es gern mal aus.«

Also luden sie mich zu einem Theater-Workshop ein, der in einem Raum im Dachgeschoss eines Hotels in Lamahi stattfand. Wir waren acht Mädchen und vier Jungs. Erst waren wir alle noch ein bisschen schüchtern. Auch ich traute mich nicht gleich.

Wenn der Leiter uns Aufgaben gab, schämten wir uns, sie vor den anderen spielen zu müssen. Zum Beispiel sollten wir Gefühle darstellen: traurig, fröhlich, wütend, ängstlich. Oder uns eine Figur ausdenken, eine alte Frau, einen Bauern, eine reiche Dame. Doch nach und nach wurden wir mutiger. Als ich sah, dass die anderen es wagten, vor der Gruppe zu spielen, traute ich mich auch. Und fühlte mich richtig gut dabei.

Schon am zweiten Tag fing es an, mir mehr und mehr Spaß zu machen, in verschiedene Rollen zu schlüpfen und meinen Gefühlen freien Lauf zu lassen. Meine Erinnerungen an Cruel Ma'am waren mir dabei eine große Hilfe. Wenn ich ihre arrogante, hochnäsige Art nachmachte, wie sie sich bewegt hatte, immer die Sonnenbrille in den Haaren, und wie sie mit mir geredet hatte, immer von oben herab, dann klatschten die anderen Kursteilnehmer laut Beifall.

Ich konnte mich so richtig ausleben und endlich all meine Empfindungen rauslassen. Meine Wut, meinen Ärger, die erlittenen Demütigungen. Ich schrie und weinte, tobte und jammerte, bettelte und schimpfte, raufte mir die Haare, stolzierte wie meine *Maharani* oder ging wie eine gebrechliche Greisin. Das Theaterspielen war ein wunderbares Ventil, merkte ich. Ich musste mich nicht immer beherrschen und alles zurückhalten, sondern im Gegenteil: Ich konnte ruhig übertreiben. Herrlich!

Das erste Stück handelte natürlich von einer *Kamlahari*. Die Handlung überlegten wir uns zusammen und schrieben es dann auf: Wie der Händler an *Maghi* kommt, um auf dem Land ein Mädchen zu holen. Die typische Szene, wie er zu den Eltern geht, sie einlullt. Er verspricht ihnen, dass ihre Tochter in der großen Stadt etwas lernen wird. Dass sie zur Schule gehen, schöne Kleider bekommen und immer genug zu essen haben wird. Er bringt ihnen Geschenke und Alkohol mit und bietet ihnen Geld für die Tochter.

Die Eltern sind hin- und hergerissen, schließlich willigt der Vater ein. Die Mutter weint, doch die Tochter hat keine Wahl und muss mitgehen. Bei der *Maharani* dann wird sie geschlagen und ausgebeutet. Sie muss von morgens bis abends arbeiten, bekommt nichts zu essen, schläft auf dem nackten Küchenboden. Auch das machte Spaß, sich die Geschichte, die Figuren, die Dialoge auszudenken.

Die Rollen sollten wir zunächst reihum wechseln. Ich habe fast alle gespielt: die verzweifelte Mutter, den betrunkenen Vater, die verängstigte Tocher. Ich fand es toll, mich zu verkleiden, meine Stimme zu verstellen und mich jedes Mal anders zu bewegen. Die anderen sagten, dass ich es sehr gut machte und dass ich sehr leicht und überzeugend in verschiedene Rollen schlüpfen konnte.

Nur die böse *Maharani – Malikni*, wie wir die Landladys, vor allem die gemeinen, auf Nepali nennen – wollte ich anfangs nicht spielen. Später wurde es meine liebste Rolle.

Während der fünf Tage Workshop haben wir in dem

Hotel auch geschlafen und gegessen. Es war lustig, abends oben auf der Dachterrasse oder in den Zimmern mit den anderen Mädchen zusammenzusitzen und zu quatschen. Sie waren alle *Kamlahari* wie ich und auch etwa gleich alt. Wir erzählten einander von unseren Erfahrungen bei den *Landlords*, von der Schule, von unseren Familien. Ich genoss es sehr, denn bis auf Chandra hatte ich noch kaum gleichaltrige Freundinnen. Ich merkte, wie sehr mir das all die Jahre gefehlt hatte. Einfach nur lachen und herumalbern zu können.

Unten in der kleinen Gaststube mit den verstaubten Cola- und Whisky-Flaschen im Regal und dem Neonlicht lief rund um die Uhr der Fernseher, wenn nicht gerade mal wieder Stromausfall war, was oft ausgerechnet abends passierte. Beim Essen schauten wir dann die Nachrichten oder auch indische und nepalesische Musikvideos. Wir kommentierten und witzelten über die Werbespots. Über den dicken Mann, der für Nudeln in der Tüte warb. Über das pausbäckige Schulmädchen mit Zöpfen, das immer brav seinen Orangensaft trank, und über das Liebespaar, das eng umschlungen auf einem Moped durch Kathmandu fuhr, was für Nepal schon echt gewagt ist. Es war eine schöne, eine lustige und sorglose Woche.

Am Ende des Workshops wurde ich mit sechs anderen für die Straßentheatertruppe ausgewählt. Ich freute mich riesig darüber. Die Bedenken, wie ich es mit der Schule schaffen, ob ich noch genug Zeit zum Lernen haben würde, schob ich einfach beiseite. Es wird schon irgendwie gehen, dachte ich. Dann würde ich eben nachts lernen.

Ich wollte auch weiter Theater spielen, weil wir so eine nette Gruppe waren und uns so gut verstanden.

Anfangs waren die anderen mir gegenüber noch misstrauisch und fanden, dass ich anders sei, weil ich T-Shirts trug und mit einem Löffel anstatt mit der Hand aß. Doch als ich ihnen erzählte, wie ich elf Jahre lange in Kathmandu gelebt und gearbeitet hatte, verstanden sie, warum ich so war.

Mit dieser Gruppe von Jugendlichen, fünf Mädchen und zwei Jungs, und dem Aufklärungsstück über *Kamlahari* tingelten wir durch viele Dörfer. Wir spielten zwischen den Hütten, Schweinen und Ziegen für die Bauern, für die Männer, aber vor allem für die Frauen. Denn so erreicht man sie.

Straßentheater ist in Nepal sehr verbreitet. Viel Unterhaltung gibt es auf dem Land nicht, daher ist es immer ein ganz besonderes Ereignis. Wenn eine Gruppe kommt, wenn Musik gespielt und getanzt wird, dann strömen die Leute von überall herbei, um zu schauen, was los ist.

Zu Beginn unserer Vorstellung drehten wir erst einmal die Musik aus dem Kassettenrekorder lauter, damit die Leute zusammenkamen. Dann führten wir ein paar Tänze auf. Auch das eigentliche Stück wurde von Tänzen unterbrochen, damit es nicht langweilig wurde, und auch damit wir uns umziehen konnten. Die Kostüme, die Accessoires, die Dialoge – alles hatten wir uns selbst überlegt und ausgedacht.

Nur eine Sozialarbeiterin half uns dabei. Bei jedem Auftritt schloss sie die Vorstellung mit einem leidenschaftlichen Aufruf, das *Kamlahari*-System zu beenden und die Töchter nicht mehr für ein Almosen herzugeben. Wir skandierten: »Mädchen brauchen Bildung, nicht Sklaverei!« und hielten unser selbstgemaltes Schild hoch: »Stop the *Kamlahari* system!«

In den Gesichtern der Menschen konnten wir sehen,

dass sie nachdenklich wurden, dass sie zögerten und überlegten, was sie von unserem Spektakel halten sollten. Aber es war ein guter Anfang. Vielleicht entschieden ein paar Mütter beim nächsten *Maghi*-Fest, ihre Töchter nicht wegzuschicken.

Beim Theaterspielen merkte ich, dass genau das meine Berufung ist: für etwas zu kämpfen und mich einzusetzen. Zum Beispiel haben wir von einem Mädchen gehört, dass nach Indien verschickt werden sollte. Ich schrieb über Nacht ein Theaterstück zum Thema Mädchenhandel und trommelte die anderen zusammen. Am nächsten Nachmittag fuhren wir gemeinsam in das Dorf des Mädchens, um aufzutreten. Es lag weit in der Ebene, schon fast an der indischen Grenze. Die Fahrt mit dem Jeep dauerte zwei Stunden. Aber wir nahmen das in Kauf, in der Hoffnung, dem Mädchen zu helfen.

Die Leute im Dorf musterten uns neugierig. Denn zu ihnen kamen nur selten Fremde, geschweige denn Theatertruppen. Im Dorf angekommen, bereiteten wir uns vor. An der Versammlungshütte am Dorfplatz hängten wir ein paar bunte Stoffe auf, hinter denen wir uns umziehen konnten, und Plakate, die wir gemalt hatten. Dann machten wir die Musik an.

»Mein Schmerz ist groß, da du meine Liebe nicht erwiderst«, sang eine Frau mit klagender, fast weinerlicher Stimme auf Nepali. Die Dorfbewohner blieben stehen und kamen aus ihren Häusern, um nachzusehen, woher die Musik kam. Immer mehr sammelten sich vor unserer improvisierten Spielfläche. Alte Männer ohne Zähne, junge Frauen mit halbnackten Babys auf dem Arm. Alte Frauen in *Tharu*-Tracht, Bauern vom Feld und jede Menge Kinder.

Wir sagten, wir würden ein Theaterstück für sie spielen, und luden sie ein, sich zu setzen. Also ließen sie sich in einem großen Kreis nieder. Ein paar kleine Kinder hatten keine Scheu. Sie rannten in die Mitte des Platzes und tanzten zur Musik. Das war gut, denn die Erwachsenen lachten, und so war das Eis schnell gebrochen.

Wir führten ein paar traditionelle *Tharu*-Tänze vor, um die Stimmung weiter zu lockern. Noch immer strömten Alte und Junge aus ihren Hütten zum Dorfplatz, angelockt von der Musik und dem immer größer werdenden Menschenauflauf. Die Frauen setzten sich zu den anderen, die Männer blieben meistens im Hintergrund stehen. Mit so viel Erfolg hatten wir gar nicht gerechnet. Doch es beflügelte uns, beim Spielen unser Bestes zu geben.

Die Geschichte handelte von einem Mädchen, das mit einer Freundin in den Urwald geschickt wird, um Futter für die Kühe zu holen. Während sie das Gras schneiden, hören sie plötzlich Musik. Sie schleichen sich neugierig näher und sehen drei fremde junge Männer, die Radio hören. Die Männer fragen sie, was sie wollen. Die Mädchen antworten, dass sie selbst kein Radio haben und ihnen die Musik gefallen hat.

Sie kommen ins Gespräch, und schließlich bietet der eine Mann den Mädchen an, dass sie sein Radio bis zum nächsten Tag leihen können. »Morgen um dieselbe Zeit bringt ihr es mir hierher in den Wald zurück, okay?«

Sie treffen sich am nächsten und am übernächsten Tag. Bis sich Sunita, das eine Mädchen, in einen der Männer verliebt. Dieser erzählt ihr jedoch eines Tages, dass er nun wieder nach Hause fahren muss, in einen weit entfernten Distrikt, nahe des indischen Darjeeling. Er sagt ihr, dass er sie auf den ersten Blick mochte, und schlägt ihr vor, sie mitzunehmen. »Ich würde dich gern heiraten, komm mit mir!«, bittet er sie. »Doch erzähl es auf keinen Fall deiner Familie, sie würde es bestimmt nicht verstehen und es uns verbieten. Also am besten sprichst du mit niemandem darüber.«

Sunita ist geschmeichelt und verspricht in ihrer Naivität, dass sie ihre Pläne für sich behalten und am nächsten Tag zusammen mit ihm weglaufen wird.

Doch ein Nachbar belauscht am Abend die Männer und hört sie sagen: »Der Papagei ist so gut wie im Käfig.« Er läuft schnell zur Familie des Mädchens und warnt sie, dass ihre Tochter auf einen Gauner reingefallen ist. Doch es ist schon zu spät. Sunita ist bereits mit dem Fremden weggegangen. Einmal unterwegs, begreift Sunita schnell, dass er sie reingelegt hat und dass er sie gar nicht heiraten will. Die Männer verkaufen das Mädchen nach Indien. Dort wird sie sehr schlecht behandelt und zur Prostitution gezwungen. Als sie sich mit Aids ansteckt und krank wird, hat der Bordellbesitzer keine Verwendung mehr für sie und jagt sie aus dem Haus.

Geschwächt und abgemagert schafft sie es bis nach Hause. Ihre Eltern sind schockiert und entsetzt, nehmen sie aber wieder auf. Doch daraufhin meidet die Dorfgemeinschaft die Familie, weil sie Angst haben, sich bei dem Mädchen mit Aids anzustecken. Am Schluss verlässt Sunita ihr Elternhaus, um ihrer Familie nicht weiter zu schaden. Sie geht in den Wald und stirbt dort allein und verlassen.

Zugegeben, ich hatte mir ein sehr dramatisches Ende einfallen lassen. Die Leute in dem Dorf, in dem wir das Stück aufführten, waren tief betroffen. Einige Frauen weinten sogar. Wir »Schauspieler« waren völlig erschöpft, wir hatten alles gegeben. Keiner von den anderen hatte Sunita, die an Aids stirbt, spielen wollen. Alle hatten sich geweigert, also hatte ich die Rolle übernommen. Es war mit Sicherheit eine der bisher schwersten – und eine der emotionalsten. Im Spiel hatte ich mich so in Sunitas Lage hineingesteigert, dass mir echte Tränen über die Wangen gekullert waren. Für eine Stunde hatte ich das Gefühl gehabt, Sunita zu sein. Wir alle hatten uns dieses Mal selbst übertroffen, weil wir wussten, worum es ging.

Auf der Rückfahrt sprach keiner von der Truppe ein Wort, so müde und ausgelaugt waren wir. Doch ein paar Tage später erfuhren wir, dass es sich gelohnt hatte. Es war richtig gewesen, Sunitas Geschichte so radikal darzustellen. Wir konnten nämlich tatsächlich mit dem Stück verhindern, dass das Mädchen, von dem wir gehört hatten, nach Indien geschickt wurde. Die Sozialarbeiterin hatte mit dem Dorfältesten gesprochen und ihn auch noch einmal auf den drohenden Handel aufmerksam gemacht. Anscheinend hat daraufhin die Dorfgemeinschaft die Familie umstimmen können, und das Mädchen wurde nicht nach Indien verkauft. Das war die schönste Belohnung für mich und für die anderen Schauspieler.

Ich habe damals einige Theaterstücke selbst geschrieben. Es machte mir Spaß, mir Geschichten auszudenken. Zu verschiedenen Themen, die uns hier im Terai bewegen. Stücke über *Kamlahari*, über Grundrechte von Kindern, über prügelnde Ehemänner, *Kamaya* und HIV. Wir hatten fünf, sechs verschiedene Stücke, die wir zu verschiedenen Anlässen spielten. Mit jedem davon sind wir bestimmt über zwanzigmal in verschiedenen Dörfern aufgetreten.

Weil das Theaterspielen sehr zeitraubend war, musste ich leider erneut darauf verzichten, den Führerschein zu machen. Ich hätte sogar die Möglichkeit gehabt, Fahrstunden zu nehmen. Aber diese fanden zur selben Zeit statt wie unser Theater-Workshop. Also verzichtete ich, und so habe ich bis heute keinen Führerschein.

Dafür spielte ich bald in einer zweiten Theatertruppe. Sie ist ziemlich bekannt hier in Dang und tritt oft bei großen Anlässen und Festen auf. Ich lernte die Schauspieler bei einer ihrer Aktionen kennen. Sie sind alle schon etwas älter als ich. Doch wir kamen ins Gespräch, und sie erzählten mir, dass sie gerade ein neues Stück einstudierten, dass aber niemand die Rolle des Barbesitzers spielen wollte. Ich überlegte nicht lange, sondern schlug ihnen spontan vor, dass ich die Rolle übernehmen könnte. Wir probten zusammen, sie mochten, wie ich spielte, und baten mich, mit ihnen aufzutreten.

Es war witzig, einen Mann zu spielen und einen Wirt noch dazu. Ich versuchte, mich an eine Serie im Fernsehen zu erinnern, in der ein Gastwirt, selbst immer ziemlich betrunken, mit seinen Gästen Ärger bekommt. Und an einen Artikel, den ich mal in der Zeitung gelesen hatte, über eine Schlägerei, die in einer Bar ausgebrochen war. Es war sicher – mit der aidskranken Sunita und der verrückten Frau, die ich auch manchmal darstellte – eine der anspruchsvollsten Rollen, aber es machte mir auch großen Spaß, mich so zu verwandeln.

Im Moment trete ich nicht mehr so oft auf. Weder mit der einen noch mit der anderen Gruppe. Einige der Schauspieler haben inzwischen geheiratet und haben Kinder bekommen. Und ich musste mich wieder mehr auf die Schule konzentrieren.

In der siebten Klasse musste ich viel lernen und hatte

nicht mehr viel Zeit zu spielen. Aber ab und zu, zu besonderen Anlässen, wie zum Beispiel beim letzten internationalen Tag der Menschenrechte in Nepalganj, zu Festen oder Feiertagen spielen wir noch, und es macht mir immer noch sehr großen Spaß. Anfangs hatte ich sogar überlegt, hauptberuflich Schauspielerin zu werden. Es gibt viele Laien- und sogar einige professionelle Theatertruppen in Nepal. Aber im Moment ist mir die Schule wichtiger.

Pancharatna Photo House

Im Mai 2008 wurde ich erneut zu einem fünftägigen Workshop eingeladen. Diesmal war es ein Fotografie-Kurs. Fotografie hat mich schon immer interessiert. Wenn mich Sita früher mit Paiya ins Fotostudio mitgenommen hatte, hatte ich immer genau beobachtet, was der Fotograf machte. Also zögerte ich nicht lang, als ich eingeladen wurde, und ging hin.

Das Ziel war es, fünf von uns ehemaligen *Kamlahari* zumindest fotografische Basiskenntnisse zu vermitteln, damit wir zum einen die Aktionen der *Kamlahari*-Kampagne für Zeitungen und interne Publikationen dokumentieren konnten. Und zum anderen würden wir für uns und unsere Familien damit eine Lebensgrundlage schaffen und später mit einem kleinen Studio oder mit Porträts und Familienfotos Geld verdienen können. So die Idee. Denn damals hatte in den Dörfern in der Ebene noch fast niemand Bilder von sich oder seiner Familie. Nur zu den ganz großen Anlässen wie Hochzeiten oder Beerdigungen wurden manchmal Fotografen bestellt.

Der Workshop fand diesmal in einem anderen kleinen Gästehaus in Lamahi statt, wo die anderen Teilneh-
merinnen und ich untergebracht wurden. Das Schönste
war: Diesmal machte Chandra mit. Wir genossen es
sehr, diese Tage zusammen in Lamahi zu verbringen
und die halbe Nacht durchzuquatschen.

Außer uns beiden waren noch drei andere Mädchen
da. Diesmal war es Frühling. In dem kleinen Raum, in
dem der Kurs stattfand, wurde es schnell sehr warm,
und der Ventilator summte fast den ganzen Tag.

Die Hilfsorganisation hatte uns fünf Kameras zur
Verfügung gestellt. Keine von uns hatte je zuvor einen
Fotoapparat in der Hand gehabt oder benutzt. Die Ap-
parate waren riesengroß und schwarz. Ich hatte großen
Respekt vor den vielen Rädchen, Knöpfen und Schal-
tern. Die Kamera war schwer und klebte, weil unsere
Hände schwitzten.

Unser Lehrer war ein bekannter Zeitungsreporter,
Nabin Raj Paudel. Er zeigte uns die Einstellungen, das
Objektiv und wie wir die Filme einlegen mussten. Er
erklärte uns außerdem die Brennweiten und worauf es
generell ankommt, wenn man für die Zeitung fotogra-
fiert. Wie das Licht sein muss, damit schöne Porträts
entstehen, wie man Bewegungen scharf bekommt und
was ein gutes Bild ausmacht. Es war spannend.

Nach den fünf Tagen hatten wir tatsächlich unsere an-
fängliche Scheu vor der neuen Technik verloren und den
Umgang mit der Kamera mehr oder weniger gelernt.

»Sehr gut, Mädchen«, lobte uns der Lehrer. »Ich bin
stolz auf euch. Noch vor einer Woche wusstet ihr nicht,
was eine Kamera ist, geschweige denn, wie man sie bedient, und heute könnt ihr doch schon ganz ordentliche
Bilder schießen, bravo!«

Wir sahen uns verlegen an.

»Jetzt bin ich gespannt, ob ihr es auch allein schafft. Ich wünsche euch für die Zukunft viel Glück. Denkt immer daran, dass ihr Vorbilder für die Leute und eure Dorfgemeinschaft seid.« Wir bedankten uns bei unserem Lehrer für seine Geduld, seine freundlichen und aufmunternden Worte.

Doch die Unsicherheit blieb, ob das, was wir in der Woche gelernt hatten, tatsächlich ausreichen würde, um einen Beruf daraus zu machen und eine Möglichkeit für uns und unsere Familien zu schaffen, unseren Lebensunterhalt mit Porträts und Fotos zu verdienen.

Ende Mai, zwei Wochen nach dem Training, eröffneten wir fünf ehemaligen *Kamlahari*-Mädchen einen Laden. Doch bald stellte sich heraus, dass zwei der Mädchen aus dem Kurs zu weit weg wohnten, also blieben bald nur noch wir drei übrig – Chandra, Nima und ich.

Zuerst wollten wir das Studio in Lamahi eröffnen, doch da es dort schon ein Digitalfotostudio gab, wichen wir nach Gadhawa aus. Gegen die digitale Konkurrenz hätten wir keine Chance gehabt. Da Gadhawa an der Wegkreuzung zwischen Lamahi und Manpur liegt, hofften wir, dass es zwar weit genug weg von Lamahi sein würde, dass aber dennoch genug Menschen vorbeikommen würden. Außerdem war es nicht weit von unserer Schule entfernt, und wir konnten nach dem Unterricht in den Laden kommen.

Schließlich fanden wir einen kleinen Raum, den wir mieten konnten. Er war ganz einfach, rechteckig, ohne Fenster und mit einem Garagentor, das man herunterlassen konnte. Das war gut, damit nicht gleich eingebrochen wurde.

Die Organisation gab uns das Geld für die Miete,

stellte uns drei Kameras und die Ausstattung zur Verfügung. Es war eine sehr große Verantwortung, auf so teure Fotoapparate aufpassen zu müssen. Da ich – trotz des Garagentors – Angst hatte, dass mein Apparat geklaut werden könnte, wenn wir ihn in unserem Studio ließen, trug ich meine Kameratasche immer mit mir herum.

Darüber hinaus bekamen wir eine kleine Vitrine, um unsere Bilder auszustellen, ein Regal, zwei Klemmlichtspots, eine Sitzbank, drei Plastikstühle, einen Vorhang als Trenner, einige Bilderrahmen für die Wände, einen Spiegel, eine Tasche mit Make-up und etwas Schmuck, so dass sich die Kunden vor dem Fotografieren herrichten konnten.

Den Raum strichen wir weiß, und an die hintere Wand hängten wir einen blauen Karton als Hintergrund für die Porträts. Auf einen weißen Karton malten wir außerdem eine Landschaft mit Bergen, Himmel und Sonne, so wie ich das in den Fotostudios in Kathmandu gesehen hatte. Dort hatten sie bestimmt zwanzig Hintergründe zur Auswahl gehabt: blau, gold, mit Blumen, Gebirgspanorama oder Paradiesvögeln. Verschiedene Kleider und Kostüme hatten wir noch nicht, aber das würde nach und nach kommen, dachten wir.

Anfangs waren wir euphorisch. Wir hängten gerahmte Fotos von *Tharu*-Frauen und Bauern auf sowie den Spiegel und legten noch einen Kamm und Pomade zum Make-up dazu.

Wenn wir erstes Geld verdient hätten, so planten wir, würden wir die Einrichtung Stück für Stück ergänzen. Wir träumten von einer Pinnwand, wo wir unsere Bilder aufhängen konnten, von einem schönen Sessel, auf den wir die Leute für Porträts setzen konnten, von einem Kuscheltier, um die Kinder aufzuheitern, und von mehr Ketten, Haarklammern und einem Sari, in den die Frauen schlüpfen konnten, um sich – wie ich damals in Kathmandu – wie eine Prinzessin zu fühlen.

Außerdem brauchten wir natürlich ein richtiges Schild, am liebsten in Blau, der Lieblingsfarbe von Chandra. Auf dem Schild sollte stehen: »Pancharatna Photo House«, denn so hatten wir unser Studio getauft. »Pancha« ist Sanskrit und heißt »fünf«, und »ratna« heißt »Juwel«. Den Namen hatten wir gewählt, weil wir zu Beginn fünf Mädchen waren.

Die ersten drei Monate lief es noch gut. Jeden Tag beeilten wir uns, von der Schule zum Studio zu kommen. In den ersten Tagen und Wochen kamen viele Neugierige, die sehen wollten, was wir drei Mädchen anstellten. Sie wollten testen, ob wir wirklich Fotos machten. Manche waren ehrlich beeindruckt, vor allem, weil sie wussten, dass wir alle drei früher *Kamlahari* gewesen waren. »Das ist ja toll, dass ihr Fotografieren gelernt habt. Der Laden sieht wirklich gut aus. Jetzt könnt ihr etwas dazuverdienen und eure Familien unterstützen«, lobten sie uns.

Natürlich gab es auch andere Stimmen: »Na, Mädels? Ihr könnt doch gar nicht fotografieren, ihr tut doch bloß so«, verhöhnte uns eine Gruppe junger Männer.

Als eine der ersten Kundinnen kam eine Mutter und ließ ihre beiden Kinder fotografieren. Einen Jungen und ein Mädchen. Sie saßen ganz brav und still da in ihren Schuluniformen, mit gekämmtem, gescheiteltem und pomadisiertem Haar und bewegten sich kein bisschen, so eingeschüchtert waren sie von der großen schwarzen Linse, die ich auf sie richtete. Als Dankeschön schenkten wir jedem Kind ein Bonbon. Auch das hatte ich mir vom

Fotostudio in Kathmandu abgeschaut. Dort hatten wir als Kinder zum Abschied immer eine Süßigkeit bekommen. Die Bonbons hatte ich extra dafür von einem Auftritt mit der Theatergruppe aufgehoben. Die Kinder nahmen es ganz vorsichtig und behielten es in der Hand.

»Ihr dürft es essen, es ist für euch, weil ihr so schön stillgesessen habt«, ermunterte ich sie.

Da trauten sie sich, das Bonbon aus dem knisternden, goldenen Papier auszupacken. Sie steckten es in den Mund, und ihr Gesicht verzog sich zu purem Entzücken.

»*Ramru* – gut?«, fragte ich sie.

Sie nickten nur wortlos, völlig auf den süßen, klebrigen Geschmack der Bonbons konzentriert. Bestimmt hatten sie noch nicht viele Süßigkeiten in ihrem Leben gegessen. Als sie gingen, winkten sie, und sie winkten noch, als sie um die Häuserecke unten an der Straße bogen.

»Das hast du sehr gut gemacht! So muss man mit Kunden umgehen, damit sie uns weiterempfehlen«, freute sich Chandra.

Später am Tag kam noch ein junges Paar, das gerade geheiratet hatte, aber kein Bild von der Hochzeit besaß. Der Bräutigam hatte seinen dunklen Anzug noch einmal angezogen, der ihm viel zu groß war. Die Ärmel gingen ihm weit bis über die Hände, und die Hosen verdeckten die Schuhe. Er sah wie ein kleiner Junge darin aus, der den Anzug seines Vaters trägt. Wie jung die Braut wirklich war, konnte man unter der grellen Schminke und dem rot-goldenen Schleier nur erahnen. Die Augen hatte sie schwarz mit Khol umrandet, die Lippen in demselben Rotton wie ihr Sari angemalt und hellrotes Rouge auf den Wangen verteilt.

Braut und Bräutigam stellten sich nebeneinander auf und sahen ernst in die Kamera. Ich versuchte, sie dazu zu bewegen, etwas näher zueinanderzurücken und etwas glücklicher dreinzuschauen.

»Was für ein schönes Paar!«, rief ich.

Doch sie verzogen keine Miene. In Nepal gehört es sich nicht, Freude bei der Hochzeit zu zeigen. Heiraten ist eine ernste Angelegenheit. Braut und Bräutigam dürfen sich während der Hochzeitszeremonie nicht ansehen, und zumindest die Braut darf nicht lächeln. Im Gegenteil: Sie muss traurig aussehen, denn sonst würden alle denken, dass sie ihre Familie gern verlässt.

Ein Problem, mit dem wir vom ersten Tag an zu kämpfen hatten, war, dass die Leute ihre Bilder immer gleich sehen und mitnehmen wollten. Sie verstanden nicht, dass wir sie erst entwickeln lassen mussten. Wir brachten die Filme in ein Labor und konnten sie erst am nächsten oder übernächsten Tag abholen. Das dauerte den Leuten aber zu lang. Denn in Lamahi gab es inzwischen schon zwei Digitalfotostudios, in denen man die Bilder gleich mitnehmen konnte, und das hatte sich herumgesprochen.

Die große Kamera war sperrig und die Handhabung kompliziert. Dennoch knipste ich, was mir vor die Linse kam. Am liebsten draußen, in den Dörfern, auf der Straße. Daher waren Chandra und Mina einverstanden, dass wir uns die Arbeit teilten. Chandra und Mina würden sich ab sofort um das Studio kümmern, und ich würde die Außentermine wahrnehmen.

Ich fotografierte Frauen in *Tharu*-Tracht, Bauern auf dem Feld mit ihren großen Hüten, spielende Kinder, Kinder in Schuluniform, wie man sie morgens scharenweise in die Klassen pilgern sieht. Ich fotografierte auch einige Hochzeiten, und immer, wenn es Aktionen von *Kamlahari* gab, war ich mit meiner Kamera dabei. Bald kannten mich die Leute und nannten mich: die *Kamlahari* mit der Kamera.

Eines meiner Bilder von einer Kundgebung kam sogar in die Zeitung, und mehrmals war ich mit meiner Kamera in der Presse zu sehen. Mit einem Foto, auf dem ich in *Tharu*-Tracht fotografiere, war ich sogar in der »Kantipur Daily« und auf der »Kathmandu Post« vorne auf dem Titel.

Im Studio aber blieben uns mehr und mehr die Kunden aus. Sie gingen lieber in ein Digitalfotostudio, das im September ein paar Straßen weiter in Gadhawa eröffnet hatte. Oft saßen Mina und Chandra nur noch im Laden herum und warteten, aber niemand kam. Sie wechselten sich ab, damit sie nicht immer alle beide ihre Zeit vertrödelten. Dann konnte, wenn die eine Aufsicht hatte, die andere wenigstens in der Zwischenzeit etwas für die Schule tun. Denn es machte sich bald bemerkbar, dass wir nicht mehr so viel Zeit zum Lernen hatten.

Wenn ich Zeit hatte, machte ich im Studio Bilder von meiner ganzen Familie. Es war eine gute Übung für mich, und eigentlich war es ja auch geplant gewesen, dass wir das, was wir gelernt hatten, auch an unsere Familien weitergaben, damit diese uns im Studio unterstützen konnten.

Leider klappte das nicht so recht. Chandras und Minas Familien zeigten kein Interesse. Sie sagten, sie seien mit der Feldarbeit zu sehr beschäftigt und hätten keine Zeit für solch neumodisches Zeug. Ich konnte immerhin meine Schwägerinnen und Guru, meinen jüngeren Bruder, überreden, zu uns ins Studio zu kommen, und versuchte, ihnen die Kamera zu erklären. Meine Schwägerinnen kicherten nur herum und trauten sich nicht einmal, den Fotoapparat in die Hand zu nehmen. Guru hörte mir wenigstens zu. Doch er ging auch noch zur Schule und hatte kaum Zeit.

Wenigstens machte ich Bilder von meinen Brüdern, ihren Frauen und ihren Kindern. Am liebsten aber von Samira, meiner Lieblingsnichte. Sie sah so süß aus mit ihren blonden Haaren und den blauen Augen. Ihre Mutter hatte ihr das hübscheste Kleidchen angezogen, das sie besaßen. Samira saß aufrecht wie eine kleine Prinzessin da, blickte ohne Angst zu mir und machte keinen Mucks, bis ich fertig war.

Nur meine Eltern bekam ich nicht vor die Kamera. Ins Studio wären sie sowieso nicht gekommen, aber auch, wenn ich zu Hause versuchte, sie zu knipsen, lief meine Mutter jedes Mal weg. Und mein Vater wurde sogar einmal richtig böse: »Hör sofort auf damit!« Sie denken immer noch, dass ihnen irgendetwas Schlimmes passiert, wenn man auf den Auflöser drückt.

Im Oktober 2008 besuchte uns eine Gruppe aus Deutschland. Es waren Leute, die vom Schicksal der *Kamlahari* gehört hatten und sich nun vor Ort ansehen wollten, wie wir lebten.

In Lamahi empfingen wir die Fremden, wie es sich gehört – in *Tharu*-Tracht, mit Blumen und *Tika*. Auch ich trug einen blau-roten Wickelrock und das bauchfreie Oberteil, die die Kleidung der *Tharu*-Frauen ausmachen. Ich bin stolz, diese Tracht tragen zu können, denn sie zeigt, dass ich eine *Tharu* bin.

Den silbernen Kopfschmuck und die schweren Ketten, die auch noch dazugehören, habe ich von meiner

Familie geerbt. Ich bewahre alles sorgfältig in ein Bündel verschnürt in der Hütte meiner Eltern auf. Die Tracht habe ich schon zu Festen und Hochzeiten angehabt und sogar in der Schule, aber erst zum zweiten Mal für Fremde.

Es passiert nicht so häufig, dass wir in Lamahi solche wichtigen, ausländischen Gäste erwarten. Viele *Kamlahari* waren zur feierlichen Begrüßung gekommen, die meisten von ihnen auch im *Tharu*-Kleid. Sie trugen Körbe mit Blumen und Früchten auf dem Kopf. In einem großen, farbenprächtigen Zug begleiteten wir die Gruppe von der Landstraße durch den ganzen Ort.

Die Deutschen interessierten sich sehr für das *Kamlahari*-Projekt und hörten mit ernsten Gesichtern zu. Je mehr sie von unserem Schicksal erfuhren, desto ernster wurden ihre Gesichter. Ich erzählte ihnen, was mir widerfahren war, wie glücklich ich jetzt war, endlich zur Schule gehen zu dürfen, und dass ich mit zwei Freundinnen ein kleines Fotostudio eröffnet hätte. Sie wollten unbedingt mehr erfahren und stellten viele Fragen. Wir saßen fast den ganzen Nachmittag zusammen. Danach baten sie mich, sie zum Essen ins Gästehaus zu begleiten.

Aus dem einen Tag wurden dann gleich mehrere, die ich mit den Gästen verbrachte. Sie waren sehr nett zu mir. Sie fragten mich, ob ich ihnen die Ebene, mein Dorf, meine Schule und mein Studio zeigen würde. Natürlich machte ich das gern. Also kamen sie am nächsten Tag nach Gadhawa und sahen sich unseren kleinen Fotoladen an. Chandra und ich erzählten ihnen, dass es nicht so gut lief, weil die Leute die Bilder immer gleich sehen wollten und lieber ins Digitalfotostudio gingen. Obwohl wir ja nicht viel im Studio zu bieten hatten, waren wir dennoch stolz darauf.

Anschließend zeigte ich den deutschen Gästen noch mein Dorf. Mit meinen Freundinnen und meiner Schwägerin Bisrami kochten wir ein typisches *Tharu*-Essen für sie: *dikri* – aus Reismehl geformte Rollen. Sie fanden das sehr lustig, auf dem Boden vor der Hütte zu sitzen und von den Blättertellern zu essen. Das Essen schien ihnen sogar zu schmecken.

Ich fühlte mich sehr geehrt von diesem Besuch. Bei Cruel Ma'am hatte ich öfter für ausländische und wichtige Gäste gekocht, aber bei mir zu Hause in Manpur noch nie. Sie waren alle sehr freundlich zu mir. Sie lobten das Essen und meine paar Brocken Englisch. Als sie am Abend wieder fahren mussten, war ich richtig traurig. Aber sie versprachen, dass sie das *Kamlahari*-Projekt auf jeden Fall unterstützen würden, nachdem sie von dieser schlimmen Form von Ausbeutung und Kinderarbeit gehört und mich und die anderen Mädchen kennengelernt hatten. Das machte mich sehr glücklich.

Bevor sie ins Auto stiegen, unterhielten sie sich noch ein paar Minuten in ihrer Sprache, die ich nicht verstand. Dann kamen sie noch einmal zurück und sagten mir, dass jeder von ihnen etwas Geld gegeben hatte, damit ich mir eine Digitalkamera kaufen könne. Ich verstand nicht sofort, was für ein großes Geschenk sie mir machen wollten. Ich wiederholte immer wieder in die Runde, dass ich kein Geld von ihnen wollte.

»Doch, doch«, beharrten sie. »Wir möchten, dass du es bekommst. Du sollst dir davon eine Digitalkamera kaufen, damit du weiter Bilder machen kannst.«

Ganz konnte ich mein Glück noch nicht fassen: »Danke, danke, Sie sind zu gütig zu mir. Das werde ich Ihnen niemals vergessen, und ich werde Ihnen viele Fotos hier aus Nepal schicken«, versprach ich und winkte ihnen und dem Jeep nach, bis das Auto am Horizont verschwunden war. Die Hilfsorganisation versprach, mir zu helfen, von dem Geld eine Kamera zu kaufen.

Ein paar Wochen später rief Kopila, eine Mitarbeiterin aus Lamahi, bei mir im Dorf an und ließ mir ausrichten: »Urmila, du sollst ins Büro kommen. Ich habe hier etwas für dich.«

Natürlich war ich neugierig und radelte gleich am nächsten Tag nach der Schule los. Was könnte es wohl sein? Vielleicht Post aus Deutschland? Denn die Gäste hatten versprochen, mir zu schreiben.

Als ich atemlos in Lamahi ankam, lachte mich Kopila schon an.

»Was ist? Los, sagen Sie es mir schon!«, bettelte ich.

Tatsächlich war ein Päckchen für mich abgegeben worden. »Das ist für dich, Urmila«, sagte sie und gab mir das Paket. »Die deutschen Gäste haben veranlasst, dass du es bekommst. Na los, mach schon auf!«

Ich zerriss das Papier und hielt einen Karton in den Händen, in dem eine wunderschöne, silberne Digitalkompaktkamera steckte. Ich sah Kopila sprachlos an.

»Die ist für dich. Damit du noch viele Bilder machen kannst, lassen die Deutschen dir ausrichten. Und damit das Fotostudio besser läuft. Freust du dich?«, fragte sie.

»Und wie!«, rief ich. Es war ein wunderbares Geschenk, ich war völlig überwältigt. Die Kamera war klein und handlich, man merkte ihr Gewicht kaum.

Seitdem trage ich sie fast ständig bei mir, so habe ich sie zur Hand, wenn mal wieder etwas Aufregendes passiert oder wenn ich unterwegs auf den Dörfern etwas Schönes, Bewegendes oder Interessantes sehe. Sie ist wie ein Teil von mir – sie ist mein drittes Auge. Durch den Sucher sehe ich die Welt, ich kann die Momente festhalten und noch dazu auf Papier bannen. Das ist wie Zauberei.

Unserem Fotostudio half meine neue Digitalkamera leider dennoch nicht, Anfang März 2009 mussten wir es schließen. Die großen Fotoapparate gaben wir wieder ab. Doch meine Kamera hüte ich wie einen Schatz und knipse weiter, was mir vor die Linse kommt.

Das Forum

Immer mehr Zeit widmete ich nun den Aktionen der ehemaligen *Kamlahari*-Mädchen. Schon seit meiner Befreiung 2007 überlegte ich, warum wir uns nicht auch selbst organisierten. Sicher entstand der Gedanke anfangs auch aus meinem Bedürfnis heraus, Gleichaltrige kennenzulernen, weil ich mich in der Förderklasse sehr einsam und isoliert fühlte, bevor Chandra kam. Früher wäre ich so gerne nachmittags zu einem der Kinder- oder Jugendclubs gegangen, wie es sie in vielen Dörfern mittlerweile gibt. Dort können sich die Kinder treffen, spielen, Sport machen und etwas über ihre Rechte lernen. Doch ich musste nun mal als *Kamlahari* arbeiten.

Aber es war nicht nur die Einsamkeit. Ich dachte mir, dass es gut wäre, sich mit den anderen Mädchen auszutauschen. Die Idee ließ mich nicht mehr los. Wenn ich andere *Kamlahari* traf, sprach ich sie darauf an. Auch sie fanden es gut, aber sie waren zu schüchtern, um aktiv zu werden. Daher erzählte ich eines Tages Man Bahadur davon. Er sagte sofort: »Das ist eine sehr gute Idee, Urmila! Ja, es wäre sehr nützlich, wenn ihr Mädchen euch zusammentun würdet, vielleicht sogar auf größerer, regionaler Ebene. Gemeinsam hätten eure Stimmen mehr Gewicht. Ich werde alles tun, um dich dabei zu unterstützen.«

Ich war froh, dass er so positiv reagierte. Ich merkte, wie mir das Blut in die Wangen schoss, weil ich mich freute, aber auch, weil ich es immer noch nicht gewohnt war, dass man mich lobte.

Man Bahadur fuhr fort: »Ich werde dir helfen. Ja, es ist eine tolle Sache!«

So wurde die Idee für das Forum der ehemaligen *Kamlahari* geboren. Gemeinsam mit den Hilfsorganisationen beriefen wir zunächst Treffen in Lamahi und in einigen Dörfern um Manpur ein. Ich erzählte den Mädchen, wie wichtig es ist, dass wir unser Leben selbst in die Hand nehmen: »Wir alle waren *Kamlahari*, wir haben alle etwas Ähnliches durchgemacht. Wenn wir darüber sprechen, dann sind wir nicht mehr so allein mit unserem Schmerz und dem Gefühl der Schande, das uns begleitet. Außerdem könnten wir vielleicht den Mädchen helfen, die noch weit entfernt von ihren Familien arbeiten müssen und noch nicht zur Schule gehen.«

Die meisten, die zu den Treffen kamen, unterstützten unser Vorhaben. Gemeinsam überlegten wir in einem zweiten Schritt, was wichtig ist und was unsere Ziele sind. Schnell waren wir uns einig, was wir wollten: Wir wollten alle zur Schule gehen, eine Lehre oder eine Ausbildung machen. Wir wollten in Zukunft die Möglichkeit haben, unser Leben selbst zu bestimmen und, ganz wichtig, auch zu finanzieren. Und wir wollten alle, dass die Ausbeutung der Mädchen als *Kamlahari* endet. In Dang und in den anderen vier Distrikten im Terai. Doch das alles formulieren und aufschreiben – das konnte keine von uns so recht.

Daher schrieb Man Bahadur das Konzept für das *Kamlahari*-Forum. Als es fertig war, zeigte er es mir. Ich war mächtig stolz, es in den Händen zu halten. Es war ein tolles Gefühl, zum ersten Mal unsere Forderungen und Ziele schwarz auf weiß auf einem Papier zu sehen. Es stand auch darauf: »Einige der früheren *Kamlahari*-Mädchen, die aus der Sklaverei befreit worden sind und jetzt eine Ausbildung erhalten, sind nun fähig, diese Verantwortung und die Führung selbst zu übernehmen. Es hat sich als sehr wichtig erwiesen, dass die Zielgruppe selbst diesen Prozess mitbestimmt. Aus diesem Grund, und um das Gewicht der Mädchen und Frauen, die aus der Leibeigenschaft befreit wurden, zu stärken, wurde das Forum für *Kamlahari*-Freiheit gegründet.«

Als Ziele nahmen wir uns vor: 1. ein Konzept auszuarbeiten, um den Familien Mikrokredite anbieten zu können, damit sie ihre Töchter nicht mehr weggeben müssen; 2. ein Netzwerk zu entwickeln zwischen den verschiedenen Hilfsorganisationen, den Regierungsstellen und den Gemeinderäten der Dörfer; 3. die Daten der Opfer von Mädchenhandel, sexueller Ausbeutung, Kinderarbeit und *Kamlahari*-Handel zentral zu sammeln und auszuwerten, um diese Mädchen so schnell wie möglich zu befreien und 4. intensiv vor Ort und über die Medien Aufklärungsarbeit zu leisten.

Wir riefen erneut lokale Versammlungen der ehemaligen *Kamlahari* ein, um ihnen das Konzept vorzustellen. Das Papier wurde von den meisten sehr gut aufgenommen. Die anderen Mädchen waren genauso stolz wie ich, dass wir ehemaligen *Kamlahari* nun auch selbst aktiv werden wollten, und trugen sich auf den Mitgliederlisten des Forums ein. Bald waren es 100, dann 500, schließlich 1600.

Parallel traf ich mich mit den Organisationen zu Gesprächen. Sie gaben mir Tipps, was alles zu bedenken und zu beachten war. Unter anderem rieten sie mir, mich möglichst wie die anderen *Kamlahari* zu benehmen: »Urmila, du warst elf Jahre in Kathmandu, du bist anders als die anderen. Du kleidest dich anders, du isst mit einem Löffel, du redest anders. Wenn du willst, dass die anderen dich akzeptieren, musst du versuchen, so zu sein wie sie.«

Also aß ich ab diesem Tag wieder mit der rechten Hand, wie die meisten Nepalesen. Bei Sita und Cruel Ma'am hatte ich es mir abgewöhnt. Es war gar nicht so einfach. Ich musste die Technik, den Reis mit der Soße zu vermischen und in mundgerechte Bällchen zu formen, erst wieder üben.

Natürlich hatte ich als Kind mit der Hand gegessen, und auch bei meiner Familie gab es erst seit kurzem einen Löffel. Meine Mutter hat ihn extra für mich angeschafft.

Über solche Äußerlichkeiten hatte ich mir vorher nie Gedanken gemacht. Oft war ich auch in Jeans oder langen Hosen und westlicher Kleidung herumgelaufen. Kleider aus meiner Zeit in Kathmandu, die ich von Sita, von Cruel Ma'am oder ihrer Tochter geschenkt bekommen hatte, die praktischer und wärmer waren. Vor allem, wenn ich mit dem Fahrrad unterwegs war. Doch nach dieser Unterredung versuchte ich, wenigstens immer eine *Kurta* oder einen Schal darüber zu tragen, um wie die anderen Mädchen auszusehen.

Im Sommer führten wir erste lokale Wahlen im Deukhury Valley durch, dabei wurde ich zur Vizepräsidentin gewählt.

Präsidentin der ehemaligen *Kamlahari*

Schließlich, am 10.9.2064 beziehungsweise am 24. Dezember 2007, fand in Ghorahi die erste Generalversammlung des *Kamlahari*-Forums und gleichzeitig die Wahl der ersten Präsidentin von Dang statt. Über 600 Mädchen und Frauen kamen. Wir trafen uns im Nebenraum eines Hotels. Es war das erste Mal, dass sich die Mädchen aus den Hügeln und der Ebene trafen. Dicht gedrängt saßen sie auf dem Boden.

Es war auch das erste Mal, dass ich vor so vielen Menschen sprechen sollte. Noch dazu in ein Mikrofon. Etwas aufgeregt war ich schon, meine Knie zitterten ein wenig, und in der Magengrube spürte ich ein seltsam mulmiges Gefühl. Doch ich versuchte, mir nichts anmerken zu lassen.

Erst sprachen die Vertreter der Hilfsorganisationen. Man Bahadur erklärte den Mädchen, wie wichtig der Schritt war, ein eigenes Forum zu bilden mit einer Präsidentin aus ihren Reihen. Er erklärte auch, wie der Tag und die Wahl ablaufen würden, was Demokratie ist und wie entscheidend sie für unser Land ist.

Als ich dann dran war, klopfte mein Herz wie wild. Dennoch war es weniger schwer, vor einem so großen Publikum zu reden, als ich befürchtet hatte. Ich bemühte mich, mit fester Stimme ins Mikro zu sprechen. Ich sah in die vielen Gesichter, die zu mir hochschauten. Neugierige Gesichter, interessierte Gesichter, skeptische Gesichter, müde Gesichter. Manche Mädchen waren viel jünger als ich, andere älter. Manche sahen entschlossen und selbstbewusst aus, andere saßen schüchtern und zusammengesunken da oder versteckten sich hinter den anderen.

Ich sagte ihnen, dass ich sehr froh und stolz war, vor ihnen zu stehen: »Wie ihr alle habe ich jahrelang als *Kamlahari* gearbeitet und gelitten. Jetzt wohne ich wieder bei meiner Familie und darf endlich zur Schule gehen. Ich hatte schon fast die Hoffnung verloren und bin überglücklich, dass ich nun, mit achtzehn Jahren, diese Chance habe. Es bedeutet mir unendlich viel. Genauso wichtig aber ist es mir, dass die anderen Mädchen, die noch heute als *Kamlahari* in fremden Haushalten gehalten werden, auch dieses Glück haben!«

Zögerlicher Applaus kam auf. Es fühlte sich gut an. Plötzlich fühlte ich mich stark, wie von den anderen getragen: »Wir müssen alles dafür tun, damit diese Ungerechtigkeit endet!« Der Applaus wurde lauter. »Gemeinsam werden wir es schaffen – *Sakawa!*«

Zunächst mussten wir ein Wahlkomitee bilden. Das war auch eine kleine Lektion in Sachen Demokratie, die wir bei dieser Gelegenheit lernten. Schließlich wurden ein anderes Mädchen und ich als Kandidatinnen für das Präsidentenamt vorgeschlagen.

»Urmila kann so gut sprechen, sie ist selbstbewusst und traut sich, selbst vor vielen Leuten zu reden. Sie soll unsere Präsidentin werden«, meldete sich ein Mädchen aus dem Saal zu Wort. Doch die andere Kandidatin war schon einundzwanzig und ging in die zehnte Klasse. Am Tag der Wahl war ich gerade achtzehn und in der fünften Klasse. Umso erstaunter war ich, als die Mädchen mich mit großer Mehrheit zur ersten Präsidentin des *Kamlahari*-Forums in Dang wählten.

Viele Dinge gingen mir gleichzeitig durch den Kopf. Ich war stolz, dass die anderen mir vertrauten. »Wenn nur Sita oder Cruel Ma'am mich jetzt sehen könnten«, dachte ich. Oder Amar. Hier stand ich, Urmila, die ehemalige *Kamlahari*, das *Tharu*-Mädchen aus dem Dorf, das herumgeschubst, gedemütigt und ausgebeutet worden war.

Jahrelang hatte man mir eingeredet, schlechter und dümmer als die anderen zu sein. Und heute gaben mir Hunderte von Frauen und Mädchen ihre Stimme, von denen die meisten mich an diesem Tag zum ersten Mal sahen. Sie wollten, dass ich diese wichtige Aufgabe übernehme. Es war ein gutes, ein starkes Gefühl und gleichzeitig auch eine große Verantwortung.

Als wir nach dem offiziellen Teil zusammensaßen und *Dal Bhat* aßen, wurde ich nachdenklich. Viele kamen, um mir zu gratulieren und mir ihre Hoffnungen und Wünsche mitzuteilen. Sie malten mir die *Tika* auf die Stirn und schenkten mir Blumen, um mir Glück zu wünschen. Ich war gerührt. Tränen stiegen mir in die Augen. Ich schluckte. Im Mittelpunkt zu stehen war ich nicht gewohnt.

Und was, wenn ich ihren Erwartungen nicht gerecht werden konnte? Was, wenn ich doch nicht die Richtige für diese verantwortungsvolle Position war? Ich atmete tief durch, richtete mich auf, lächelte und versuchte, die Selbstzweifel beiseite zu schieben und mich auf das, was vor mir lag, zu konzentrieren. Denn es bedeutete auch einiges an Arbeit.

Versammlungen mussten organisiert werden, Demos und Aktionen, um in der Öffentlichkeit auf die Situation der noch mindestens tausend *Kamlahari* in Dang und über zehntausend im Terai aufmerksam zu machen. Papiere und E-Mails mussten geschrieben werden, Reden gehalten, Gelder gesammelt. Es war eine große aufregende Aufgabe, die auf mich wartete.

Unser Forum bekam sogar ein kleines Büro. Es lag

im Erdgeschoss eines kleinen Gästehauses, in einer Seitenstraße von Lamahi. Nun hatten wir also einen eigenen Raum, einen eigenen Schreibtisch, einen Ort, wo wir uns treffen konnten. Ich bekam sogar ein Handy, damit ich ab sofort für die Mitglieder des *Kamlahari*-Forums erreichbar war. Ich konnte es kaum fassen, dass all dies mir passierte. Zum ersten Mal in meinem Leben kam ich mir fast ein bisschen wichtig vor. Das war ein sehr ungewohntes, neues Gefühl, aber auch ein sehr schönes.

Das oberste Ziel des neu gegründeten Forums war es, die anderen *Kamlahari*, die noch in fremden Haushalten arbeiten mussten, zu befreien.

Viele Einsätze haben wir seitdem in den letzten Jahren durchgeführt. Bei rund siebzig war ich dabei. Meistens bekamen wir einen Tipp aus der Nachbarschaft oder aus dem Dorf. Jemand meldete, dass in einem bestimmten Haus eine *Kamlahari* sei. In den seltensten Fällen genügte ein Brief oder ein Anruf, um den *Landlord* oder die *Malikni* zu bewegen, das Mädchen gehen zu lassen.

Meistens mussten wir persönlich hingehen. Wie oft, hing ganz von der Situation und vom gesellschaftlichen Stand des *Landlords* ab. Oft sind die »Besitzer« Menschen von hohem sozialen Rang, die wichtige Positionen innehaben: Richter, Journalisten, Polizisten, Politiker, Schulrektoren und Lehrer sind darunter. Sie fühlen sich über das Gesetz erhaben. Sie haben das Gefühl, am längeren Hebel zu sitzen, selbst wenn es zu einer Konfrontation kommt. Eine einfache Aufforderung, die Mädchen freizulassen, reichte daher oft leider nicht.

Außer bei sehr hohen, exponierten Persönlichkeiten,

dort, so haben wir gemerkt, genügte meistens ein Anruf. Denn diese Leute fürchten zu sehr um ihren Ruf. Sie lassen im Zweifelsfall lieber die eine *Kamlahari* gehen, um sich Ärger zu ersparen, und besorgen sich dafür ganz unauffällig und heimlich eine andere als Ersatz. Auch das haben wir schon erleben müssen. Das Unrechtsbewusstsein hat sich leider bis heute in Nepal in vielen Köpfen noch nicht eingestellt.

Wenn uns eine *Kamlahari* gemeldet wurde, ging meistens eine Abordnung des Forums los, um nachzusehen. Wir versuchten in der Regel, mit dem Mädchen selbst zu sprechen. Denn die Tricks der *Landlords* wurden immer raffinierter. Sie streiten meistens alles ab: »Nein, wir haben keine *Kamlahari*, das würden wir nie tun. Wir wissen, dass es illegal ist. Nein, wir sind doch nicht so, nein, wir würden so etwas auf keinen Fall tun.« Doch irgendwann kommt dann doch heraus, dass es nicht stimmt und dass sie uns angelogen haben.

Manche fühlen sich auch komplett unschuldig: »Wir können nichts dafür, wir wollten dem Mädchen nur etwas Gutes tun.« Oder: »Ich habe die Eltern nicht gezwungen, sie haben ihr Kind zu mir geschickt«, sagte uns ein Lehrer, als wir an seiner Tür standen. Ausreden gibt es so viele wie *Landlords.*

Andere öffneten einfach nicht, wollten uns einschüchtern oder haben uns sogar bedroht. Eine *Malikni* hat, als wir unten mit einer Delegation vor der Tür standen, den Nachtopf aus dem Fenster über uns ausgeleert. Die Leute gehen inzwischen sogar so weit, Papiere zu fälschen und die Mädchen älter zu machen, um zu vertuschen, dass sie *Kamlahari* sind.

Ein anderes Problem ist, dass wir nicht von allen *Kamlahari* wissen, wo sie sich aufhalten. Manchmal erfahren wir nur, dass eine Familie ihre Tochter weggeschickt hat, aber wir wissen nicht, wohin. Dann versuchen wir, den Eltern ins Gewissen zu reden. Wir erzählen ihnen von den Möglichkeiten, die sie haben, wenn sie ihre Tochter zurückholen. Die Hilfsorganisationen zum Beispiel bieten den Leuten in den Dörfern ein Ferkel oder ein Zicklein an, wenn sie unterschreiben, dass sie ihre Tochter nicht verkaufen und sie zur Schule schicken. Wenn die Eltern das Ferkel oder das Zicklein aufziehen und später verkaufen, können sie genauso viel Geld verdienen, wie ihnen die Tochter für ein Jahr bringt. Und wenn sie die Tiere wieder Junge bekommen lassen, dann können sie sogar mehr einnehmen und haben länger etwas davon, als wenn sie die Tochter an einen *Landlord* oder an Händler verkaufen.

Neulich erreichte mich zum ersten Mal direkt der Hilferuf eines Mädchens auf dem Handy. Ganga war am anderen Ende der Leitung. Ich habe keine Ahnung, wie sie meine Nummer bekommen hatte. Ein anderes Mädchen hatte sie ihr wohl weitergegeben.

»Bitte, rettet mich!«, rief ein verzweifeltes Stimmchen auf der anderen Seite der Leitung. »Ich werde als *Kamlahari* in Ghorahi festgehalten. Der *Landlord* und seine Frau sind gar nicht nett zu mir. Sie schlagen mich oft. Ich habe überall blaue Flecken. Ich habe schon versucht wegzulaufen. Aber sie haben mich wieder gefunden und mir drei Tage nichts zu essen gegeben. Ich bitte euch, helft mir!«

Natürlich haben wir sofort den Sozialarbeitern Bescheid gesagt, die in diesem Fall sogar die Polizei eingeschaltet haben. Noch am selben Tag sind wir nach Ghorahi gefahren, doch wir fanden das Haus nicht, wo

Ganga arbeiten sollte. Die Leute hatten sie vor uns versteckt. Wir durchkämmten das ganze Viertel, klopften an jede Tür. Bis wir von einer alten Frau den entscheidenden Hinweis bekamen.

In einem Schuppen fanden wir Ganga schließlich. Sie war in einem erbärmlichen Zustand. Mager und völlig verängstigt. Als die Leute, die Ganga so schlimm zugerichtet hatten, die Polizisten sahen, leisteten sie glücklicherweise keinen Widerstand. Die Sozialarbeiter nahmen Ganga mit und brachten sie zu ihrer Familie. Es muss ein tränenreiches Wiedersehen gewesen sein, erzählten sie mir. Heute geht Ganga zur Schule. Doch über ihre Zeit als *Kamlahari* mag sie bis heute nicht sprechen.

Ein einziges Mal kamen wir zu spät. Das Mädchen war erhängt aufgefunden worden. Die Familie des *Landlords* hatte ihr vorgeworfen, gestohlen zu haben. Der Fall wurde allerdings nie richtig aufgeklärt. Vieles deutete darauf hin, dass es kein Selbstmord war. Doch der Körper des Mädchens wurde verbrannt, bevor eine Untersuchung stattfinden konnte. Es war ein schlimmer Schock für uns alle. Wir wussten von ihr, waren aber noch nicht bei dem *Landlord* gewesen. Bis heute mache ich mir deswegen Vorwürfe. Wenn wir sofort reagiert hätten, würde sie vielleicht noch leben.

Ich war die Einzige, die nach ihrem Tod in das Haus durfte beziehungsweise musste. Als Präsidentin des Forums war es meine Aufgabe, den *Landlords* zu zeigen, dass wir die Todesumstände des Mädchens als sehr zweifelhaft ansahen.

Vielleicht bin ich seitdem noch etwas engagierter. Ich will einfach nicht, dass wir noch einmal zu spät kommen. So mussten wir in einem anderen Fall ganz besonders hartnäckig bleiben. Aber ich wollte nicht aufgeben. Mehrmals sind wir vor dem Haus aufmarschiert und haben stundenlang mit der Familie des *Landlords* hin und her diskutiert. Doch die Familie behauptete weiterhin steif und fest, sie habe das Mädchen adoptiert. Papiere von der Adoption konnten sie uns aber auch beim zweiten und dritten Besuch nicht zeigen.

Das arme Mädchen hatten sie so unter Druck gesetzt, dass sie log: »Ja, sie haben mich adoptiert, ich bin jetzt ihre Tochter, ich will hierbleiben. Sie schicken mich auch zur Schule.« Es ging wochenlang hin und her.

Irgendwann fanden wir die leiblichen Eltern des Mädchens. Sie gaben zu, ihre Tochter vor drei Jahren als *Kamlahari* weggegeben zu haben. Als wir fragten, ob die Familie sie adoptiert habe, fing die Mutter an zu weinen: »Nein, ich würde niemals meine Tochter dieser Familie überlassen. Sie ist immer noch meine Tochter, mein Fleisch und Blut!« Dennoch mussten wir mit der Polizei anrücken, um das Mädchen rauszuholen.

Auch wenn es hart erscheinen mag: Selbst wenn die Mädchen tatsächlich in der Familie bleiben wollen, die sie ausbeutet – weil sie dort schon lange leben, weil sie sonst niemanden haben oder weil sie es nicht anders kennen –, lassen wir sie nicht dort. Sonst wird das *Kamlahari*-System nie durchbrochen. Es muss den Leuten klarwerden, dass es illegal ist, Kinder für sich arbeiten zu lassen, und dass es keine Ausnahmen geben kann. Auch nicht, wenn die Mädchen vielleicht gut behandelt werden und zur Schule gehen dürfen – was allerdings nur in sehr seltenen Fällen passiert.

In den letzten Jahren habe ich eine Handvoll Mädchen erlebt, die die Familie des *Landlords* nicht verlassen wollten. Vielleicht vier oder fünf. Natürlich brach es mir jedes Mal fast das Herz, wenn sie weinten und schrien, weil sie gar nicht befreit werden wollten. Es war schlimm zu sehen, dass sie es als Unrecht empfanden, dass wir sie von dort wegholten und dass sie ihr Zuhause durch uns verloren. Doch wir haben versucht, ihnen so gut wie möglich zu erklären, warum wir so handeln mussten.

Die meisten Mädchen aber weinen nicht vor Kummer, sondern vor Glück und Erleichterung, wenn sie befreit werden. Sie haben Tage, Monate, Jahre härtester körperlicher Arbeit hinter sich – und was noch viel schlimmer ist: andauernde seelische Demütigungen. Viele von ihnen sind geschlagen und misshandelt worden, und einige haben sogar sexuelle Übergriffe erleben müssen. Viele sind auch nur völlig verunsichert, weil sich während ihrer Kindheit niemand um sie gekümmert hat. Sie mussten jahrelang auf Liebe, Zuwendung und Wärme verzichten. Sie wissen gar nicht, wie ihnen geschieht, wenn sich nun jemand für sie, für ihr Leid und ihr Schicksal interessiert.

Es ist immer wieder großartig, miterleben zu dürfen, wenn sie dann begreifen, dass es vorbei ist, dass sie frei sind. Dass ein neues Leben für sie beginnt. Dass sie zu ihrer Familie zurück und sogar zur Schule gehen dürfen. Diese zunächst ängstlichen, ungläubigen und dann überglücklichen Mädchengesichter zu sehen ist jedes Mal ein unendlich rührender und zutiefst ergreifender Moment.

Das Leid der *Kamlahari*

Bei den Treffen des Forums oder bei unseren Befreiungsaktionen haben mir viele Mädchen ihre Geschichten anvertraut. Anfangs waren sie meist schüchtern. Oft fiel es ihnen schwer, über persönliche Dinge zu sprechen. Oder aber die Erinnerungen sind so schmerzhaft, dass sie sie nicht wieder wachrufen wollten. Ich erzählte ihnen dann einfach von mir. Wenn sie merkten, dass ich mich ihnen öffnete, dann trauten sie sich meistens auch. Denn es ist ein wichtiger Schritt, das betone ich wieder und wieder bei unseren Treffen.

Es ist wichtig, dass wir eine Stimme haben. Es ist wichtig, dass sie wissen, dass sie nicht allein in dieser Situation waren. Dass sie nichts für die Demütigungen und Misshandlungen können, sondern dass es vielen *Tharu*-Frauen und Mädchen genauso ergangen ist wie ihnen. Nicht sie sind schuld, sondern das System, und diejenigen, die bis heute *Kamlahari* als billige Arbeitskräfte ausbeuten. Die Leute hier im Land, die denken, dass sie über den Gesetzen stehen und dass man ihnen nichts anhaben kann. Das wird sich nur ändern, wenn wir laut werden. Wir müssen unsere Geschichten erzählen, um dieses System zu verurteilen und diejenigen, die bis heute davon profitieren, anzuprangern.

In den letzten Jahren habe ich viele Schicksale von ehemaligen *Kamlahari* gehört, die mich jedes Mal zutiefst berührten. Jede Geschichte ist anders, und dennoch wiederholt sich so vieles auf grausame Weise. Manche Mädchen waren ein Jahr weg, andere zwölf Jahre. Die meisten von ihnen sind während dieser Zeit bei ein und derselben Familie geblieben, einige haben oft gewechselt. Sie haben als *Kamlahari* in einem Haushalt in Kathmandu, in Ghorahi oder in Nepalganj, in einem Hotel in Pokhara oder auf einem Hof auf dem Dorf gearbeitet. Ihre Eltern bekamen zwischen 20 und 70 Euro für sie. Einige *Landlords* zahlten ihnen nur die Reise, andere zahlten nie.

Nur ganz wenige Mädchen durften zumindest ab und zu zur Schule gehen. Viele aber wurden schlecht behandelt, herumkommandiert und geschlagen. Als Strafe wurden sie für die ganze Nacht ins Plumpsklo oder zu den Ziegen in den Stall gesperrt oder mussten im Winter ohne Decke schlafen. Am schlimmsten aber, und das sagen sie alle, war, dass sie nicht wie Menschen behandelt wurden.

Eine ehemalige *Kamlahari* sagte mal bei einem unserer Treffen: »Ich wurde behandelt, als ob ich weniger wert sei als die Kinder der Familie. Sie durften zur Schule gehen, ich nicht. Sie durften spielen, ich nicht. Sie bekamen genug zu essen, ich nicht. Und die Erniedrigungen und die Einsamkeit, darunter habe ich sehr gelitten.« Sie hatte durchmachen müssen, was auch ich erlebt hatte, und sie sprach mir aus dem Herzen.

Auch Karmu, einer Schulfreundin von mir, erging es nicht besser. Ihre Familie hatte sie weggeschickt, als ihre älteste Schwester geheiratet hatte. Bis dahin hatte die Schwester als *Kamlahari* gearbeitet, und nun fiel ihr Verdienst weg, und ihre Familie brauchte Geld. 2500 Rupien* zahlte der *Landlord* ihren Eltern für ein Jahr.

Auch sie hatte, genau wie ich, keine Wahl und fügte sich in ihr Schicksal. Sechzehn Stunden am Tag musste sie hart arbeiten, putzen, kochen und waschen. Sie hatte großes Heimweh und wartete sehnsüchtig auf das

---

* Circa 25 Euro.

nächste *Maghi*-Fest, weil sie hoffte, dass sie dann nach Hause dürfte.

Maghi kam, und tatsächlich durfte sie ihre Familie besuchen. Doch in ihrem Dorf erwartete sie ein Schock: Ihre Eltern waren tot. Sie waren beide innerhalb eines Monats an einer Krankheit gestorben, weil sie kein Geld für einen Arzt oder Medizin hatten.

Da war Karmu elf Jahre alt, ihre zweitältere Schwester fünfzehn, ihre jüngere Schwester acht und ihr kleiner Bruder fünf. Die Kinder blieben allein zurück. Ihre Verwandten verkauften das ganze Hab und Gut der Eltern. Nur die Hütte ließen sie ihnen. Für die Felder, die die Eltern bewirtschaftet hatten, zahlten die Käufer aus dem Dorf viel zu wenig. Doch das wussten die Kinder natürlich nicht. Sie waren jung und unerfahren, und sie hatten keine Ahnung, wie teuer so ein Feld ist. Nach einem halben Jahr ging das Geld, das sie für die Felder bekommen hatten, zur Neige. Nun hatten sie nichts mehr zu essen, nichts mehr anzuziehen.

Da kam der *Landlord* aus dem Dorf und sagte, Karmu könnte bei seiner Tochter arbeiten. Sie hatte geheiratet und war in ein anderes Dorf gezogen. Karmu hatte keine andere Wahl, sie musste schließlich für ihre Geschwister sorgen, also ging sie erneut fort. Die *Landlords* zahlten auch diesmal nur 2500 Rupien – aber davon konnten die Geschwister wenigstens ein paar Monate lang Essen kaufen.

Karmu musste von fünf Uhr morgens bis abends spät arbeiten. In den vier Jahren, die sie dort war, hatte sie keinen einzigen Tag frei. Genau wie ich musste auch sie Wasser holen, die Wäsche und das Geschirr waschen, sich um die Kinder der Familie und um den Garten kümmern.

Als ihre zweitälteste Schwester heiratete, schickten sie auch die jüngere Schwester als *Kamlahari* nach Nepalgunj, in die Hauptstadt der Nachbarprovinz. Als Karmu von Nachbarn erfuhr, dass ihr kleiner Bruder nun ganz allein zu Hause zurückgeblieben war, bat sie die Tochter des *Landlords*, nach Hause gehen zu dürfen, um sich um ihn kümmern zu können. Und tatsächlich ließen sie sie gehen.

Zum Glück wurde die Hilfsorganisation vor Ort auf das traurige Schicksal von Karmu und ihren Geschwistern aufmerksam, und eine Sozialarbeiterin kam sie besuchen. Sie fragte sie, ob sie zur Schule gehen wollte. Karmu sagte, sie könnte nicht, weil sie Geld für ihren Lebensunterhalt und den ihres kleinen Bruders verdienen müsste. Daraufhin bot man ihr eine Schneiderlehre an. Dort lernte Karmu, Schuluniformen zu nähen, womit sie rund 1500 Rupien* pro Monat hätte verdienen können.

Aber als Kind hatte Karmu einen Unfall gehabt. Ein Topf mit heißem Öl war umgekippt und hatte ihr die rechte Hand verbrannt. Deshalb kann sie diese Hand bis heute nicht so wie die andere benutzen. Und so konnte sie die Schneiderlehre nicht beenden.

Eines Tages erzählte sie der Sozialarbeiterin, dass ihre jüngere Schwester noch als *Kamlahari* in Nepalganj arbeitete. Daraufhin wurde auch diese Schwester zurückgeholt und zur Schule geschickt. Auch ihr Bruder durfte zur Schule gehen. Da nahm Karmu ihren ganzen Mut zusammen und fragte, ob sie nicht ebenfalls, anstatt eine Lehre zu machen, erst mal zur Grundschule gehen durfte.

---

*   Circa 15 Euro.

Der Tag, an dem sie erfuhr, dass sie und ihre Geschwister nach Narti ins Hostel ziehen durften, war der schönste ihres Lebens, sagte sie mir, als sie mir ihre Geschichte erzählte. Jetzt geht sie in die siebte Klasse und kann wie ich lernen und spielen. Alles das, was eigentlich selbstverständlich sein sollte.

Doch Karmu hatte sogar noch Glück gehabt. Einmal erzählte sie mir von ihrer Kusine Anita, die das Schicksal ungleich härter getroffen hatte.

Anita wurde mit acht Jahren von ihren Eltern ins Nachbardorf zum Arbeiten geschickt, dafür bekam ihre Familie ein kleines Stück Land.

Der *Landlord* war Schulrektor und ein angesehener Mann. Er sagte ihren Eltern, dass er ihnen helfen wolle.

Als Anita dreizehn wurde, hat er sie das erste Mal angefasst. Er kam nachts zu ihr, er legte sich auf sie und zwang sie zum Geschlechtsverkehr.

Dreimal wurde Anita schwanger, dreimal haben sie sie zu einer Heilerin mitgenommen und sie dazu gezwungen, abzutreiben. Das vierte Kind hat Anita dann bekommen. Da war sie sechzehn Jahre alt. Es ist ein Junge, er heißt Sagam. Der *Landlord* hat Anita mit dem Baby nach Hause geschickt. Aber für ihre Familie war sie nun eine Schande, und ihre Eltern wollten sie nicht mehr im Haus haben. Anita wusste nicht, wohin.

Auch auf ihren Fall wurde die Hilfsorganisation aufmerksam. Dort fand Anita Hilfe. Sie traute sich sogar, ihren *Landlord* anzuzeigen. Es begann schließlich ein Prozess vor Gericht – der allererste Fall dieser Art in Dang.

Nach einem Jahr hat Anita recht bekommen. Der *Landlord* musste seine Vaterschaft anerkennen, er gab ihrer Familie etwas Land und Geld. Damit konnte Anita einen kleinen Laden aufbauen und ihre Familie unterstützen. Heute kümmert sich Anitas Bruder um den Laden.

Denn das Geld reichte nicht. Anita musste wieder in das Haus ihres früheren *Landlords* ziehen. Er hat sie als zweite Frau geheiratet. Seine erste Frau hat es akzeptiert. Zwar haben Sagam und sie im Moment wenigstens einen Platz zum Leben, aber ich hoffe, dass auch ihr bald wirklich geholfen werden kann.

Narti Hostel

Zum Beginn der achten Klasse zog auch ich in das Mädchenwohnheim in Narti um, in dem Karmu und andere befreite *Kamlahari* wohnen. Für mich wurde dadurch vieles einfacher: Als Präsidentin des Forums musste ich oft an Treffen und Aktionen teilnehmen. Das war kaum möglich, so lange ich so weit in der Ebene wohnte, anderthalb Stunden mit dem Fahrrad von Lamahi entfernt. Manchmal fuhr ich die Strecke täglich hin und wieder zurück. Das war nicht nur anstrengend, sondern es ging auch viel Zeit dabei verloren, die mir dann oft zum Lernen fehlte. Zum Ende der siebten Klasse hatten sich meine Noten verschlechtert. Ich schaffte es zwar dennoch gut in die achte Klasse, aber ich wollte auf keinen Fall weiterhin riskieren, dass meine Ausbildung zu sehr unter meinen Pflichten litt.

Außerdem hatte eine Gruppe junger Männer mir gedroht. Schon mehrmals hatten sie mich abgefangen, wenn ich vorbeiradelte: »Lass die Finger von den *Kamlahari*, und hör endlich auf, dich in Dinge einzumischen, die dich nichts angehen!«, riefen sie mir nach. »Sieh zu, dass du wegkommst, *Kamlahari*-Mädchen, sonst passiert noch was.«

Vielleicht waren es Verwandte oder Angestellte eines *Landlords*, dem es nicht gefiel, dass wir ein Mädchen nach dem anderen befreiten und für die Sache der *Kamlahari* auf die Straße gingen.

Ich hatte jedes Mal Angst, wenn ich mich der Stelle näherte, und hielt schon halb in Panik nach der Gruppe Ausschau. Wenn ich sie nicht am Straßenrand sah, trat ich fester in die Pedale, um so schnell wie möglich vorbeizukommen. Doch einmal lauerten sie mir auf. Urplötzlich sprangen sie auf die Straße, als ich ungefähr auf ihrer Höhe war, und versperrten mir den Weg. Im letzten Moment konnte ich bremsen, doch einer von ihnen schubste mich vom Fahrrad, und ich fiel zu Boden. Sie scharten sich um mich, und ich war mir sicher, dass sie mich verprügeln wollten.

»Wenn du nicht aufhörst, dich in fremde Angelegenheiten einzumischen, dann bringen wir dich um!«, drohte mir der Anführer. Sein Gesicht kam immer näher. Seine Augen waren hasserfüllt: »Du bist eine Frau und eine *Kamlahari* noch dazu, also verhalte dich gefälligst dementsprechend. Du hast hier gar nichts zu sagen. Wenn du weiter so deine Klappe aufreißt, wird es böse für dich enden.« Er ballte seine Faust. Ich duckte mich in Erwartung des Schlages.

Zum Glück kamen in dem Moment ein paar Bauern vorbei. »Was macht ihr da? Lasst doch das Mädchen in Ruhe«, verteidigten sie mich. Schnell rappelte ich mich hoch, sprang auf das Fahrrad und radelte so schnell ich konnte Richtung Lamahi. Diesmal war ich gerade noch mal mit dem Schrecken davongekommen. Aber wie würde es nächstes Mal sein? Ich musste fast täglich dort vorbei …

Meine Furcht war so groß, dass ich noch am selben Abend Man Bahadur von diesem Vorfall erzählte. Auch er war der Auffassung, dass es zu gefährlich für mich sei, weiterhin allein hin- und herzuradeln. Er schlug mir vor, nach Narti zu ziehen. Narti ist ein Heim für ehemalige *Kamlahari*, die nach ihrer Befreiung nicht wieder nach Hause zurückkehren konnten. Manche von ihnen sind Waisen, andere kommen aus so armen oder schlimmen Familienverhältnissen, dass die Familien sie nicht mehr aufnehmen können oder wollen. Andere wohnen zu weit weg von der nächsten Schule.

Das Hostel liegt an der Landstraße, acht Kilometer außerhalb von Lamahi, versteckt hinter einem Eukalyptuswald, der hier anscheinend nach einem Besuch von Australiern vor vielen Jahren gewachsen ist und seitdem prächtig gedeiht. Direkt neben dem Hostel ist die Surya Binayak Lower Secondary School.

Als ich Ende April 2008 ins Hostel zog, wohnten 25 Mädchen zwischen sechs und einundzwanzig Jahren in Narti. Inzwischen sind es über fünfzig.

In den flachen Gebäuden gibt es sechs Schlafräume, in denen jeweils zwei bis zwölf Stockbetten stehen. Bei meinem ersten Besuch fielen mir die vielen Plastikbecher voller bunter Zahnbürsten auf dem Fensterbrett auf. Alles war sehr ordentlich. Die Schulhefte und Bücher lagen in sauberen Stapeln auf den Betten oder auf einer Bank vor dem Fenster, daneben die Kleider, schön gefaltet.

Sabitha, auch eine frühere *Kamlahari*, die sich heute um die Mädchen im Hostel kümmert, führte mich herum. Sie zeigte mir meinen Schlafplatz. Mein Bett stand direkt neben Karmus. Karmu war die Erste, die im Februar 2008 gleich nach der Eröffnung nach Narti kam. Sie ist ein stilles, schüchternes Mädchen, dennoch wurden sie und ich sofort Freundinnen. Auch die anderen Mädchen waren alle sehr nett zur mir, und ich fühlte mich vom ersten Tag an wohl im Hostel.

Zu Beginn kochten die Mädchen noch auf einer offenen Feuerstelle hinter dem Haus. Inzwischen wurde ein Küchenhaus angebaut. Auch einen Fernseher haben wir letztes Jahr geschenkt bekommen, auf dem wir am Wochenende – wenn nicht gerade wieder einmal der Strom ausfällt – Filme sehen dürfen, am liebsten Bollywood-Musicals mit viel Herzschmerz, Musik und Tanz.

Eine Dusche und eine Toilette gibt es auch schon länger, aber noch kein fließendes Wasser. Michael, ein Volunteer aus Australien, der uns schon öfter besucht hat, versuchte mehrfach, das Wasser anzuschließen, aber bisher hat es nie geklappt. Also waschen wir uns noch am Brunnen, fünfzig Meter entfernt in einem kleinen Wäldchen. Dort machen wir auch die Wäsche, putzen die Zähne und spülen die Töpfe und Teller ab.

Sabitha kümmert sich um uns wie eine Mutter, daher nennen wir sie *Mamu* – Mutter, obwohl sie kaum älter als wir ist. *Mamu* kocht für uns, aber wir helfen ihr, wo wir können. Wir schneiden das Gemüse, schleppen die Säcke mit Reis heran, bereiten das Futter zu für die zwei Kühe, die wir geschenkt bekommen haben, und kümmern uns um das Gemüse im Garten. Auch die Wäsche erledigt jedes Mädchen selbst. Meistens am Wochenende. Dann sind die Wäscheleine und der ganze Rasen voller bunter Stoffe und Kleidungsstücke, die zum Trocknen ausgebreitet werden.

Die Lieblingsbeschäftigung von uns Mädchen an freien Tagen ist die Schönheitspflege: Wir rühren eine Paste aus Henna und Wasser an und tragen sie auf das Haar auf, denn diese Paste lässt die Haare schön glänzen. Außerdem bemalen wir uns die Hände mit verschnörkelten Hennamustern und flechten uns kunstvolle Zopffrisuren.

Die meisten Mädchen fahren noch nicht einmal am Wochenende oder in den Schulferien nach Hause. Sie bleiben immer in Narti. Ich versuche, wenigstens in den Ferien und jedes zweite Wochenende nach Manpur zu radeln – circa zwei Stunden brauche ich in eine Richtung, wenn ich mich anstrenge.

In Narti stehen wir jeden Morgen gegen 5.30 Uhr auf, waschen uns, machen unsere Schul- und Hausarbeiten, lernen oder lesen, bereiten das Frühstück zu oder kochen Maisbrei für die Kühe. Wir essen zweimal am Tag. Um 9.30 Uhr vor der Schule und zwischen siebzehn und achtzehn Uhr, wenn die Sonne untergeht. Mittags gibt es meistens nur Snacks, Obst oder Reiscracker.

Von zehn bis sechzehn Uhr ist Unterricht. Die Schule liegt gleich gegenüber, das ist praktisch. Es gibt einen alten und einen modernen Teil. Das alte Gebäude stammt noch aus den vierziger Jahren. Es wurde als Unterkunft für eine indische Straßenbaukolonne gebaut, als die Landstraße hier in Dang durch den Dschungel angelegt wurde. Die Mauern in diesem Gebäude bröckeln und sind teilweise sogar löchrig. Dafür ist im neuen Teil alles schön und ordentlich.

Ab 9.30 Uhr trudeln von überall her die Schüler ein. Manche haben einen langen Schulweg. Ihre Schuluniformen leuchten schon von weitem: hellblaue Hemden und dunkelblaue Röcke oder Hosen. Entlang der Landstraße sieht man überall Kinder in ihren Uniformen, auf

Fahrrädern und zu Fuß, in Grüppchen und allein. Und auch über die Felder kommen viele, im Zickzack und im Gänsemarsch auf dem schmalen Grat zwischen den Reisfeldern balancierend. Manche sind gut angezogen, haben eine warme Jacke und etwas zu essen in einer Plastiktüte dabei. Andere besitzen auch heute noch nicht einmal ein Paar Schuhe.

Trotzdem ist Narti eine gute und auch eine privilegierte Schule. Denn im Vergleich zu vielen anderen Schulen in Nepal, vor allem solchen, die weit ab von den Straßen oder auf den Hügeln liegen, haben wir viel Glück, und das wissen wir. Die Klassen sind nicht zu groß: Wir sind nur etwa sechzig Schüler in einer Klasse, in anderen Schulen von Nepal sind es manchmal 150 oder mehr. Wir haben Sitzbänke und Tische aus Metall. In vielen Dorfschulen müssen die Kinder noch auf dem schmutzigen Boden sitzen. Unsere Schule in Narti ist sauber, wir sammeln jeden Tag den Müll auf dem Hof und fegen die Klassenzimmer.

Unsere Lehrer schlagen uns auch nicht. Darauf passt Krishna Chaudhary auf, unser Schulrektor. Er ist selbst *Tharu* und fand es schon als Kind ungerecht, dass von den ohnehin nur wenigen *Tharu*-Kindern, die damals zur Schule gehen durften, fast alle Jungen waren. Sein Vater unterrichtete die Kinder heimlich zu Hause und schickte Krishna später zur Schule. Doch seine Schwestern mussten zu Hause bleiben. Während des Bürgerkrieges nahmen ihn die maoistischen Rebellen gefangen und folterten ihn, weil er sich für mehr Gleichberechtigung und Bildung einsetzte. Doch Krishna ließ sich nicht einschüchtern.

Heute achtet er in Narti darauf, dass der Unterricht ordentlich stattfindet. Vielerorts sind die Lehrer schlecht ausgebildet und wenig motiviert. Körperliche Züchtigungen und sexuelle Belästigung waren an vielen Schulen an der Tagesordnung.

Früher sind *Tharu*-Kinder selbst von den Lehrern gehänselt und diskriminiert worden, habe ich gehört. »*Tharu* sind Ratten. *Tharu* essen Schweinefleisch, also sind sie selber Schweine.« Solche Beleidigungen mussten sich *Tharu*-Kinder anhören, wenn sie zur Schule geschickt wurden. Eine Frau, die als Kind als einziges *Tharu*-Mädchen aus ihrem Dorf zur Schule gehen durfte, erzählte mir, dass ihr ein Lehrer mit Bleistift Ratten unter die Hausaufgaben gemalt hatte, um sie zu necken. So etwas würde in Narti heute nicht mehr passieren.

Der Marsch der 600

Neben den zahlreichen Rettungsaktionen ist Aufklärung die Hauptaktivität unseres Forums. Kurz vor *Maghi* 2009 planten wir eine Riesen-Kampagne: Bisher waren wir in Dang demonstrieren gegangen, diesmal wollten wir auf nationaler Ebene Aufmerksamkeit erregen. Mit rund 600 ehemaligen *Kamlahari* wollten wir nach Kathmandu fahren, um Politiker, Parteien, Journalisten und Menschenrechtsorganisationen zu treffen. Wir wollten die Regierung dazu zwingen, sich nicht mehr aus der Verantwortung zu stehlen, sondern auch etwas Konkretes für die Ausbildung und die Zukunft der *Kamlahari* zu tun.

Auf der Busfahrt in die Hauptstadt schnatterten die Mädchen durcheinander, sangen und klatschten. Es war eine ausgelassene, energiegeladene Stimmung. Viele der ehemaligen *Kamlahari* waren noch nie aus ihrem Dorf, aus ihrem Tal oder aus Dang herausgekommen. In Kathmandu waren nur ganz wenige von ihnen bisher gewesen. Je näher wir der Stadt kamen, desto mehr stieg die Nervosität: »Oh, schau dir bloß diese vielen Autos und Mopeds an! Und die hohen Häuser! Die vielen Fernsehantennen! Hast du die Frau gesehen? Mit den hohen Schuhen und der engen Jeans? Wie sie angezogen ist! Überhaupt, wie die Leute herumlaufen. Warum tragen sie alle Masken vor dem Gesicht? Wie finden sie sich bloß hier zurecht, in diesem Gewirr von Bussen und Straßen? Ich wüsste nie, welchen Bus ich nehmen müsste ...«

Ich lächelte über ihre Aufregung. Für mich war es das zweite Mal, dass ich seit meiner Befreiung wieder in Kathmandu war. Es war immer noch ein komisches Gefühl, wieder in dieser Stadt zu sein, in der ich so lange gefangen war. Aber mich konnten weder der Verkehr noch die Menschenmengen aus der Fassung bringen.

Der Bus brachte uns zu drei Gästehäusern in Sundhara, auf die wir für die zwei Nächte in Kathmandu verteilt waren.

Alle waren müde und gerädert von der Fahrt, denn viel geschlafen hatten wir nicht. An Ausruhen war dennoch nicht zu denken, weil es gleich weiterging. Kurz nach der Ankunft kamen wir alle im Hof zusammen und besprachen das Programm der nächsten zwei Tage. Wir teilten uns in Gruppen ein, von denen jede eine eigene Aufgabe bekam. Karmu, ein paar andere Mädchen und ich hatten am Nachmittag einen Termin bei Premierminister Prachanda und beim Staatspräsident Dr. Ram Baran Yadav.

Um kurz vor halb drei, am 8. Januar 2009, standen wir in *Tharu*-Festkleidung vor dem großen Tor von

Shital Niwas, dem Amtssitz des Präsidenten. Einige Journalisten von den großen Zeitungen des Landes, der »Kathmandu Post«, der »Himalayan Times«, von »Kantipur« und »Rising Nepal«, begleiteten uns. Außerdem ein Kamerateam von »Kantipur TV«. Dem Wächter am Tor gefiel der Menschenauflauf nicht. Er fragte streng, was wir wollten.

»Wir wollen zu Herrn Präsident Yadav, wir haben einen Termin«, sagten wir.

»Na gut, ich sage Bescheid«, entgegnete der Wächter mürrisch.

Es dauerte eine Weile, bis jemand kam. Wir traten von einem Fuß auf den anderen und bemühten uns, gegen die aufsteigende Nervosität anzukämpfen. Dann wurde das Tor geöffnet, und ein Mann im dunklen Anzug begrüßte uns. »Folgen Sie mir, ich führe Sie in den Garten«, forderte er uns auf.

Der Rasen war noch dichter als bei Cruel Ma'am. Er fühlte sich wie ein Teppich an und federte unter jedem Schritt.

»Das Gras hier ist weicher als das Bett vieler *Kamlahari*«, flüsterte ich einem der Mädchen zu. Obwohl ich leise gesprochen hatte, hörte mich ein Journalist. Am nächsten Tag titelte die »Kantipur National Daily« groß: »Der Rasen des Präsidenten ist weicher als das Bett der *Kamlahari*«. Das war ein merkwürdiges Gefühl, vorne auf der Zeitung zu lesen, was ich gesagt hatte.

Dr. Ram Baran Yadav empfing uns draußen im Garten vor der weißen Präsidentenvilla. Auf dem Rasen waren einige Stühle im Halbkreis aufgestellt. Zum Glück mussten wir nicht lange warten, denn wir waren ohnehin schon aufgeregt genug. Er trat durch die Tür hinaus in den Garten. Er trug einen warmen, weißen

Wollschal um die Schultern und die *Dhakatopi*, die typische Kopfbedeckung nepalesischer Männer.

Wir überreichten ihm einen Korb mit Früchten und Blumen und lasen ihm eine Erklärung vor, die wir ihm anschließend auch offiziell übergaben. Darin war die eindringliche Bitte formuliert, das *Kamlahari*-System ein für alle Mal abzuschaffen und den ehemaligen *Kamlahari* eine Ausbildung oder Lehre zu ermöglichen.

»In welche Klasse gehst du denn?«, fragte mich der Präsident.

»In die siebte, Sir«, antwortete ich.

»Was? Erst in die siebte? Dafür sprichst du aber sehr gut und trittst sehr selbstbewusst auf.« Er war sichtlich erstaunt. Er hörte sich geduldig an, was wir ihm noch zu sagen hatten, und sagte uns zwölf Millionen Rupien[*] Finanzhilfe für die Schulbildung der *Kamlahari* zu.

Zum Schluss kam er auf mich zu. »Good girl«, sagte er und legte mir die Hand auf den Kopf.

»Nein, Sir, bitte entschuldigen Sie«, antwortete ich. »Ich bin kein gutes Mädchen. Ich bin ein ärgerliches Mädchen und werde so lange böse sein, bis die Ausbeutung der *Kamlahari* endet.«

»Gut, ich verspreche dir, dass ich alles dafür tun werde«, entgegnete er und verschwand wieder in der weißen Villa.

Insgesamt war der Besuch beim Präsidenten ein Erfolg und stimmte mich zuversichtlich. Als wir im Anschluss noch auf Maoistenführer Pushpa Kamal Yada, genannt »Prachanda« – »der Grimmige« – trafen, war meine Nervosität schon lange nicht mehr so groß wie bei unserem ersten offiziellen Termin des Tages. Prachanda, der

---

[*]   Circa 120.000 Euro.

ehemalige Rebellenführer und Maoistenchef, war im August 2008 zum ersten Premierminister Nepals ernannt worden, nachdem die Maoisten die erste Wahl in Nepal haushoch gewonnen hatten.

Diesmal liefen wir durch lange Flure, unsere Schritte hallten laut in den leeren Gängen. Wir passierten viele Türen, bis wir im Vorzimmer von Prachandas Büro ankamen. Wir nahmen auf den Sofas dort Platz und warteten. Zehn Minuten vergingen, bis Prachanda eintrat. Er sah weniger grimmig aus, als sein Kriegsname es hätte vermuten lassen.

Auch ihm überreichten wir einen Geschenkkorb und unsere Petition. Die Ansprache fiel mir diesmal schon bedeutend leichter. Ich stellte mich ihm vor und sagte, dass ich die Präsidentin des *Kamlahari*-Forums sei und stellvertretend für die über zweitausend *Kamlahari* in Dang nach Kathmandu gekommen sei: »Ich habe elf Jahre darauf gewartet, in die Schule gehen zu dürfen. Jetzt endlich darf ich lernen. Ich wünsche mir nichts mehr, als dass alle *Kamlahari* dieselbe Chance bekommen wie ich. Wir sind sehr stolz, dass wir Dang bald zum kamlaharifreien Distrikt erklären können, aber was ist mit den anderen Bezirken? Sie sind doch ein Mann des Volkes, Sir, Sie müssen uns helfen: In einer Woche ist im Terai wieder *Maghi*, das Fest der *Tharu*, da werden wieder die Händler kommen und den Mädchen und ihren Familien alles Mögliche versprechen, um sie wegzulocken und dann als Sklavenkinder zu verkaufen. Sie müssen Ihren Job machen, und ich mache meinen!«, fuhr es mir heraus. Ich schaute ihn erschrocken an, weil ich so deutliche Worte zu ihm gesprochen hatte. War ich jetzt womöglich zu selbstbewusst aufgetreten?

Doch Prachanda lachte, dann aber nahm er wieder

seinen ernsten, strengen Gesichtsausdruck an. »Das *Kamlahari*-System ist schlecht. Ich werde alles tun, was in meiner Macht steht, um es zu beenden.« Mit diesem Versprechen entließ er uns.

Der Abschluss und gleichzeitig Höhepunkt der Kampagne war der Demonstrationszug durch die Hauptstadt: Alle 600 *Kamlahari* versammelten sich zu einem Marsch durch die Innenstadt und einer großen Abschlusskundgebung auf einem Platz nahe des Regierungssitzes. Während wir dort standen und unseren Slogan skandierten: »Girls want education – not slavery! Stop the *Kamlahari* system!«, bog plötzlich ein weißer Jeep Pajero mit dunklen Scheiben vom Abgeordnetenhaus um die Ecke.

Ich erkannte das Auto sofort: Es war der Wagen von Cruel Ma'am! Der, in dem ich meine Fahrstunden absolviert hatte. Ich bekam auf einmal weiche Knie. »Da, da, das Auto von meiner *Maharani*«, stotterte ich und zeigte auf den weißen Wagen.

»Wo, wo?«, fragten die Mädchen und sahen zur Straße.

»Da, das war sie ganz bestimmt!«, rief ich. Auf dem Rücksitz konnte ich niemanden erkennen. Die Mädchen löcherten mich mit Fragen: »Das war deine *Maharani*? Was sie für ein großes Auto fährt! Ist sie eine sehr mächtige Frau? Hat sie dich gesehen, glaubst du?«

»Ich weiß nicht, ob sie drinsaß, und ich weiß auch nicht, ob sie mich gesehen hat. Aber sicher ist, dass ich sie nicht sehen will!«, entgegnete ich.

Fest steht, dass Cruel Ma'am mich an dem Abend zumindest im Fernsehen gesehen haben muss. Denn als ich einige Wochen später mit Sita telefonierte, berichtete sie mir, dass ihre Tante sich gemeldet habe, nachdem sie mein Interview gesehen hatte: »Sie hatte große Angst, dass du ihren Namen im Fernsehen nennst. Sie bittet dich, ihren Namen niemals preiszugeben. Ich glaube, daran solltest du dich wohl besser halten. Du weißt, wie unangenehm die Tante werden kann, wenn sie wütend ist ...«

Die letzte *Kamlahari*

»*Wenn alle Wege verschlossen sind, öffnet Gott dir einen neuen.*«

NEPALESISCHES SPRICHWORT

Nie mehr Sklaverei

Am 14. Januar 2009, nur eine Woche nach unserem Marsch in Kathmandu, an einem außergewöhnlich klaren, sonnigen *Maghi*-Tag, wurde Dang offiziell zum ersten kamlaharifreien Distrikt Nepals erklärt. 3000 ehemalige *Kamlahari* und viele wichtige Leute waren auf dem Versammlungsplatz in Ghorahi zusammengekommen, um diesen denkwürdigen Tag zu feiern. Der Gouverneur von Dang, der Polizeichef, ein paar Politiker, Repräsentanten von zahlreichen Menschenrechtsorganisationen und Journalisten von nationalen und internationalen Zeitungen, Radio- und Fernsehsendern waren da.

In einem langen Zug marschierten wir durch die Stadt und trafen uns dann zum Festakt. Der Gouverneur von Dang hielt eine kleine Ansprache, und auch ich durfte als Präsidentin des Forums ein paar Worte sagen. Vor so vielen Menschen hatte ich noch nie gesprochen. Aber diesmal hatte ich kein bisschen Lampenfieber. Der Anlass erfüllte mich mit Stolz und Freude, so dass ich meine Nervosität komplett vergaß.

In Dang ist in den letzten Jahren, seitdem es die *Kamlahari*-Kampagne gibt, viel passiert. Rund 3000 Mädchen sind zu ihren Familien zurückgekehrt oder haben ein neues Zuhause in Narti gefunden. Das sind circa 95 Prozent aller *Kamlahari* in Dang. Die fehlenden fünf Prozent, die bis jetzt noch nicht befreit werden konnten, haben entweder keine Eltern mehr, oder ihre Verwandten wollen sie nicht aufnehmen. Das macht es schwieriger. Doch wir werden nicht aufgeben und auch ihnen so schnell wie möglich helfen. Aber selbst wenn noch ein paar wenige *Kamlahari* verbleiben, die Zahl der Mädchen, die an *Maghi* neu verschickt und zur Arbeit verpflichtet wurden, schrumpft jedes Jahr weiter. Und das ist auch ein Stück weit unser Verdienst.

In den Dörfern wurden Gruppen zum Schutz der Kinder ins Leben gerufen, um die Eltern zu informieren und sehr wichtig: ihnen Alternativen aufzuzeigen. Frauengruppen entstanden, um die Mütter weiterzubilden und sie zu stärken, damit sie ihre Töchter schützen. Mikrokredite wurden vergeben, um den Frauen und Familien eine bessere Existenz zu ermöglichen. Mädchengruppen wurden gegründet, um durch gemeinsame Aktivitäten, Spiele, Vorträge und Gespräche das Selbstbewusstsein der Mädchen aufzubauen.

Seit über einem Jahr senden außerdem jeden Freitag- und Samstagabend ehemalige *Kamlahari* auf Radio Deukhury FM. Einige Mädchen haben bei einem bekannten nepalesischen Journalisten eine Ausbildung zur Radio-Reporterin gemacht. Sie informieren über die Fortschritte der *Kamlahari*-Kampagne, berichten über Programme, Workshops, Lehrgänge, Meetings, Befreiungen und andere Aktionen. Das ist toll, denn ein Radio haben mittlerweile viele im Terai, daher ist Rundfunk der beste Weg, die Leute zu erreichen.

Damit geht zumindest in Dang, wo der größte Anteil

von *Tharu* lebt, ein dunkles Kapitel zu Ende. Hier war das *Kamlahari*-Problem noch vor zehn Jahren allgegenwärtig. Jede Familie, die es sich erlauben konnte, hatte mindestens eine *Kamlahari*. Und heute ist diese Ausbeutung von Mädchen so gut wie beendet.

An der Landstraße, kurz hinter Lamahi an der Grenze zum Nachbarbezirk Banke steht seit Januar 2009 eine blaue Tafel mit der Aufschrift: »Dang – *Kamlahari*-freed District – Dang – *Kamlahari*-freier Distrikt«. Jeder, der vorbeikommt, kann es lesen.

Doch in den westlichen Nachbardistrikten Bardiya, Kanchanpur und Kailali hat der Kampf gerade erst begonnen. Noch werden die Mädchen dort an *Maghi* auf einem regelrechten Markt angeboten. Die Händler kommen und überbieten sich gegenseitig auf der Straße, ohne sich zu verstecken oder zu schämen.

Deshalb waren wir auch letztes Jahr mit insgesamt vierzehn Mädchen des Forums zu einer Aufklärungs-Kampagne in Bardiya unterwegs. Wir besuchten Dörfer, Schulen, Gemeindegruppen und Frauenclubs, um ihnen zu erzählen, dass Dang zum *Kamlahari*-freien Distrikt erklärt worden war. Wir versuchten, mit den Leuten ins Gespräch zu kommen und den Frauen von unserer Arbeit im Forum zu berichten. Während der Reise trugen wir blaue Kappen und ein weißes T-Shirt mit dem *Kamlahari*-Slogan auf dem Rücken: »Mädchen brauchen eine Ausbildung, nicht Sklaverei. Beendet das *Kamlahari*-System!« Allein schon wir jungen Frauen in diesem westlichen Aufzug sorgten für große Aufmerksamkeit, sobald wir auftauchten.

Einen ersten Erfolg konnten wir direkt verbuchen: Zwei *Kamlahari* haben wir gleich vor Ort befreien können. Wir hörten während eines Besuches von ihnen und wurden sofort aktiv. Wir redeten so lange auf die *Malikni* ein, bis sie aufgab und die Mädchen rausrückte. Die beiden waren völlig verwirrt, weil sie überhaupt nicht begriffen, was mit ihnen passierte. Doch als wir ihnen erklärten, dass sie keine Angst zu haben brauchten, sondern dass wir sie zu ihren Familien zurückbringen und diese auch künftig unterstützen würden, da konnten sie ihr Glück kaum fassen.

Ein entscheidender Schritt wird in Zukunft sein, auch in den westlichen Terai-Distrikten ein Forum der ehemaligen *Kamlahari* zu gründen. Daran arbeiten wir momentan. Auch dort müssen sich die Mädchen organisieren und ihre eigenen Verteterinnen wählen, die sie bei den Mächtigen des Landes und in den Medien repräsentieren können. Die Öffentlichkeit muss erfahren, was noch Jahr für Jahr an *Maghi* in diesen Bezirken geschieht.

Die Regierung hat zwar inzwischen mehrere Millionen Rupien für die Schulbildung der ehemaligen *Kamlahari* versprochen. Doch bisher ist nur ein Teil bezahlt worden. Die anhaltende Unbeständigkeit und Unzuverlässigkeit der Regierung erschwert und verlangsamt alle Reformprozesse. Und wenn Geld fließt, muss man auch noch sehen, dass es richtig verteilt wird und tatsächlich auch da ankommt, wo es gebraucht wird. Aber wir bleiben dran, fragen nach, erinnern die Politiker und Minister an ihre Versprechen.

Außerdem müssen wir als ehemalige *Kamlahari* natürlich auch nach Möglichkeiten suchen, selbst Geld zu verdienen. Das Forum in Dang betreibt zum Beispiel eine Henna-Farm und verkauft Körbe und Bambusarbeiten. So haben wir wenigstens ein kleines Einkommen. Je besser wir für uns selbst sorgen können und je selbständiger wir werden, desto schneller werden wir unsere Ziele erreichen.

Frauensache

»In Nepal ist es nicht leicht, eine Frau zu sein.« Ich erinnere mich genau, wie ein junges Mädchen, sie war vielleicht vierzehn oder fünfzehn Jahre alt, dies beim Treffen einer Mädchengruppe sagte. Mit ein paar Mitgliedern des Forums waren wir in ein Dorf am Fuß der Hügel gefahren, um mit den Mädchen über Schule, Aids, Familie, und was sie sonst noch bewegte, zu sprechen.

Mit dabei war auch Pratibha Chaudhary, die viele unserer *Kamlahari*-Projekte in Lamahi koordiniert. Sie ist eine *Tharu* wie ich, hat aber studiert und spricht sehr gut Englisch. Bei den Treffen waren wir beide oft die einzigen Frauen. Aber Pratibha steckte die Männer mit ihrem Elan und Argumenten problemlos in die Tasche. Es war beeindruckend zu sehen, dass eine *Tharu*, eine Frau aus meiner Volksgruppe, so selbstbewusst auftrat und es so weit in ihrem Job gebracht hatte.

Mit ihrer direkten Art und guten Laune schaffte sie es auch an diesem Nachmittag, die Mädchen des »Girlsclub« aus der Reserve zu locken. Etwa vierzig Mädchen zwischen zwölf und zwanzig Jahren saßen auf dem Boden unter einem Strohdach zusammen. Es war heiß. Sie fächelten sich Luft mit einem Strohfächer oder einem Blatt zu. Die meisten trauten sich wie so oft nicht, überhaupt den Mund aufzumachen. Ein paar Minuten lang blieb es so still, dass man das Rascheln der Fächer hörte, die sich bewegten.

»Nun traut euch schon! Wir sind unter Frauen. Wir können über alles sprechen«, spornte Pratibha die Mädchen an. Und dann stand tatsächlich diese Fünfzehnjährige auf, Papita, und sagte, dass sie es ungerecht fände, eine Frau zu sein: »Warum haben wir Frauen es so viel schwerer als die Männer?«, fragte sie. »Wir müssen die ganze Arbeit machen, kochen, putzen, die Tiere versorgen, uns um die Kinder kümmern. Wir müssen die Kinder austragen und unter Schmerzen zur Welt bringen, und noch dazu bluten wir jeden Monat.«

Ich war tief beeindruckt von ihrem Mut und ihrer Aufrichtigkeit. Sie sprach aus, was viele von uns dachten. Ein zustimmendes Gemurmel machte sich breit. Papita brachte es auf den Punkt, was wir alle hier empfanden.

Es stimmt: In Nepal sind Frauen und Mädchen, vor allem wenn sie aus ländlichen Regionen kommen und zu den unteren Kasten gehören, bis heute in vielerlei Hinsicht benachteiligt. Nur langsam setzt hier ein Umdenken ein.

Aber noch ist in Nepal keine Arbeit zu hart für Frauen. Sie tragen zwanzig Kilo schwere Reissäcke, riesige Holzbündel, Berge von Ziegelsteinen auf dem Kopf, sie schleppen die schwersten Lasten, räumen Schutt weg, arbeiten auf dem Bau, heben Gräben aus, klopfen Steine. Und kümmern sich nebenbei um die Kinder und Familien.

Noch immer gelten Frauen in Nepal während ihrer Menstruation als unrein und dürfen so lange nicht kochen und das Essen berühren. Pratibha erzählte mir, dass in manchen noch sehr rückständigen Dörfern die

Frauen während ihrer Regel sogar ihre Häuser verlassen müssen. Sie ziehen solange allein in eine schäbige Hütte im Wald, die keine Fenster hat und so klein ist, dass man sich dort nicht hinlegen kann. Also kauern sie die Tage, die sie bluten, in dieser Hütte, können sich nicht waschen, können sich nicht draußen sehen lassen. Das Stück Stoff, das sie als Monatshygiene benutzen, waschen sie nachts, wenn sie niemand sieht, im Fluss oder am Brunnen und versuchen dann, es irgendwie zu trocknen.

Pratibha hat gesehen, dass es noch solche Hütten in den Wäldern gibt. Als sie einen Mann fragte, warum er das seiner Frau antat, sagte er nur achselzuckend: »Aber was soll ich machen? Ich habe nur ein Haus. Sie kann ja schließlich nicht hierbleiben, wenn sie blutet. Nur weil ich sie liebe, habe ich ihr die Hütte gebaut. Damit sie nicht ohne Schutz und ein Dach über dem Kopf im Wald sitzen muss.«

Viele Frauen haben es immer noch schwer in Nepal. Das beginnt schon bei der Geburt: Mädchen sind in den Augen vieler noch immer weniger wert, weil sie heiraten und das Haus verlassen. Meine zweitälteste Schwester Mithila hat sechs Mädchen geboren, bevor sie endlich einen Sohn bekam. Radha, die Frau von meinem Bruder Hari, hat vier kleine Mädchen – wovon drei Albinos sind – Sarisma, Samira, meine Lieblingsnichte und ihre jüngste Schwester Susmita –, doch Radha wird weiter Kinder bekommen, bis sie einen Sohn hat. Denn, wenn Mädchen groß sind und heiraten, dann ziehen sie zur Familie ihres Mannes und sind für die Familie damit als Arbeitskraft verloren. Die Arbeit in den Familien übernehmen die Schwiegertöchter. Sie arbeiten von früh bis spät, müssen den ganzen Haushalt machen und dürfen sich noch nicht einmal frei bewegen. Selbst, wenn sie ihre Eltern besuchen wollen, müssen sie ihre Schwiegermutter um Erlaubnis fragen.

Bei uns *Tharu* war es lange üblich, dass junge Männer im Teenageralter mit zehn bis fünfzehn Jahre älteren Frauen verheiratet wurden. So war sich die Familie des Bräutigams sicher, dass die Frau erfahren genug war, den Haushalt und die Feldarbeit zu übernehmen. Es waren natürlich selten Liebeshochzeiten, und das hatte oft zur Folge, dass die Männer sich irgendwann eine jüngere Frau ins Haus holten. Wenn sie es sich leisten konnten, als zweite Frau. Wenn nicht, dann heimlich. Diese ersten Frauen aber, die die ganze Arbeit machen mussten, haben immer das Nachsehen. Diese ungerechte Verteilung führte zu vielen Spannungen innerhalb der Familien – zwischen den ungeliebten, ersten Frauen, die Tag und Nacht arbeiten mussten, und den zweiten Frauen, die in der Gunst des Mannes standen und dies oft schamlos ausnutzten. Doch erst allmählich geht diese Tradition zurück, weil die jungen Leute heute es nicht mehr wortlos hinnehmen.

Ich habe gelesen, dass 75 Prozent der verheirateten Frauen in Nepal in ihrer Ehe nicht glücklich sind. Viele von ihnen erleben regelmäßig häusliche Gewalt. Hin und wieder hört man von besonders brutalen Fällen im Radio oder liest davon in der Zeitung: Ehemänner, die ihre Frauen so schwer misshandeln, dass sie für ihr Leben gezeichnet sind oder sogar an den Verletzungen sterben.

Dem Gesetz nach können Ehen zwar geschieden werden. Doch praktisch wagen Frauen diesen Schritt so gut wie nie. Zumindest nicht auf dem Land. In der Stadt schon eher. Doch sogar in Nepalganj oder Kathmandu sind geschiedene Frauen nicht vor Diskriminierungen und Beschimpfungen sicher. Selbst Witwen werden geächtet. Der Staat hat daher eine Prämie von 50.000 Rupien* ausgesetzt, die an Männer ausgezahlt wird, die bereit sind, eine Witwe zu heiraten. Wer eine *Dalit* heiratet, eine Frau der untersten Kaste, der soll sogar eine Million Rupien** bekommen. Denn normalerweise gehört es sich auch nicht, dass die Kasten sich mischen. Doch anscheinend ist selbst durch diese finanziellen Anreize die Anzahl der Ehen mit Witwen oder *Dalit* kaum gestiegen.

Eine Frau ohne Mann ist in Nepal bis heute nicht viel wert. Nur wenn Frauen Zugang zu Bildung haben und damit zu Jobs und einem eigenen Einkommen, wird sich das vielleicht irgendwann einmal ändern. Die Regierung hofft, durch eine Frauenquote die Situation in der Politik, bei den Beamten und in den Schulen zu verbessern. Doch die Frauen, die es bis in die Politik oder an die Universität schaffen, kommen nur sehr selten aus den unteren Kasten oder vom Land. Siehe Cruel Ma'am.

Meine persönliche Hoffnung ist, dass sich die Erziehung ändert. Schon heute kann man beobachten, dass Eltern und Kinder offener miteinander reden. Die Eltern geben den Kindern mehr Freiheit und lassen sie in den wichtigen Punkten mitentscheiden. Vor allem Mädchen, die seit der ersten Klasse zur Schule gehen durften, treten wesentlich selbstbewusster auf, merke ich. Von ihren Müttern ist noch kaum eine zur Schule ge-

---

*   Circa 510 Euro.
** Circa 10.000 Euro.

gangen, sie heirateten meist früh und bekamen mehrere Kinder. Die Töchter aber wissen um die Nachteile zu früh geschlossener Ehen, heiraten später und bekommen weniger Kinder. Insofern sind Bildung, Aufklärung durch die Medien und natürlich politische Reformen der einzige Weg, um den Teufelskreis aus Armut, Fremdbestimmung und Gewalt zu durchbrechen, in dem noch viel zu viele Frauen in Nepal stecken.

Das ist auch bitternötig, denn es lauern neue Gefahren: Das gute Geschäft mit der Armut lockt Schlepper und Mittelsmänner an. Jährlich werden 100.000 bis 150.000 Mädchen und Frauen und an die 7500 Kinder nach Indien und teilweise sogar weiter bis in die Golfstaaten verschleppt – so die Schätzungen einer nepalesischen Hilfsorganisation. Der Menschenhandel blüht und nimmt jedes Jahr zu. Die Ursachen liegen wie bei der *Kamlahari*-Praxis in der Not der Menschen. Die Schlepper nutzen die Gutgläubigkeit der Landbevölkerung schamlos aus. Sie versprechen ihnen ein besseres Leben, ein Einkommen für die Familie, eine Ausbildung für die Kinder. Die Methoden sind die gleichen, doch jetzt, wo der *Kamlahari*-Handel allmählich eingedämmt wird, suchen sich die kriminellen Banden neue lukrative Geschäftsmöglichkeiten.

Hilfsorganisationen haben am Grenzübergang zu Indien in Nepalganj eine Station eingerichtet. Wir haben sie mit ein paar Mädchen vom Forum besucht. Dort stehen jeden Tag zwei Mitarbeiterinnen acht Stunden Wache und fangen verdächtige Schlepper und ihre Opfer ab.

»Wir fragen verdächtige Mädchen nach ihrem Ziel, nach dem Grund der Reise und kontrollieren die Papiere«, so erzählte uns eine Sozialarbeiterin. »Allerdings werden die Händler immer dreister und raffinierter. Teilweise haben sie einen Bräutigam als Tarnung dabei und zeigen vollständige Papiere vor, eine gefälschte Hochzeits- und Geburtsurkunde.«

»Wenn überhaupt, fangen wir immer nur die kleinen Fische – völlig verängstigte Mädchen, die keine Ahnung haben, wohin die Reise geht. Die Drahtzieher bleiben im Hintergrund und tauchen gar nicht auf. Dennoch: Dadurch, dass wir hier stehen, machen wir ihnen den Handel zumindest etwas schwerer«, fügte ihre Kollegin hinzu.

Neuerdings, so berichteten die beiden Frauen weiter, steckten die Schlepper die Mädchen auch immer öfter in eine Burka. Denn in Nepalganj ist eine der größten muslimischen Gemeinden in Nepal ansässig. Und wenn Frauen den muslimischen Ganzkörperschleier tragen, kann man sie nicht kontrollieren. Religion ist, wie in allen Ländern, ein sehr empfindliches Thema in Nepal. Solche Schwachstellen aber machen sich die Menschenhändler sofort zunutze. Oder sie bringen ihre Opfer über den nächsten Grenzübergang, der nicht bewacht wird, oder gleich über die 1500 Kilometer lange grüne Grenze zu Indien.

Lawajuni – neues Glück

Derzeit schießen überall in Dang Läden wie Pilze aus dem Boden, die *Lawajuni* heißen: »neues Glück, neues Leben, Neuanfang«. An jedem dritten Haus kann man »*Lawajuni*« lesen: auf der Fassade von Teeshops, Schönheitssalons, Kiosken, an Garküchen, Mini-Supermärkten, Schneiderateliers oder Gästehäusern. Viele davon gehören früheren *Kamlahari*, sie alle hoffen auf ein »neues Leben«, und ich freue mich für jede Einzelne von ihnen.

Diese Klein-Unternehmerinnen, die sich eine eigene Zukunft aufbauen und den Schritt in die Selbständigkeit schaffen, werden das Gesicht des Terai verändern. Denn Studien belegen, dass Frauen jede Rupie, die sie verdienen, wieder in die Familie und in die Kinder investieren. Was für die Männer nicht immer so selbstverständlich ist. Manch ein Familienvater verspielt sein Geld lieber oder betrinkt sich mit seinem Lohn, und seine Frau muss zusehen, wie sie die Kinder satt bekommt.

An einem Nachmittag in Manpur fasste auch ich den Entschluss, die Vergangenheit hinter mir zu lassen. Wie ein Fluch verfolgte sie mich auf Schritt und Tritt. Daher schnappte ich meine Tagebücher und steckte sie zu den Mathe- und Nepali-Hausaufgaben in meinen Rucksack. Bisher hatte ich die Tagebücher, die ich während meiner Zeit als *Kamlahari* bei Sita und Cruel Ma'am geschrieben hatte, im einzigen Schrank verschlossen, den meine Familie besitzt. In diesem Schränkchen bewahren wir unsere kostbarsten Besitztümer auf. Von mir lagen darin die zwei Fotoalben, die ich von Sita habe, meine Tagebücher und der *Tharu*-Schmuck, den ich geerbt habe.

Jedes Mal, wenn mir die zerfledderten Hefte in die Hände fielen und ich darin blätterte, überkam mich eine tiefe Traurigkeit über all diese verlorenen Jahre. Seite um Seite habe ich mit meinen Sorgen, meinem Schmerz, meiner Wut, meinem Heimweh und meinen Erinnerungen gefüllt. Aber damit war nun Schluss: Ich wollte nicht mehr traurig sein, ich wollte von nun an nach vorne schauen.

In Narti trug ich die Hefte noch am selben Abend zum Feuer. Auch das Hostel heißt übrigens: *Lawajuni* – neues Glück. »*Lawajuni* Girls Hostel« steht auf einer blauen Tafel mit einer weißen Taube über dem Eingang.

Eines nach dem anderen warf ich die Hefte in die Glut. Die Flammen loderten auf, züngelten am Kartoneinband und fraßen sich in Sekundenschnelle in das billige, dünne Papier. Sie brannten hell, und der Rauch stieg mir in die Augen. Ich schob die Reste mit einem Stock in die Mitte, denn ich wollte nicht, dass von diesem traurigen Kapitel etwas übrig blieb.

»Was machst du da?«, fragte mich Aruna, eines der jüngeren Mädchen. Sie war neugierig herbeigekommen, um zu schauen, was so rauchte.

»Ich möchte die Vergangenheit hinter mir lassen und nicht mehr an all die schlimmen Sachen von früher denken müssen«, erklärte ich ihr. »Ich will, dass sie zu Asche zerfallen und sich in Rauch auflösen, in den Himmel aufsteigen und mich nie nie wieder ärgern und zum Weinen bringen.«

»Ich will auch nicht, dass du weinst«, tröstete mich Aruna und legte ihre Arme um meine Taille. Eine Weile blieben wir so stehen und sahen ins Feuer

Es war wie eine innere Reinigung. Eine tiefe Ruhe und Zufriedenheit erfüllte mich, als ich in die Flammen blickte.

Vor Gericht

Meine ganze Energie und Kraft brauche ich jetzt für die Schule. Ich möchte (und muss) mich auf das Lernen konzentrieren. Wenn es gut läuft, möchte ich in ein paar

Jahren auf ein College gehen und studieren. Um Journalistin zu werden oder Anwältin und mich für die Rechte der Ärmsten einzusetzen. Dann könnte ich auch selbst vor Gericht erreichen, dass mir Cruel Ma'am den Lohn zahlt, den sie mir für die dreißig Monate, die ich für sie gearbeitet habe, schuldet. Ich werde um mein Geld kämpfen, so viel steht fest. Regelmäßig rufe ich Sita an und bitte sie, auf ihre Tante einzuwirken.

Als Cruel Ma'am hörte, dass ich wieder mal ein Fernsehinterview in Kathmandu geben würde, ließ sie Sita, wie auch schon nach meinem Besuch beim Präsidenten, bei mir anrufen. Sita richtete mir noch einmal aus, dass ich auf keinen Fall Cruel Ma'ams Namen nennen dürfte, wenn ich nicht Ärger haben wollte. Sita meinte: »Die Tante hat gesagt, wenn du ihren Namen nicht verrätst, schickt sie dir dafür das Geld.« Doch es ist nie etwas passiert. Ich hielt mich damals an mein Versprechen und erwähnte Cruel Ma'ams Namen nicht, obwohl die Journalisten nachbohrten, wer denn die Abgeordnete gewesen sei. Doch Cruel Ma'am hielt sich wieder einmal nicht an ihren Teil der Abmachung. Bis heute warte ich noch darauf.

Das letzte Mal, als ich Sita anrief, erfuhr ich eine schockierende Nachricht: Mohan, Sitas Sohn, war eine Woche zuvor gestorben. Ich war erschüttert. Er war gerade einmal siebzehn Jahre alt. Angeblich wurde er tot vor dem Fernseher aufgefunden – für Sita war es ein furchtbarer Schicksalsschlag, und auch ich war entsetzt. Inzwischen habe ich Gerüchte gehört, dass bei Mohans Tod Drogen im Spiel gewesen sein sollen … Natürlich konnte ich angesichts dieser traurigen Nachricht nicht nach meinem Geld fragen. Danach habe ich mich eine

Weile nicht mehr getraut, Sita anzurufen, weil ich nicht genau wusste, wie ich mit ihr nach dem tragischen Tod von Mohan umgehen sollte.

Erst nach drei Monaten gab ich mir einen Ruck und versuchte es erneut. Cruel Ma'am ließ mir kurz darauf mitteilen, dass ich mich wegen des Geldes an ihren Bruder in Ghorahi wenden sollte. Er würde es mir auszahlen. Aber der Bruder beharrt seitdem darauf, dass seine Frau krank sei und er kein Geld mehr habe. Daher könne er mir meinen Lohn nicht aushändigen. Es ist zum Verrücktwerden …

Eine allerletzte Chance werde ich ihnen noch geben. Ich will den Bruder in Ghorahi anrufen, um ihm ein Ultimatum zu stellen: Entweder zahlen sie mir meinen Lohn, oder ich werde vor Gericht gehen. Das werde ich ihnen klipp und klar sagen.

Bisher hat mich davon abgehalten, dass die Gerichte in Nepal völlig überlastet sind. Es kann ewig dauern, bis es zum Prozess kommt, und noch einmal so lange, bis ein Urteil fällt. Doch wenn es sein muss, werde ich diesen Weg gehen. Dazu bin ich fest entschlossen.

Ich weiß, es würde ein langer und zäher Prozess werden. Noch nie hat bislang eine *Kamlahari* einen *Landlord* oder eine Landlady auf Lohn verklagt. Das ist in einem Land wie Nepal, das noch immer von Hierarchien und vom Kastensystem geprägt wird, tabu. Wenn aber Cruel Ma'am weiter stur bleibt und glaubt, sie käme davon, weil ich zu schwach oder zu dumm bin, um mir zu holen, was mir zusteht, dann werde ich dieses Tabu brechen. Stellvertretend für alle anderen *Kamlahari*, die um ihren Lohn betrogen worden sind.

EPILOG – ZUKUNFTSMUSIK

Seitdem ich die Hefte von früher verbrannt habe, habe ich nicht mehr Tagebuch geschrieben. Aber ich möchte wieder beginnen. Denn derzeit passiert so viel in meinem Leben.

2066 oder 2009 war ein sehr glückliches Jahr für mich. Eines Tages nämlich kam eine deutsche Journalistin zu uns ins Narti Hostel. Sie heißt Nathalie Schwaiger, und sie hatte, obwohl sie so weit weg von mir lebt, von meiner Geschichte erfahren. An dem Tag, als sie mich besuchte, haben wir uns sehr lange unterhalten. Ich erzählte ihr von meinem Dorf, meiner Familie und den Jahren, die ich als *Kamlahari* verbringen musste. Sie hörte mir aufmerksam zu, und dann fragte sie mich, ob ich mir vorstellen könnte, meine Geschichte in einem Buch aufzuschreiben.

Ich war völlig überrascht. Auf so eine Idee wäre ich niemals gekommen. Aber Nathalie meinte, es gäbe viele Menschen in ihrem Land, die sich für mein Schicksal interessierten, und außerdem wäre ein Buch eine tolle Möglichkeit, auf die Situation der *Kamlahari* aufmerksam zu machen. Ich fühlte mich sehr geehrt, und so kam es, dass wir zusammen meine Geschichte aufgeschrieben haben. Der Gedanke, dass Menschen in Deutschland und in anderen Ländern nun das Schicksal von mir, Urmila, dem *Kamlahari*-Mädchen, kennen, erfüllt mich mit großem Stolz. Ich bin sehr froh, den unzähligen anderen Mädchen meines Landes, die ebenfalls als *Kamlahari* verkauft worden sind, eine Stimme geben zu können.

Und dann geschah noch etwas Unglaubliches: Ich habe das Angebot bekommen, eine englische Privatschule zu besuchen, um mein Englisch noch weiter zu verbessern. Bald bin ich so weit, dass ich der ganzen Welt auf Englisch von uns *Kamlahari* erzählen kann.

Aber das Lernpensum ist enorm. Ich muss viel nacharbeiten und mich reinknien. Vor den letzten Examen habe ich wochenlang bis zwölf oder ein Uhr nachts gelernt und bin um vier Uhr morgens wieder aufgestanden, um weiterzumachen. Vor allem in den Naturwissenschaften und in Mathematik habe ich viel aufzuholen. Aber ich weiß, wie wichtig es ist, zielstrebig zu lernen. Im Schülerleben ist das Buch der Schlüssel zur Welt, das Heft ist die Seele des Schülers, und der Stift bringt den Schüler zum Ziel.

In der Zwischenzeit habe ich sogar ein eigenes Zimmer in Lamahi. Zum ersten Mal also wohne ich nun allein mit meinem Bruder Guru und meinem Cousin. Zum ersten Mal habe ich eine eigene, kleine Wohnung und fühle mich richtig erwachsen!

Nie in meinem Leben hätte ich gedacht, dass ich, Urmila Chaudhary, mal auf eine englische Privatschule gehen würde und eine eigene Wohnung hätte. Das Leben ist voller Rückschläge und dann doch wieder voller wunderbarer Überraschungen.

Umso mehr bin ich gespannt, was noch kommen wird ...

Natürlich wünsche ich mir irgendwann eine eigene Familie. Aber auf jeden Fall erst später, nach meiner Ausbildung. Im Moment habe ich keine Zeit für *Maya* – das heißt auf Nepali: »Liebe«. Natürlich wäre es schön, wenn ich einen Mann heiraten könnte, den ich auch liebe. Aber noch mehr wünsche ich mir einen netten Mann, der mich versteht, der wie ein Freund ist, und mit dem ich über alles reden kann.

Dann möchte ich gern zwei Kinder haben – erst eine Tochter und als Zweites einen Sohn. Meine Tochter werde ich genauso lieben wie meinen Sohn. Ich werde sie zur Schule schicken und ihr dieselben Chancen bieten. Und ihr jeden Tag sagen, wie stolz ich auf sie bin. Das ist sehr wichtig. Damit sie von Anfang an weiß, dass sie genauso viel wert ist wie ein Junge. Vielleicht wird es sogar irgendwann einmal so sein, dass sich alle Mütter wünschen, ihr erstes Kind wäre ein Mädchen.

Im Moment kann ich noch keinen *Premi* – Verlobten – brauchen. Hier in Nepal wird es auch gar nicht gern gesehen, wenn man sich verliebt. Die meisten Hochzeiten sind noch immer arrangiert. Vor allem auf dem Land. Hier sind die Leute der Meinung, wenn man einen Freund habe, sei Schluss mit der Kindheit, Schluss mit dem Lernen. Manche Mädchen werden sogar aus der Schule genommen, wenn sie sich mit einem Jungen sehen lassen. Dann denken die Eltern nämlich, dass ihre Tochter bald heiratet, und sie meinen, dass es sich nicht mehr lohnt, noch in ihre Ausbildung zu investieren.

In der Stadt sind die Leute schon etwas aufgeschlossener und moderner. In Kathmandu sieht man inzwischen junge Paare, die zusammen ausgehen oder sogar Hand in Hand durch die Straßen laufen. Aber auf dem Dorf geht schon die Gerüchteküche los, wenn man einen Jungen nur ansieht oder ein paar Worte mit ihm spricht. Viele Mädchen haben ihren Ruf verloren, weil gehässige Nachbarn Geschichten erzählt haben, die gar nicht stimmten. Da muss man höllisch aufpassen. Und ich möchte auf keinen Fall riskieren, dass ich nicht mehr zur Schule gehen kann. Ich habe zu lange darauf gewartet und zu viel dafür kämpfen müssen.

Ich habe noch so viele Träume. Zum Beispiel, irgendwann über die Chinesische Mauer zu spazieren. Ich habe sie als Kind bei Sita im Fernsehen gesehen, und ich fand es unglaublich spannend, dass Menschen so ein Riesenbauwerk errichtet haben – Tausende von Kilometern lang, quer durch ein Land.

Für mich ist die Mauer ein Symbol dafür, was Menschen alles leisten und erreichen können. Einer von den Volunteers in Narti hat mir erzählt, dass die Mauer so lang und groß ist, dass man sie sogar aus dem Weltall sehen kann. Ich weiß nicht, ob es stimmt, aber es wäre toll, dieses einmalige Bauwerk, dieses Stück Geschichte unter meinen Füßen zu spüren, es tatsächlich zu sehen und anzufassen.

Außerdem möchte ich unbedingt einmal nach Dharamsala in Nordindien fahren, wo der Dalai Lama im Exil lebt. Es muss sehr grün und sehr schön dort sein, habe ich gehört. Ich wäre gespannt, ob er mich wiedererkennt, wenn wir uns noch einmal begegnen. Bei ihm weiß man nie. Er hat ein Gedächtnis wie ein Elefant, heißt es, und er ist weiser als wir alle zusammen.

Nach Tibet möchte ich, um zu den Klöstern oben in den Bergen hinaufzusteigen, wo man den Göttern näher ist als irgendwo sonst auf der Welt. Und nach Vietnam, um das Meer zu sehen. Ich stelle es mir unendlich groß und weit vor. Bis zum Horizont ... Das ist schwer vorstellbar. Selbst hier in der Ebene und erst recht in den hügeligen und gebirgigen Teilen Nepals wird der Blick immer von Bergen eingerahmt. Er ist nie völlig frei.

Natürlich wäre es auch wunderbar, eines Tages nach Amerika, Australien oder Europa zu reisen. Ich habe viel davon gehört. In Narti sind regelmäßig Volunteers aus dem Ausland. Aus den USA, aus Australien, England, Spanien und Deutschland waren schon welche da. Mit einigen bin ich seitdem über E-Mail in Kontakt geblieben. Sie haben mir von den Landschaften in ihrer Heimat erzählt, die ganz anders sind als hier.

Von kilometerlangen, sandigen Stränden und felsigen Küsten. Von Autobahnen und Brücken, die weit über das Meer reichen. Von Wolkenkratzern, die bis in den Himmel ragen, alten Kirchen mit vielen, bunten Glasfenstern und den großen Städten. Sie haben mir Postkarten und Fotos gezeigt von der Oper in Sydney, von der Golden-Gate-Brücke in San Francisco, von New York, vom Eiffelturm, vom Big Ben, von wunderschönen Schlössern in Deutschland – wer weiß, vielleicht werde ich zumindest etwas davon irgendwann mit eigenen Augen sehen.

Dann würde ich auch mit einem Flugzeug fliegen. Ich liebe es zu fliegen. Es ist ein so unbeschreiblich schönes Gefühl, alles hinter sich zu lassen und sich in die Luft zu erheben. Zweimal durfte ich bisher das Flugzeug nehmen. Einmal mit Cruel Ma'am, als sie mich nach *Lumbini* zu dem Parteitag ihrer Partei bestellt hatte. Hin fuhr ich mit dem Bus, zurück flog ich mit Cruel Ma'am gemeinsam. Leider war es schon dunkel, und ich konnte nichts sehen. Trotzdem fand ich es großartig. Ich erinnere mich noch an die sehr hübsche und nette Stewardess, die uns etwa zu trinken anbot. Es war alles sehr aufregend für mich, aber Angst hatte ich nicht, obwohl die Maschine gehörig auf und ab hüpfte und auch die Landung eher holprig war.

Das zweite Mal habe ich ein amerikanisches Filmteam begleitet. Sie drehten einen Film über *Kamlahari* und nahmen mich von Nepalganj nach Kathmandu mit, weil ich als eine der wenigen von den Mädchen ein paar Worte Englisch konnte. Es war wieder nur ein kurzer Flug, aber diesmal war es einfach wunderbar, weil ich am Fenster sitzen durfte und es noch hell war.

Den ganzen Flug habe ich nur an der Scheibe geklebt – es war umwerfend! Zum ersten Mal sah ich das *Himalaya*-Gebirge aus der Luft. Eine weiße, gezackte Kette von majestätischen Gipfeln, die am Horizont in die Wolken ragten. Unter mir die grün bewachsenen Berge, die wie die runden Rücken von riesigen Nashörnern oder Elefanten aussahen, die Reisterrassen mit all ihren Schattierungen, die Flussläufe, die flüssigem Silber glichen, die fruchtbaren Täler und Felder und dann die Straßen und das Häusermeer von Kathmandu. Was für ein schönes Land Nepal doch ist, dachte ich. Es war wundervoll, die Welt so von oben zu sehen. Sie sah so perfekt und so friedlich aus.

Wer weiß, was die Zukunft bringen wird. In Nepal haben viele Namen eine Bedeutung. Urmila bedeutet: »Neuanfang, zweite Chance«.

Vielleicht ist das alles kein Zufall. Vielleicht ist es meine Bestimmung, mich wieder aufzurappeln, mich nicht unterkriegen zu lassen und egal was passiert nicht aufzugeben.

Denn ein Menschenleben ist immer voller Stolpersteine und Hindernisse. Ein Leben ohne Schwierigkeiten gibt es nicht. Egal, was man macht, es gibt immer Probleme. Der Unterschied ist der, dass manche Menschen kleine und manche Menschen große Probleme haben. So ist eben das Leben: mal glücklich, mal traurig.

Man darf nicht aufgeben, sondern muss an seinen Problemen arbeiten und eine Lösung finden. Das zeichnet uns Menschen aus. Ich habe für mich entschieden, dass ich etwas verändern will. Nicht nur für mich, sondern auch für andere. Vielleicht bin ich auf der Welt, um gegen Ungerechtigkeiten wie das *Kamlahari*-System zu kämpfen. Auf jeden Fall sehe ich, was man bewegen kann, wenn man nicht alles einfach nur hinnimmt, sondern laut seine Meinung sagt. Ganz egal, wie: beim Theaterspielen, auf der Straße, in der Schule, in der Familie, bei Demonstrationen, bei Kundgebungen, im Radio oder im Fernsehen.

Die Zeit wartet nicht auf die Menschen, sondern der Mensch muss auf die richtige Zeit warten. Sie entscheidet über den Menschen, darüber, ob er König oder Bettler ist. Die Zeit kann uns helfen, aus einem Misserfolg einen Erfolg, aus einer Niederlage einen Sieg zu machen. Das ist die eine wichtige Erkenntnis seit meiner Rettung.

Die zweite ist, dass man von anderen nichts erwarten darf, wenn man selbst untätig bleibt. Mein Ziel – ein *Kamlahari*-freies Nepal – kann ich nur mit der Hilfe von anderen erreichen.

Ich habe ein Lied geschrieben über uns, die Töchter von Nepal, das ich Ihnen allen widmen möchte. Weil Sie meine Geschichte gelesen haben und weil das Schicksal der *Kamlahari* Sie nicht gleichgültig lässt. Dafür danke ich Ihnen.

Chori Ko Aawaz – Die Stimme der Tochter

Jetzt habe ich verstanden,
Ohne Kampf geht es nicht im Leben.

Ich bin auch ein Kind von Euch,
Warum bevorzugt Ihr meinen Bruder?

Jetzt habe ich verstanden,
Ohne Kampf geht es nicht im Leben.

Für ein paar Säcke Reis habt Ihr mich hergegeben,
Ich bin doch kein Tier, warum habt Ihr mich für Geld
verkauft?

Jetzt habe ich verstanden,
Ohne Kampf geht es nicht im Leben.

Lasst mich in Ruhe zur Schule gehen,
Denn wenn ich sie beendet habe, sorge ich für alle armen Menschen.

Jetzt habe ich verstanden,
Ohne Kampf geht es nicht im Leben.

(Lied von Urmila Chaudhary, aus dem
Nepali übersetzt von Sunita Karki)

NACHWORT VON
NATHALIE SCHWAIGER

Als im März 1998 Senta Berger das erste Mal nach Nepal kam, war Urmila acht Jahre alt und arbeitete nur ein paar Kilometer von Frau Bergers Hotel entfernt im Haushalt ihrer »Maharani«. Ihre Wege hätten sich also theoretisch schon damals in Kathmandu kreuzen können. Doch noch taten sie das nicht.

Anstatt Urmila kreuzte damals in Nepal Sharmila, ein anderes kleines Mädchen, den Weg von Senta Berger und Marianne M. Raven, der Geschäftsführerin des Kinderhilfswerks Plan International in Deutschland. Eine Begegnung, die für die beiden Frauen, für viele Mädchen – und auch für Urmila später – entscheidend werden sollte.

Bei einem Ausflug ins nepalesische Hochland kam den beiden deutschen Frauen ein freundliches kleines Mädchen entgegen. Es war ein sehr kalter Morgen, aber das Mädchen war nur sehr spärlich bekleidet und trug keine Schuhe. Die beiden Frauen folgten Sharmila in ihr Elternhaus und trafen auf ihre Mutter und ihren Bruder. Der Bruder trug eine saubere Schuluniform und Schuhe. Auf die Frage, warum die Kleine so schlecht bekleidet sei und nicht zur Schule gehe, lautete die überraschte Antwort der Mutter: »Sie ist doch nur ein Mädchen.«

Dieser Satz war es, der damals, an diesem Morgen im Hochland bei Kathmandu, einen Stein ins Rollen brachte. Zurück aus Nepal, starteten Marianne M. Raven und Senta Berger die Mädchen-Kampagne. Diese trägt mittlerweile den internationalen Namen »Because I am a Girl« und setzt sich weltweit dafür ein, das Leben von Mädchen zu verbessern.

Denn für viele Mädchen in armen Ländern sieht es nach wie vor auf diesem Planeten nicht gut aus: Sie werden schon als Föten selektiv abgetrieben. Sie werden oft schlechter ernährt und medizinisch versorgt. Sie müssen mehr und häufiger im Haushalt helfen, sind das Opfer von Mädchenhandel, weiblicher Genitalbeschneidung und sexuellem Missbrauch. Sie gehen seltener zur Schule und wenn, weniger lang.

Das Fehlen von Bildung aber hat dramatische Folgen, wenn aus den Mädchen Frauen werden. Sie haben keine Chance auf ein besseres Leben, auf ein eigenes Einkommen, keine Chance, sich gegen Zwangsverheiratungen und Ausbeutung zu wehren, sich gegen HIV zu schützen, sich für ihre eigenen Rechte und für die ihrer Kinder einzusetzen.

In den vergangenen Jahren wurde durch die Mädchen-Kampagne viel bewegt. Mädchen und junge Frauen haben sich neue Möglichkeiten eröffnet. Eine davon ist Urmila. Die Mädchen-Kampagne war es, die es ihr 2007 ermöglichte, endlich – nach elf Jahren Leibeigenschaft – zur Schule zu gehen und sich damit ihren größten Traum zu erfüllen.

Als ich 2009 nach Nepal kam, einem der schönsten und ärmsten Länder der Welt, war es wie eine Zeitreise. Die sozialen Kontraste sind schon in Kathmandu groß, auf dem Land, in den Dörfern aber sind sie enorm, und die Armut vielerorts ist erschreckend. Strom, fließend Wasser, Heizung, warme Kleidung, Schuhe, Tische und Stühle im Klassenzimmer – was für uns Europäer völlig selbstverständlich ist, davon können viele Menschen und Kinder in den Dörfern von Nepal nur träumen.

Die Zahlen sprechen für sich: 2009 betrug das Bruttoinlandsprodukt von Nepal pro Kopf 452 US-Dollar. Zum Vergleich: In Deutschland lag es im selben Jahr bei 40.875 US-Dollar (Angaben des Internationalen Währungsfonds IWF). Die Hälfte der Menschen in dem Vielvölker- und Vielsprachenstaat Nepal lebt von weniger als einem Euro am Tag. Einem Euro am Tag! Fünfzig Prozent der Kinder in Nepal sind, so UNICEF, unter- und mangelernährt.

Alarmierende, schockierende Zahlen. Aber warum ist das so? Einiges lässt sich aus der Geschichte heraus erklären: Das ehemalige *Himalaya*-Königreich hat jahrhundertelange Unterdrückung und einen mehrjährigen Bürgerkrieg hinter sich und steckt in einem langwierigen Selbstfindungs- und Übergangsprozess. Nachdem der letzte König 2006 aus seinem Palast verjagt wurde, dauerte es zwei Jahre, bis freie Wahlen stattfanden. Mehrmals wurden sie auf den Druck der Maoisten hin verschoben. Erst im Mai 2008 wurde die Republik ausgerufen und die Monarchie nach 237 Jahren endgültig abgeschafft. Damit ist Nepal eine der jüngsten Demokratien der Welt.

Seit über einem Jahr versuchen sich nun die drei großen und die unzähligen Splitterparteien, auf eine neue Verfassung zu einigen. Bisher noch ohne Erfolg. Sie misstrauen und boykottieren sich gegenseitig. Der neue Termin zur Abstimmung über die Verfassung wurde abermals verschoben – auf 2011.

Im Juni 2010 trat auch der letzte Regierungschef nach nur knapp einem Jahr Amtszeit, wieder auf Protest der Maoisten, zurück. Monatelang konnten sich die Parteien auf keinen Nachfolger einigen und überließen das Land sich selbst. Der Friedensprozess geriet ins Stocken. Die große Angst im Land ist, dass der Frieden durch das monatelange Tauziehen womöglich wieder gefährdet ist. Das Vertrauen in die Parteien und politischen Vertreter hat durch die ständigen Streitigkeiten massiv gelitten. »Wenn sie sich noch nicht einmal bei den einfachsten, großen Fragen auf eine Linie einigen können, wie sollen sie dann später konstruktiv zusammenarbeiten?«, fragten sich manche, mit denen ich sprach. Der Druck der Öffentlichkeit nimmt zu. Und auch die großen Nachbarn China und Indien zeigen zunehmend Interesse an dem, was in Nepal passiert, und versuchen, mehr oder weniger verdeckt Einfluss zu nehmen. Doch das macht es noch unwahrscheinlicher, dass in absehbarer Zeit die neue Verfassung steht, die von allen Parteien akzeptiert wird.

Das Land kommt einfach nicht zur Ruhe. Die politische Instabilität bremst die Entwicklung des Landes, vergrault Investoren und behindert natürlich auch die Schulbildungs- oder *Kamlahari*-Rehabilitierungsprogramme vor Ort. Geld der Regierung, das schon längst versprochen wurde, fließt gar nicht oder kommt nicht an der richtigen Stelle an. Häufige Streiks und fast tägliche Stromsperren legen das Land regelmäßig lahm. Das Kastendenken und strenge Hierarchien verlangsamen und erschweren Veränderungen und Reformen.

Kinderarbeit etwa ist auch in Nepal verboten. Demnach dürfen Kinder unter 14 Jahren gar nicht arbeiten, und Kinder zwischen 14 und 16 dürfen nicht unter gefährlichen oder schlechten Bedingungen beschäftigt werden. Dennoch ist Kinderarbeit überall im Land noch sichtbar und an der Tagesordnung. Laut Schätzungen müssen 2,5 bis drei Millionen Kinder zwischen fünf und 14 Jahren arbeiten.

Auch die *Kamaya* und der *Kamlahari*-Handel sind offiziell verboten. Doch fehlen die Mittel und Möglichkeiten, um gegen die letzten *Landlords* durchzugreifen. Inzwischen zeigt sich wenigstens die Polizei oft kooperativ, wenn Fälle angezeigt werden. Doch solange noch rund ein Drittel der Bauern landlos ist und viele Familien tagtäglich um das nackte Überleben kämpfen, wird es auch Wege und Möglichkeiten für die Mittelsmänner und Menschenhändler geben, Eltern zu überreden, ihre Kinder zu verkaufen.

Zum Glück gibt es heute Alternativen und auch finanzielle Unterstützung für die Familien, insofern sie von dieser Hilfe wissen und sie auch annehmen. Organisationen wie Plan International mit SWAN, ihrem Partner vor Ort, und die nepalesische Organisation FNC von Man Bahadur unterstützen *Tharu*-Familien gezielt. Zum Beispiel mit Ausbildungsangeboten, Mikrokrediten und Qualifizierungsmaßnahmen, damit sie sich eine Existenz schaffen können, indem sie ein Kleinstunternehmen gründen oder ein Feld bewirtschaften. So sind sie nicht mehr gezwungen, aus wirtschaftlicher Not ihre Töchter zu verkaufen, und können sie stattdessen zur Schule schicken.

Dennoch: Auch heute noch entzieht sich der Staat häufig seiner Pflicht. 2009 hat die Regierung ein Budget von zwölf Millionen Rupien für die Schulausbildung der *Kamlahari* verabschiedet. Davon wurde bisher nur die Hälfte ausgezahlt. Meistens in Form von Subventionen an die Schulen, in denen *Kamlahari* unterrichtet werden. Das Erziehungsministerium versprach, dass die restlichen 50 Prozent auch bald fließen werden und dass auch für die kommenden Jahre eine Summe bereitgestellt würde. Doch die andauernde politische Krise verzögert die wichtigen Entscheidungen und die Erstellung der Programme, und so werden die Mädchen auf die Auszahlung vermutlich noch eine ganze Weile warten müssen.

Vor dem Hintergrund dieses politisch wie sozial hochkomplizierten Landes lernte ich Urmila 2009 in Narti kennen. Mit ihrer Herzlichkeit, ihrer Offenheit und ihrem Lächeln eroberte sie mein Herz auf Anhieb. Ansonsten wirkte sie wie auch die anderen Mädchen im *Lawajuni* Hostel in Narti fröhlich, bescheiden, pflichtbewusst. Am Kopfende ihres Bettes hing ein aufblasbarer Ball mit der Aufschrift »Life is good« – »Ein Geschenk von einem Volunteer aus Kanada«, klärte mich Urmila auf und strahlte.

Was sie durchgemacht hat, ist ihr auf den ersten Blick nicht anzusehen. Sie ist eine junge Frau, die gerade 21 geworden ist, die Action-Filme mag und die indische Profi-Tennisspielerin Sania Mirza bewundert. Die selbstbewusst, mutig, lustig und sportlich ist, die sich beim Badminton verausgabt, mit ihren Freundinnen herumalbert und im Rekordtempo SMS tippt. Urmila tanzt und singt gerne, sie erzählt lebhaft und mit Einsatz des ganzen Körpers, vor allem, wenn es spannend wird. Wie etwa, als sie von dem Überfall bei Cruel Ma'am berichtet, den sie damals in Kathmandu erleben musste.

Außerdem ist sie eine echte Verwandlungskünstlerin: Mit Zöpfen und Schuluniform sieht sie wie ein kleines Mädchen aus. Wenn sie nach der Schule die Haare hochsteckt und in den Sari schlüpft oder in ihr buntes *Tharu*-Kleid, verwandelt sie sich plötzlich in eine indische oder nepalesische Prinzessin. In Jeans und T-Shirt, die sie an den schulfreien Tagen am liebsten trägt, wirkt sie wie eine energische, moderne junge Frau, die gleich zum Bummel in die Stadt fährt.

Doch je mehr Zeit ich während der Recherche für dieses Buch mit Urmila verbrachte, je näher ich sie kennenlernte, desto mehr imponierte sie mir und desto mehr wurde mir klar, dass sie eine ganz besondere junge Frau ist. Eine junge Frau zwischen zwei Welten. Urmila weiß, was sie will, sie weiß aber auch, wohin sie gehört. Das ist das wirklich Außergewöhnliche an ihr. Sie hebt nicht ab, sie schätzt Situationen sehr klar und klug ein.

Ein Schlüsselmoment war für mich, als ich Urmila an einem Tag morgens bei ihrer Familie in Manpur erlebte und sie nachmittags zu einem Meeting des *Kamlahari*-Forums in Ghorahi begleitete. Bei ihrer Familie war Urmila still, bescheiden und zurückhaltend, redete wenig und leise, trug stundenlang Susmita und Samira, ihre kleinen, blonden Nichten, auf dem Arm herum, fegte mit Zweigen den Hof und wusch draußen an der Wasserpumpe die Töpfe. Das war die eine Urmila.

Eine ganz andere Urmila heizte nur ein paar Stunden später mit leidenschaftlichen Worten ihren ehemaligen *Kamlahari*-Kolleginnen ein. Ich war ehrlich beeindruckt, und mir wurde klar: Sie ist eine geborene Wortführerin und eine »Macherin«. Ihre Energie und ihr Enthusiasmus waren selbst für mich ansteckend, die nicht verstand, was sie den anderen auf Nepali sagte. Aber ich konnte an der Reaktion und in den Gesichtern der Mädchen sehen, dass Urmila genau die richtigen Worte fand.

Was Urmila geschafft hat, ist absolut bemerkenswert. Innerhalb von nur vier Jahren hat sie sich von einer siebzehnjährigen Beinahe-Analphabetin und Dienstmagd zu einer Leaderin und einem Vorbild entwickelt. Die *Kamlahari*-Mädchen und die Volksgruppe der *Tharu* setzen große Hoffnungen auf sie.

Doch Urmila wäre nicht Urmila, wenn ihr das zu Kopf steigen würde. Urmila bleibt auf dem Boden, fest und mit beiden Beinen. Sie kennt ihre Prioritäten genau. Wenn sie für die Schule arbeiten oder für die Prüfungen lernen muss, blendet sie alles andere aus. Da ist sie knallhart. Und jede freie Minute nutzt sie, um zu lesen. Häufig sieht man sie auf dem Boden sitzen und Zeitung lesen, konzentriert und völlig versunken. Als brächte sie jedes Wort, jeder Buchstabe ihrem Ziel, einen Schulabschluss zu machen, näher.

Sicher haben auch ihre Erfahrungen und ihre Zeit in Kathmandu sie dazu gemacht, was sie ist: »Die elf Jahre als *Kamlahari* haben mich stärker gemacht«, sagt sie. Doch stark und zielstrebig war sie schon immer, sonst hätte sie wahrscheinlich längst klein beigegeben. Aufgeben war für Urmila jedoch nie eine Option: »In diesem Land gibt es noch so viel zu tun!«, sagt sie und zeigt ihre wunderschönen weißen Zähne. Nur die Augen lächeln bei diesen Worten nicht mit.

Zum *Maghi*-Fest im Januar 2011 ist der Nachbardistrikt von Dang ebenfalls als *Kamlahari*-frei erklärt worden. Ein paar hundert Kilometer westlich geht der Handel dafür noch ungestört weiter, so berichteten die Beobachter der Hilfsorganisationen in den letzten Jahren. Deswegen haben Plan Nepal und FNC ihren Aktionsradius auf Kailali, Kanchanpur und Bardiya im Terai erweitert und sind weiter nach Westen gezogen, wo der Bedarf jetzt am größten ist. Von rund 5000 *Kamlahari* in diesen drei, hauptsächlich von *Tharu* bewohnten Regionen wissen die Organisationen. Die Dunkelziffer ist vermutlich wesentlich höher. Wahrscheinlich warten dort noch 10.000 Mädchen oder mehr darauf, befreit zu werden und irgendwann, so wie Urmila, zur Schule gehen zu dürfen.

»Wie kann ich mich ausruhen, wenn ich weiß, dass das Unrecht weitergeht?«, entgegnete Urmila entrüstet, als ich bemerkte, dass sie doch zufrieden sein könnte, weil Dang, ihr Bezirk, bereits *Kamlahari*-frei sei.

»Außerdem«, so fuhr sie fort: »Weißt du, dass die *Landlords* jetzt mehr und mehr auf Jungen ausweichen? Weil es ihnen angesichts des Drucks von Seiten der Hilfsorganisationen, des Forums und der Regierung doch zu riskant wird, Mädchen als *Kamlahari* zu beschäftigen? Jetzt nehmen sie Jungen, denn die haben noch keine Lobby!«

Diese Nachricht erschütterte mich zutiefst. Sie zeigt, wie manche *Landlords* in Nepal noch heute denken und wie grundlegend das Problem ist. Bisher wurden Mädchen vorgezogen, weil sie braver sind, zuverlässiger arbeiten und nicht weglaufen. Doch jetzt, wo es mit den Mädchen schwieriger geworden ist, da müssen eben doch die Jungen dran glauben. Einfach unfassbar! Natürlich kann es niemals im Sinne einer Mädchen-Kampagne sein, dass Jungen die Leidtragenden von Maßnahmen zum Schutz von Mädchen oder *Kamlahari* sind. Wird doch explizit in den Zielen der Mädchen-Kampagne gefordert, dass beide, Mädchen und Jungen, gleich behandelt werden, gleiche Chancen haben sollen.

»Siehst du, es gibt noch sehr viel zu tun«, so Urmilas Fazit. »Wie recht du hast«, musste ich beschämt zugeben. Überhaupt habe ich auf meiner Reise nach Nepal viel gelernt. Es war auch eine Lektion in Sachen Demut, die uns Europäern, die wir an ein gemütliches, sicheres und angenehmes Leben gewöhnt sind, bisweilen sehr guttut.

Ich bin gespannt, wo Urmila in ein paar Jahren sein wird, wenn sie die Schule beendet hat und studiert. Vielleicht wird sie tatsächlich einmal Anwältin oder Journalistin oder eine bekannte Schauspielerin. Oder eine Politikerin, die in ihrem Land einiges bewegen wird, für die *Kamlahari*, für die *Tharu*, für die Frauen.

Ganz sicher bin ich mir aber, dass wir von Urmila Chaudhary auch in Zukunft noch hören werden.

Nathalie Schwaiger
im Frühjahr 2011

NACHWORT VON
URMILA CHAUDHARY

In den letzten Jahren ist viel passiert. Dinge, von denen ich früher nicht zu träumen gewagt hätte.

Im April 2011 war es so weit: Mein Buch wurde in Deutschland vorgestellt. Als ich in Kathmandu in den Flieger stieg, war ich furchtbar aufgeregt. Noch konnte ich es kaum fassen. Aus dem Fenster sah ich die Kette der *Himalaya*-Schneegipfel vorbeiziehen. Wie würde es in Europa sein? Ich hatte viel gehört und gelesen, hatte Bilder im Fernsehen gesehen. Einige Wochen vor meiner Reise war ein Reporterteam vom deutschen Nachrichten-Magazin »Der Spiegel« nach Nepal gekommen. Die junge Journalistin war nicht viel älter als ich, sie war sehr lustig und selbstbewusst und machte mir Mut. Sie hatte mir viel von ihrem Land erzählt und auch ein paar Sätze und Wörter auf Deutsch beigebracht.

Zum Glück kam Pratibha mit, die für das Buch übersetzt hatte, so konnten wir uns gegenseitig helfen. Vor allem bei der Zwischenlandung in Mailand wäre ich sonst völlig verloren gewesen. Der Flughafen war riesig, die Menschen rannten hektisch herum, und von den Ansagen auf Italienisch und Englisch verstanden wir kein Wort. Als wir endlich im richtigen Flugzeug nach München saßen, waren wir erleichtert. Das Wiedersehen mit meiner Co-Autorin Nathalie war sehr bewegend. Sie zeigte uns ihre Stadt, ich lernte ihre Familie und Freunde kennen.

Wir gingen auch ins Hofbräuhaus, wo Musik spielte,

die Menschen aus riesigen Krügen Bier tranken und laut sangen. Ich fühlte mich zuerst etwas unbehaglich: Dass Frauen in aller Öffentlichkeit Alkohol trinken, ist in Nepal absolut tabu. Frauen trinken, wenn überhaupt, nur wenn sie unter sich sind. Ein paar Männer am Stammtisch hatten komische Riesen-Schnurrbärte, Lederhosen und Hüte mit seltsamen Pinseln drauf. Pratibha wollte unbedingt ein Foto mit ihnen machen. Ich war überrascht: Die Männer waren freundlich, sagten gleich ja und stellten sich mit uns für das Bild auf. Auch das wäre in Nepal nicht möglich, dass Frauen fremde Männer ansprechen ... Es war eine sehr ungewohnte Umgebung für mich, aber ich fand es auch sehr spannend, alles zu beobachten. Nur mit den Knödeln konnten Pratibha und ich uns gar nicht anfreunden: so fade Teigklöße, völlig ohne Geschmack oder Chili? Wir waren jedenfalls sehr froh, als wir in einem indischen Restaurant Reis mit scharfer Soße essen konnten.

Wir besichtigten das Rathaus, ein Schloss, den Englischen Garten, wo lauter Menschen mit Hunden unterwegs waren. Aber ganz besonders gut gefiel mir die Frauenkirche: einen so großen Tempel habe ich noch nie gesehen! Die Atmosphäre dort war wunderschön, still und friedlich.

Außerdem gingen wir in einen Buchladen, und da lag es auf einem Tisch, zwischen der Biographie von Barack Obama, anderen Politikern und Filmstars: mein Buch mit meinem Foto auf dem Titel! Es war ein sehr emotionaler Moment, wir alle hatten Tränen in den Augen. Wir drei Frauen, die daran beteiligt waren, hielten das Ergebnis nach über einem Jahr Arbeit in unseren Händen! Niemals hatte ich geglaubt, dass ich in einem Buch meine Geschichte erzählen würde. Es endlich anfassen zu können, fühlte sich unwirklich und gleichzeitig sehr gut an ...

Weiter ging es nach Hamburg, wo sich das Büro von Plan Deutschland befindet. Ich mochte die Kanäle, die Alster und die großen Schiffe auf der Elbe, die so hoch wie schwimmende Häuser an einem vorbeizogen. Auch hier waren die Menschen alle sehr nett und interessiert. Ich war überwältigt von der Anteilnahme. Ich gab auch einige Fernseh- und Zeitungsinterviews und sprach bei Plan über die Situation in Nepal.

Kathrin, die bei Plan arbeitet, nahm Pratibha und mich in ihrer Familie auf, und wir hatten viel Spaß mit ihren vier Kindern. An einem Abend gaben Kathrins Mann und die Kinder ein Konzert für uns. Sie sind alle sehr musikalisch, spielen sehr gut Klavier und Cello. Ich hätte ihnen stundenlang zuhören können und hatte Gänsehaut am ganzen Körper. Was würde ich doch dafür geben, auch ein Instrument spielen zu können!

An einem anderen Abend fuhren wir zur Ostsee, weil Pratibha und ich noch nie am Meer waren. Das Wasser war eiskalt, doch uns war das egal: Wir konnten es nicht erwarten, uns hineinzustürzen, wateten in Hosen und Mantel ins Wasser und plantschten wie die Kinder.

Außerdem besuchte ich noch Berlin und Nürnberg und machte eine Lesereise nach Bremen, Aachen, Hagen und Weimar. Berlin beeindruckte mich sehr. Man fühlt, dass diese Stadt eine bewegte Geschichte hinter sich hat und etwas ganz Besonderes ist. Auch die Menschen sind dort irgendwie anders.

Die Fahrten im Zug genoss ich sehr, die Landschaften zogen an mir vorbei, ich saß bequem im Sessel und sah mir die Berge, Städte, Wiesen, Wälder und Flüsse an.

Überall waren die Leute sehr nett, viele kamen nach den Lesungen auf mich zu und sagten mir, dass sie meine Geschichte sehr berührt habe. Manche hatten sogar Tränen in den Augen. Auf so eine herzliche Anteilnahme in einem fremden Land war ich nicht gefasst.

Wenn Julia, eine Schauspielerin, die bei den Lesungen aus meinem Buch vorlas, die Stelle mit Cruel Ma'am vortrug, reagierten die Zuhörer besonders stark.

Oft musste ich in diesen Tagen an Cruel Ma'am denken. Was sie wohl sagen und denken würde, wenn sie mich jetzt hier sähe? Plötzlich war ich wieder dort, gefangen im Haus in Kathmandu, wo ich fast jede Hoffnung aufgegeben hatte. Und nun stand ich hier in Deutschland und erzählte den Menschen von meinem Leben und von der harten Zeit bei ihr – und das auch noch auf Englisch! Ich glaube, Cruel Ma'am würde Augen machen, wenn sie mich dort gesehen hätte ...

Die letzte Lesung in Weimar fiel genau auf das nepalesische Neujahrsfest. Zufällig war eine Frau aus Nepal dabei. Nach der Veranstaltung lagen wir uns gleich in den Armen. Sie hatte auch kein leichtes Schicksal gehabt, war aus Nepal von einer reichen Familie verschleppt worden. Ihr gelang die Flucht, ohne Pass und ganz allein schlug sie sich nach Berlin durch. Unsere Erlebnisse verbanden uns. Außerdem war es schön, endlich wieder in meiner Sprache sprechen zu können. So wurde es noch ein sehr netter Abend mit der Frau aus Nepal, Julia, die ich sofort in mein Herz geschlossen hatte, und einer Lokalredakteurin mit ihrem Mops Paula, den ich nie vergessen werde, weil er so lustig war und ein Gesicht wie ein Mensch hatte.

Der Abschied nach drei Wochen Deutschland war schwer – vor allem von den vielen lieben Freunden, die ich dort gefunden habe. Gleichzeitig freute ich mich auch auf zu Hause, auf Nepal, auf meine Familie, meine Freunde dort und die vertraute Umgebung. Die letzten Wochen waren so voller Ereignisse und Eindrücke gewesen, die ich erst einmal verarbeiten musste. Mit Koffern voller Schokolade und anderer Mitbringsel fuhr ich wieder ab. Diesmal trat ich die Reise allein an, denn Pratibha war schon früher wieder nach Nepal zurückgeflogen.

Was mir in Europa besonders aufgefallen ist? Dass die Menschen alle sehr beschäftigt sind. Sie haben immer Termine, arbeiten viel und sind ständig in Eile.

Aber für Kinder und Hunde nehmen sie sich viel Zeit und behandeln sie sehr nett.

Besonders beeindruckt haben mich die älteren Menschen in Europa. Mit 70 ist man in Nepal steinalt, die meisten sind krumm von der Arbeit, zahnlos, krank, schwach und abgemagert. In Europa dagegen trifft man 70-Jährige, die noch fit sind und viel jünger aussehen. Sie tragen Jeans und Turnschuhe, fahren Fahrrad, joggen durch den Park und verreisen – einfach unfassbar.

Worum ich die Menschen in Deutschland sehr beneide, sind die öffentlichen Verkehrsmittel. Sie wissen gar nicht, wie viel Glück sie haben, dass sie jederzeit überall hinfahren können. Der Bus, die U-Bahn, der Zug kommen zu einer festen Zeit und fahren eine vorher fest gelegte Route! In Nepal warten wir oft Stunden auf einen Jeep oder Bus. Wenn dann einer kommt, ist er komplett überfüllt, oft haben die Überlandbusse Pannen oder Unfälle und bleiben mitten auf der Strecke liegen. Und in die entlegenen Dörfer gibt es überhaupt keine Transportmittel. Jeder Weg ist ein mühsames, nervenaufreibendes Abenteuer. Das merkte ich erneut, als ich mich nach meiner Rückkehr gleich nach Manpur zu meiner Familie aufmachte.

Meine Eltern, Brüder und Schwägerinnen waren alle sehr froh und erleichtert, mich gesund in Manpur wiederzusehen. Vor meiner Abreise waren Nachbarn und Verwandte scharenweise vorbeigekommen, um meine Eltern zu warnen: Sie sollten mich nicht ins fremde Europa fahren lassen, Mädchen wie ich würden dort verschleppt werden und zur Prostitution gezwungen. Sie würden mich nie mehr wiedersehen ... Mein Zureden und meine Erklärungen, ich würde ja nicht allein fahren, halfen nicht, meine Eltern hatten sich sehr große Sorgen um mich gemacht. Als ich ihnen mein Buch und die vielen Fotos aus Deutschland zeigte, sahen sie, dass die Leute in der Fremde mich sehr freundlich aufgenommen hatten. Und sie waren sehr stolz auf mich. Immer wieder und wieder wollten sie die Fotos sehen und hören, was ich erlebt hatte.

Ich glaube, sie haben erst in diesem Moment begriffen, wofür ich kämpfe, warum es mir so wichtig ist, meine Geschichte zu erzählen, und warum ich mich so abrackere, um weiter zur Schule zu gehen.

Genau darum, um meine Ausbildung, habe ich mich in den letzten drei Jahren hauptsächlich gekümmert. Die neunte und zehnte Klasse sind sehr schwer in Nepal. Ich ging immer noch, dank der Unterstützung von einem guten Freund aus Deutschland, in Lamahi auf die Schule. Bis auf Nepali waren alle Fächer auf Englisch, auch Mathematik und Computerkunde – das war sehr hart. Ich musste sehr viel lernen. Als Vorbereitung auf das Abschlussexamen in der zehnten Klasse lernte ich monatelang Tag und Nacht. Im Morgengrauen, vor der Schule, saß ich vor den Büchern und nach der Schule bis spät in die Nacht. Vier, fünf Stunden Schlaf mussten reichen.

Trotzdem bestand ich das Examen nicht – ein harter Schlag für mich. Ich fiel in ein tiefes Loch. Das Lernpensum in Nepal ist einfach unmenschlich. Auf öffentlichen Schulen bestehen nur etwa 30 Prozent der Jugendlichen diese Prüfung, von den Privatschulen schaffen es immerhin etwa die Hälfte.

Zuerst war ich sehr geknickt, weil ich es nicht geschafft hatte. Was sollten all die Leute in Nepal und im Ausland von mir denken? Sie alle fieberten mit mir mit und hielten so viel von mir. Ich hatte das Gefühl, sie alle enttäuscht zu haben.

Kaum jemand in Nepal wiederholt die Prüfung, sie ist wie ein Nadelöhr. Entweder man besteht sie und gehört zu den glücklichen Auserwählten, die aufs College gehen und eine höhere Ausbildung absolvieren können. Oder man fällt wie die Mehrheit durch, macht im Idealfall eine Lehre, sucht sich irgendeinen Hilfsjob, um Geld zu verdienen oder, wie die meisten Frauen: Man heiratet und bekommt noch vor dem 20. Lebensjahr das erste Kind. Ich habe viele Freundinnen, die inzwischen geheiratet und ein Baby bekommen haben. Nur wenige von ihnen durften mit ihrer Ausbildung weitermachen. Die meisten müssen zu Hause bleiben.

Aber ich gebe nicht so schnell auf! Ich habe zu hart dafür gekämpft und auch zu lange darauf warten müssen, überhaupt zur Schule gehen zu dürfen! Ich habe noch mal die Schule gewechselt, denn an meiner durfte ich nicht noch einmal zur Prüfung antreten. Ich musste nach Ghorahi umziehen. Ausgerechnet in die Kreisstadt, wo mich damals mein Bruder in dem gelben Haus an meine erste Landlady Sita übergeben hatte ...

Der Onkel von Sita und Bruder von Cruel Ma'am wohnt immer noch dort in dem gelben Haus. Ich komme nun öfter daran vorbei. Jedes Mal ist es ein neuer Stich ins Herz. Mit der Reporterin vom Spiegel nahm ich meinen ganzen Mut zusammen, und wir gingen hin, um mit dem Bruder zu sprechen. Ich hatte Angst und war sehr aufgeregt, auch wenn der Bruder immer nett zu mir war und ich ihm selbst nichts vorzuwerfen habe. Außer vielleicht, dass er mir mein Geld nicht zahlen wollte. Cruel Ma'am, seine Schwester, hatte mich zu ihm geschickt, er sollte mir die 45.000 Rupien auszahlen, die sie mir noch schuldet. Doch er hatte jedes Mal eine neue Ausrede.

Diesmal sah er alt aus, seine Frau war inzwischen gestorben – er tat mir fast leid. Dennoch klopfte mein Herz wie wild, als wir vor dem Tor standen und er uns öffnete. Auch wenn sich mein Kopf nur noch an wenig aus dieser ersten Nacht in Ghorahi erinnert, mein Körper und mein Herz erinnerten sich sofort: Die Angst und das Gefühl des Verlassenseins waren sofort wieder da.

Auch Cruel Ma'am hat schon öfter versucht, mit mir Kontakt aufzunehmen, seit ich auch ab und zu im nepalesischen Fernsehen zu sehen war. Einmal habe ich mit ihr gesprochen. Sie dreht es immer so, wie sie es haben will: Sie wolle nur mein Bestes, sie schätze mich ja so, wenn sie mir irgendwie helfen könne, solle ich ihr Bescheid sagen ... Aber ich weiß, dass ich mit ihr nichts mehr zu tun haben will.

Ich habe nun die zehnte Klasse wiederholt. Wieder habe ich monatelang für die Prüfung gepaukt. Noch warte ich auf die Ergebnisse, aber diesmal habe ich ein gutes Gefühl. Wenn ich sie bestehe, will ich auf jeden Fall auf ein College gehen.

Da ich mich auf die Schule konzentrieren musste, hatte ich auch mein Amt als Präsidentin des *Kamlahari* Forums niedergelegt (»*Kamlahari*« ist jetzt die neue, offizielle Schreibweise). Doch die Mädchen bedrängten mich, dass sie mich bräuchten, dass es ohne mich nicht ginge. Also erklärte ich mich einverstanden, als Vorstand weiter im Amt zu bleiben. Ich nahm auch weiter an Versammlungen teil, war bei Demonstrationen und Befreiungsaktionen, wenn es meine Zeit irgendwie erlaubte.

Im Mai 2012 fuhr ich nach Norwegen. Es war lustig, weil ich einige Monate zuvor bei einem Radio-Quiz mitgemacht hatte, in dem gefragt wurde, in welchen Ländern im Sommer die Sonne nicht unterginge. Damals wusste ich die Antwort nicht, jetzt weiß ich sie.

Ich wurde zum Oslo Freedom eingeladen. Auf diesem Kongress für Menschenrechte sprachen Aktivisten aus vielen Ländern, die Friedensnobelpreisträgerin Leymah Gbowee aus Liberia, Somaly Mam aus Frankreich, Maryam Al-Khawaja aus Bahrain, Tutu Alicante aus Guinea – und mitten unter ihnen: ich. Zum ersten Mal musste ich auf Englisch einen Vortrag vor einem bis auf den letzten Platz gefüllten Saal halten. Ich war entsetzlich nervös, bis zu der Sekunde, als ich auf die Bühne ging. Als ich oben stand, war die Angst weg. Ich sah nicht mehr das Publikum, ich dachte nur noch an die *Kamlahari* in Nepal, für die ich dort auf der Bühne stand. Endlich hörte die Welt von ihrem Schicksal, für sie war ich hier.

Erst der Applaus und die vielen positiven Kommentare danach holten mich in die Realität zurück. Menschen aus allen fünf Kontinenten, Menschen aller Rassen und Nationalitäten kamen, um mir die Hand zu schütteln und mich in meinem Kampf zu ermutigen.

Die Stadt Oslo gefiel mir sehr gut. Die Leute waren nett und offen, alle sprachen gut Englisch. Ich traf auch den Premierminister – im Radiosender. Erst gab er ein Interview, dann war ich dran. Auf dem Flur vor dem Studio unterhielten wir uns, als ob wir uns schon lange kennen würden. Er gab mir eine Nachricht für den nepalesischen Präsidenten mit: Wenn ich ihn das nächste Mal treffen würde, sollte ich ihm ausrichten, dass Norwegen sehr gern Nepal helfen und im Kampf gegen die Kamlahari unterstützen würde.

Natürlich besuchte ich auch das Nobel-Friedens-Center. Zwischen Nelson Mandela, Aung Saan Su Kyi, Kofi Annan und all den berühmten Menschen fühlte ich mich klein – aber ich war auch stolz, dass ich, Urmila, Kamlahari aus Nepal, es bis hierher geschafft hatte. Ich schwor mir, weiter zu kämpfen, so wie die starken, inspirierenden Frauen und Männer auf den Fotos im Museum.

Doch ein Reise-Highlight sollte noch kommen: Ich wurde zum ersten internationalen Mädchentag am 11. Oktober 2012 nach New York eingeladen! Die Reise dorthin dauerte sehr lang, insgesamt 25 Stunden war ich unterwegs. Inzwischen war ich Reisen im Flugzeug und auch das Umsteigen an fremden Flughäfen gewöhnt. Und noch immer liebe ich es, zu fliegen!

Auf Amerika war ich sehr gespannt. Amerika – davon hat jeder in Nepal schon gehört, auch meine Eltern, meine Freunde. Jeder hat seine Vorstellungen und Bilder dazu – aus dem Fernsehen, aus den Nachrichten und dem Internet. Plötzlich war ich das Mädchen aus Manpur, das in die USA, nach New York fuhr. In Nepal berichtete sogar die Zeitung über meine Reise.

In New York traf ich auf fünf Mädchen aus allen Kontinenten. Marcela, Gifty, Fabiola, Fatmata und Nurul kamen aus El Salvador, Ghana, Kamerun, Sierra Leone und Indonesien und waren alle noch jünger als ich. Trotzdem haben wir uns sehr gut verstanden. Mit einigen bin ich bis heute in Kontakt. Untergebracht waren wir in einem Hochhaus-Hotel direkt neben dem silbernen Wolkenkratzer der Vereinten Nationen. Das Gebäude kannte ich sehr gut von einem Bild aus meinem Schulbuch, jetzt stand ich davor. Die nepalesische Flagge hatte ich gleich zwischen all den anderen Fahnen ausgemacht.

Der Blick aus dem Fenster meines Hotelzimmers war atemberaubend. Die Autos und Menschen tief unten sahen so winzig aus.

Viele UN-Delegierte wohnten auch in dem Hotel. In der Lobby traf ich Desmond Tutu. Er war sehr freundlich, wir schüttelten uns die Hand und wechselten ein paar Worte.

Der Zeitplan in New York war sehr straff, es gab viele Meetings, Events und Besprechungen. Wir hatten kaum Zeit, uns die Stadt anzusehen, das war ein bisschen schade.

Am 11. Oktober wehten in allen Straßen Manhattans Banner, die auf den Mädchentag aufmerksam machten.

Am Abend leuchtete das Empire State Building in Pink (und gleichzeitig viele andere Gebäude auf der Welt). Denn Pink ist die Farbe der internationalen »Because I'm a girl«-Kampagne von Plan, die auf die Lebensumstände und die andauernde Benachteiligung von Mädchen aufmerksam machen will.

Die anderen Mädchen und ich sprachen vor Journalisten, Politikern und Abgeordneten. Nurul aus Indonesien und ich nahmen an einer Konferenz bei der UN teil. Die Sicherheitsvorkehrungen waren sehr streng. Ich trug den Silberschmuck der *Tharu*, den ich nur sehr schwer ablegen konnte. Der Metalldetektor an der Sicherheitsschranke schlug Alarm, und alle schauten zu mir. Zum Glück ließen sie mich trotzdem hinein, ich hatte schon Angst, dass ich draußen bleiben müsste.

Vor meiner Abreise wollte ich noch unbedingt den Ground Zero sehen, wo früher mal die Twin Towers standen. Es war sehr traurig, die Namen der vielen Opfer zu lesen. An manchen lagen Blumen, und weinende Menschen standen davor. Das hat mich tief berührt.

Wir wollten auch noch zur Freiheitsstatue, doch die Boote waren überfüllt. Also nahmen wir eine Fähre nach Staten Island, so konnten wir die »Statue of Liberty« vom Wasser aus sehr gut sehen – dieses Symbol für Freiheit und Aufbruch in eine neue Welt. Niemals hätte ich gedacht, dass ich ihr so nah kommen würde.

In New York hat mir gefallen, dass man dort Menschen aller Nationalitäten und Hautfarben sieht. Überall traf ich Nepalesen. Der Verkäufer in einem Souvenir-Shop war sogar aus Dang und hatte Verwandte in einem Nachbarort von Lamahi. Der Verkehr und die Hektik sind unglaublich und machen einen ganz kribbelig. Die

Straßen sind voller Autos, die Gehwege voller Menschen – und überall kann man Essen kaufen. Oft essen und trinken die Menschen auch im Gehen auf der Straße. In Manhattan gibt es, glaube ich, alle Restaurants der Welt: afrikanische, asiatische, südamerikanische, europäische.

Erschreckt hat mich allerdings der Müll. Einmal liefen wir abends zurück zum Hotel, und überall auf den Gehwegen lagen Müllberge. Jeder Kaffee, jeder Salat wird doppelt und dreifach in Plastik verpackt, das ist wirklich schlimm. In Nepal haben wir auch schon mit Plastik zu kämpfen, aber das hier in einer so entwickelten Stadt wie New York zu sehen, hat mich sehr schockiert.

Im Frühling 2013 spitzte sich die Lage in Nepal zu. Srijana, eine junge *Kamlahari,* kam auf mysteriöse Weise in Kathmandu um. Ihre Landlady sagte, sie habe sich selbst angezündet. Wir aber vermuteten, dass sie umgebracht wurde – keine Zwölfjährige übergießt sich selbst mit Kerosin und zündet sich an ...

Die Polizei stellte keine Ermittlungen darüber an, ob es Mord oder Selbstmord war. Wie immer versuchte man nur, alles unter den Teppich zu kehren, es war ja nur eine *Kamlahari* umgekommen.

Mit ein paar anderen Mädchen suchten wir die Landlady auf und fragten, was passiert sei. Wir gingen in die Schule des Mädchens, sprachen mit Nachbarn, den zuständigen Polizisten und baten um Aufklärung. Doch sie wimmelten uns ab, keiner wollte offen mit uns sprechen, nichts passierte.

Also trommelten wir etwa 60 *Kamlahari* zusammen und zogen in Kathmandu vor das Polizeipräsidium, um für Gerechtigkeit zu demonstrieren. Wir wollten, dass die Polizei den Fall zumindest weiterverfolgt.

Tagelang kampierten wir vor dem Präsidium und dann vor dem Palast des Ministerpräsidenten. Wir verteilten Flugblätter an die Passanten und riefen immer wieder lautstark dazu auf, in diesem Fall zu ermitteln.

Plötzlich, am fünften Tag, kam es zu einem Zusammenstoß mit der Polizei. Immer wieder drängten sie uns ab. Stundenlang warteten wir im strömenden Regen und wurden umzingelt, wie Vieh. Nach endlosem und zermürbendem Hin und Her wagten wir einen weiteren Versuch, zu dem Gebäude zu gelangen. Plötzlich knüppelten die Polizisten auf uns ein, auch ich wurde ganz gezielt in den Bauch getreten, dann wurde ich ohnmächtig. Bis zum nächsten Tag war ich bewusstlos, ich wachte erst wieder im Krankenhaus auf. Außer mir, so erfuhr ich, waren noch andere verletzt worden. Zehn von uns mussten im Krankenhaus wegen eines gebrochenen Arms, Prellungen und Platzwunden am Kopf behandelt werden, andere waren in Polizei-Mannschaftswagen ins Gefängnis abtransportiert worden.

Es dauerte Wochen, bis ich wieder ohne Hilfe laufen konnte. Monatelang hatte ich Gleichgewichtsstörungen, konnte keine Treppen steigen. Bis heute kann ich nichts Schweres tragen, weil ich sonst jedes Mal starke Bauchschmerzen bekomme.

Doch manchmal braucht es solche traurigen Auslöser wie den Tod von Srijana und die gewaltsame Polizeiaktion in Kathmandu, damit die Dinge in Bewegung kommen: Die Medien in Nepal berichteten zahlreich über die Vorfälle. Wie ein Lauffeuer verbreiteten sich die Bilder und die Nachricht im Internet. Reporter aus dem

Ausland interessierten sich für die Story. Aus der ganzen Welt bekam ich Mails und Genesungswünsche.

Zum ersten Mal sah sich auch die Regierung genötigt zu reagieren. Einige Wochen nach dem Ereignis trafen wir uns mit offiziellen Vertretern der Ministerien und Beratern von Hilfsorganisationen und UNICEF, um einen 10-Punkte-Aktionsplan für die *Kamlahari* zu formulieren. Und auch die Ermittlungen im Fall Srijana wurden wieder aufgenommen, und die Familie erhielt wenigstens eine symbolische Schadensersatzzahlung.

Seitdem gab es viele Meetings und zähe Verhandlungen mit der Regierungskommission. Noch ist lange nicht alles gut, nur drei der zehn Punkte sind bisher abgearbeitet worden – und auch um das Budget für die Ausbildung und Rehabilitierung der Ex-*Kamlahari* müssen wir ständig kämpfen. Doch es geht zumindest irgendwie weiter.

Seit den Wahlen im November 2013, die endlich einen Ausschuss zur Wahl der neuen Verfassung bestimmt haben, ist Nepal etwas zur Ruhe gekommen. Bis die neue Konstitution verabschiedet werden kann, wird es aber vermutlich noch eine Weile dauern. Ich hoffe sehr, dass sich die Parteien und Splitterparteien irgendwann friedlich auf eine Verfassung einigen können.

Und wie geht es für mich weiter? Ich habe Freunde überall in der Welt gefunden, Menschen in Nepal, Europa, Amerika, Afrika und Asien nehmen Anteil am Schicksal von uns *Kamlahari*. Menschen wie die Schauspielerin Marie-Luise Marjan, mit der ich eine Lesung veranstaltet habe, wie Maria aus Hamburg, Susanne aus

Bremen, Judith, die ein paar Monate mit mir in Lamahi gewohnt hat, Ellen und Per Kristian aus Norwegen, Ben aus New York, Somaly Mam aus Frankreich, Gifty aus Ghana, Santa aus Nepal. Es ist ein gutes Gefühl, zu wissen, dass wir nicht allein sind.

Auf meinen Reisen habe ich viele starke Frauen getroffen. Wenn ich sie sehe, weiß ich, wie wichtig es ist, dass auch wir Frauen in Nepal mehr Selbstbewusstsein entwickeln, für unsere Rechte einstehen und am öffentlichen Leben teilnehmen.

In den letzten Jahren habe ich mit vielen Filmteams aus Nepal und aus dem Ausland zusammengearbeitet. Ich gab Interviews im Radio und Fernsehen, sprach vor großem Publikum im In- und Ausland, tanzte für ein Video und sang in einem Studio *Tharu*-Lieder. An Kameras bin ich mittlerweile gewöhnt. Anfangs war es schon seltsam, und die Kinder in Lamahi haben mich gefragt, ob ich ein Filmstar sei. Auch meine Familie in Manpur hat sich an die vielen Fremden gewöhnt, die in mein Dorf zu Besuch gekommen sind.

Der Film, den Nathalie und ihr Bruder Christoph gedreht haben, lief am Welt-Mädchentag, dem 11. Oktober 2013, in Deutschland und Frankreich bei Arte. Einige Zeit später dann sahen wir ihn in Nepal mit all den Mädchen aus Narti zusammen an. Das war sehr lustig. Ständig rief eine: »Oh schau, das bist du, das bin ich!« Es war wunderbar.

Auch in Narti hat sich viel getan: Das alte, einstöckige Hostelgebäude, in dem ich noch gewohnt hatte, wurde abgerissen und durch einen zweistöckigen Neubau ersetzt. Heute wohnen dort rund 150 Mädchen. Ich besuche sie, so oft ich kann, und es ist immer eine große Freude, sie alle wiederzusehen.

Im Dezember lief mein Film beim KIMFF Kathmandu Film Festival und gewann den Publikumspreis. Es war unbeschreiblich, plötzlich meine Geschichte und die der anderen *Kamlahari* auf einer großen Kinoleinwand zu sehen. Nach der Vorstellung kamen viele junge Leute zu mir und beglückwünschten mich für meinen Mut. Ich freute mich riesig.

In März eröffnete der Film das Himalaya Film Festival in Berkeley, Kalifornien, und Olga Murray sprach die Grußworte. Mit ihr bleibe ich weiter in Kontakt.

Auch Man Bahadur bleibt ein wichtiger Freund und Berater für mich. Immer wenn ich ihn brauche, ist er da und hat mir schon oft geholfen.

Im Juli 2013 wurde ich am Malala Day mit dem Youth Courage Award for Education der Vereinten Nationen ausgezeichnet. Der Preis wurde mir im Herbst bei einer festlichen Verleihung in einem großen Hotel in Kathmandu übergeben.

Im April 2014 folgte ein Preis des Dang-Distriktes, der für Verdienste um die Bildung von Mädchen verliehen wird. Er war mir ganz besonders wichtig, denn er zeigt, dass auch die offiziellen Stellen in Nepal und die Regierung allmählich begriffen haben, worum es geht – und dass sie den Kampf für die Gleichbehandlung der Mädchen und Rehabilitierung der *Kamlahari* nicht nur ausländischen Hilfsorganisationen überlassen können, sondern selbst aktiv werden müssen.

Mir ist – noch mehr als vorher schon – auf meinen Reisen und im Kontakt mit den Menschen etwas Wichtiges bewusst geworden: Wenn man die Welt verändern will, muss man etwas in den Köpfen und in der Einstellung der Menschen ändern. Das ist nicht einfach – auch nicht im Zeitalter von Facebook, YouTube und globaler Vernetzung. Es bleibt mühsam und zäh, nicht nur in Nepal, auch im Rest der Welt.

Ich weiß, dass ich die Welt der *Kamlahari* verändern will. Dafür will ich weiter kämpfen, dafür will ich weiter lernen. Denn nur mit einer guten Ausbildung kann ich wirklich etwas erreichen und bewegen.

Für einen Freund oder eine eigene Familie habe ich immer noch keine Zeit – mal sehen, was mir die Zukunft so bringt. Wenn es so bewegt weitergeht wie in den letzten drei Jahren, dann bin ich sehr gespannt, was noch alles Erstaunliches passieren wird.

Urmila Chaudhary
mit Nathalie Schwaiger,
Juli 2014

GLOSSAR

Adhiya Neuere Regelung nach Abschaffung der *Kamaya*. Sie sieht vor, dass die Bauern das Feld des *Landlords* bestellen und dafür die Hälfte der Ernte erhalten.

Alli alli (Nepali) Ein bisschen

Anandi (Nepali) Glücklich

Asha (Nepali) Hoffnung

Baba (Tharu) Vater (auf Nepali: Babu)

Bhagwati Hindu-Göttin, der man nachsagt, dass sie die Wünsche der Menschen erfüllen kann. Jeder Nepalese nimmt sich vor, einmal im Leben ihren Tempel zu besuchen und ihr zu opfern.

Banda (Nepali) Streik

Barkha Regenzeit, die von Ende Juni bis September dauert

Bauzu (Nepali) Schwägerin

Bhat (Nepali) Reis

Bodhi-Baum Pappelfeige und Symbol für Buddha. Laut buddhistischer Überlieferung erlebte Siddhartha Gautama, während er unter einem *Bodhi-Baum* saß, die »Erwachung«.

Butua Tharu-Gott in Pferdegestalt

Camal (Nepali) Bezeichnung für geschälten Reis

Chori (Nepali) Tochter

Dadu (Nepali) Bruder

Dai (Tharu) Mutter

Dalit Angehörige der niedrigsten Kaste. Früher nannte man sie die »Unberührbaren«.

Dassain Das wichtigste Fest für Hindus im Oktober/ November, der höchste Feiertag ist »Vijaja Dashami«.

Dhakatopi Dreieckiges Käppi, typische Kopfbedeckung nepalesischer Männer

Dal Bhat Nepalesisches Nationalgericht bestehend aus Reis mit Linsensuppe

Dhan Bezeichnung für Reis, der auf dem Feld steht und noch nicht geerntet wurde

Dikri Festessen der *Tharu*, aus Reismehl geformte Rollen und Kugeln

Hanso (Nepali) Lächeln

Himalaya Wohnsitz des Schnees (Sanskrit: hima = Schnee, alaya = Ort, Wohnsitz). Jüngstes Gebirge der Welt, hier befinden sich zehn der 14 höchsten Berge der Erde.

Ho (Nepali) Ja

Huncha (Nepali) Okay

Jahan (Tharu) Familie (auf Nepali: Pariwar)

Jamara Zarte, gelb-grüne Gersten- oder Maissprossen, die bei Festen überreicht und als Schmuck hinter dem Ohr getragen werden

Kali-Tempel Eigentlich Dakshin Kali; Tempel im südlichen Kathmandu-Tal. Er ist der sechsarmigen Göttin *Kali* gewidmet. Ort blutrünstiger Opferrituale, besonders zum *Dassain*-Fest

Kamlahari Wörtlich übersetzt: »hart arbeitende Frau«. Mädchen zwischen sechs und 18 Jahren, fast ausschließlich aus der Volksgruppe der *Tharu*, die an *Maghi* für ein Jahr für einen Lohn zwischen 20 und 70 Euro an fremde Haushalte verkauft werden. Seit 2005 in Nepal offiziell verboten

Kamaya Leibeigenschaft. Landlose Bauern bestellen als

Leibeigene die Felder der *Landlords*. Seit 2000 offiziell verboten

Kartik Monat im hinduistischen Mondkalender, circa Ende Oktober/Anfang November

Kimchi Eingelegter Rettich

Kumari Ein Mädchen, das mit circa 2–3 Jahren auserwählt wird und als kindliche Göttin in einem Palast (in Kathmandu, Patan oder Bhaktapur) lebt, den sie nur einmal pro Jahr für eine Prozession verlässt. Kommt sie in die Pubertät, endet ihre Zeit, und eine neue *Kumari* wird bestimmt.

Kunji Ein Geschicklichkeitsspiel für Kinder

Kurta Typische Bekleidung der Frauen bestehend aus einer meistens knielangen Tunika und einer Hose

Landlord Großgrundbesitzer, Dienstherr

Lawajuni (Nepali) Wörtlich übersetzt »neues Glück, neues Leben, Neuanfang«

Lumbini Geburtsort des nepalesischen Prinzen Siddhartha, bekannt als Buddha

Maghi Neujahrsfest der *Tharu* Mitte Januar, der Tag, an dem der *Kamlahari*-Handel traditionell stattfindet

Maharani (Nepali) Eigentlich Frau des Maharadscha (Großfürst, König)

Maili (Nepali) Kleine Schwester

Malikni Eigentlich Landlady, der Begriff wird vor allem im Zusammenhang mit *Maharani* verwendet, die ihre *Kamlahari* schlecht behandelt.

Mamu (Tharu) Mutter (auf Nepali: Ama)

Manakamana-Tempel Der Tempel von *Manakamana* liegt am Kamm des 1300 Meter hohen gleichnamigen Berges. Die Göttin, der hier gehuldigt wird, ist eine der Erscheinungen der Hindugöttin *Bhagwati*, der man nachsagt, sie könne Wünsche erfüllen. Der *Manakamana*-Tempel ist die beliebteste aller Pilgerstätten in Nepal und mit der Seilbahn mühelos zu erreichen.

Maya (Nepali) Liebe

Maya-Devi-Tempel Berühmter Tempel in *Lumbini*. Im Tempel befindet sich die angebliche Geburtsstätte Buddhas.

Momos Mit Gemüse oder Fleisch gefüllte Teigtaschen, ursprünglich aus Tibet

Moru (Nepali) Schön

Namaskar (Nepali) Guten Tag/Auf Wiedersehen (höflich)

Namaste (Nepali) Guten Tag/Auf Wiedersehen

Nepalesische Rupie Eine *Nepalesische Rupie* entspricht circa 1 Cent

Pahadi Bezeichnung für die Nepali, die in den höheren Bergregionen leben. Sie gehören einer höheren Kaste an als die *Tharu*.

Pani (Nepali) Wasser

Premi (Nepali) Freund, Verlobter

Pulko ankha ma Bekanntes nepalesisches Volkslied

Ramru (Nepali) Gut

Sakawa (Nepali) Yes we can/Ja, wir schaffen es

Stupa Ursprünglich ein Grabhügel. Buddhistisches Denkmal, in dem Reliquien des Budhha aufbewahrt werden

Taleju-Tempel Tempel-Schrein in den Mauern des Palastes am Durbar Square in Bhaktapur. Im 17. Jahrhundert erbaut und *Taleju* – einer Inkarnation der Göttin Durga – gewidmet

Tharu Volksgruppe aus dem Terai, hauptsächlich Bauern

Tharuni Abfällige Bezeichnung für Angehörige der Volksgruppe der *Tharu*

Tihar/Diwali Lichterfest im November

Tika Roter oder rosa Punkt auf der Stirn als Willkommensgruß, Zierde oder Segen

DANKSAGUNG

Wir möchten uns von ganzem Herzen bei all denen bedanken, die uns bei der Entstehung dieses Buches begleitet, bestärkt, geholfen und unterstützt haben:

Nita Chaudhary, Sonu Chaudhary, Puna Ram Chaudhary, Dhani Ram Chaudhary, Baghi Ram Chaudhary und Krishna Kumar Chaudhary von SWAN in Lamahi, Dang District

Raju Dhamala, Parlad Dhakal, Phakala Tharu, Deepak Battrai, Puran Chaudhary und Man Bahadur Chhetri von FNC

Som Paneru und Olga Murray von NYF

Sudhir Regmi vom Women Development Office Dang, die Bodenrecht-Aktivistin (Land Right Activist) Asha Ram Chaudhary und Santa Chaudhary von der konstituierenden Versammlung (Constitutional Assembly)

Donal Keane, Krishna Ghimire, Premraj Pant, Shreeram KC, Nita Gurung, Vijay Chand, Kopila Dangol und Pratibha Chaudhary von Plan Nepal

Kathrin Hartkopf und Sandra Spiegel von Plan Deutschland

Petra Hermanns, Andreas Riechelmann, Florian Heinebrodt und Sunita Karki

Und unseren Freunden und Familien

Nathalie Schwaiger und
Urmila Chaudhary

Das Recht auf ein freies Leben

Das Kinderhilfswerk Plan stärkt
Kamlahari-Mädchen in Nepal

Was es bedeutet, tagtäglich 16 bis 18 Stunden zu arbeiten, fern von der eigenen Familie zu leben, ohne Perspektive für die Zukunft und ohne die Chance, eine Schule zu besuchen, davon kann eine Vielzahl nepalesischer Mädchen berichten.

Wie in vielen Entwicklungsländern werden auch in dem südasiatischen Binnenstaat Mädchen und Frauen besonders stark benachteiligt. In der Volksgruppe der *Tharu* lebt die illegale Tradition fort, die eigenen Töchter für reiche Familien und Großgrundbesitzer unter oft menschenunwürdigen Bedingungen arbeiten zu lassen. Diese Mädchen zu befreien und ihnen vor allem eine selbstbestimmte Zukunft zu ermöglichen, ist das Ziel der Arbeit von Plan International.

Ob Urmila, Srijana oder Dil, sie alle haben ein gemeinsames Schicksal – sie haben Jahre ihrer Kindheit verloren, mussten hart arbeiten, wurden teils Opfer von Gewalt und Missbrauch. Elementare Kinderrechte, wie das Recht auf Familie, Bildung und Schutz, werden in Nepal unzureichend umgesetzt und geachtet. Seit 2000 ist Kinderarbeit offiziell verboten, es gilt allgemeine Schulpflicht. Noch immer müssen jedoch unzählige Kinder, besonders Mädchen der *Tharu*, hart arbeiten. Zu einem Jahresgehalt von 50 bis 70 US-Dollar.

Die Volksgruppe der *Tharu* lebt im Südwesten Nepals entlang der indischen Grenze. Vielen *Tharu*-Familien mangelt es an eigenem Ackerland, sie haben nicht genügend Einkommen, um ihre Kinder in die Schule zu schicken. Sogenannte Arbeitsvermittler kommen im Januar anlässlich des Neujahrsfests in die Dörfer, um weitere Mädchen als *Kamlahari* zu kaufen. Versprechungen, die Mädchen in die Schule zu schicken und fest zu entlohnen, werden selten eingehalten. Viele Eltern sehen jedoch keinen Ausweg und glauben den Verlockungen. Stattdessen putzen und kochen ihre Töchter tagein tagaus, erledigen Einkäufe und helfen auf dem Feld. Mit spätestens 18 Jahren kehren sie zu ihren Familien zurück – ohne Bildungsabschluss, ohne Chancen auf dem Arbeitsmarkt. Ihnen bleibt oft nichts anderes, als ihrerseits ihre Töchter wegzugeben. Politische Unterstützung aus dem nationalen Parlament für die Rechte der Tharu gibt es noch immer nicht. Nepal befindet sich seit Jahren in einem politischen Umbruch – und der Kreislauf bleibt weitgehend ungebrochen.

Befreiung

2006 startete Plan International in Nepal ein Projekt zur Abschaffung der *Kamlahari*-Praktik und befreite seither Tausende Mädchen aus ausbeuterischen Arbeitsverhältnissen. Viele Mädchen hatten während ihrer Zeit als *Kamlahari* den Kontakt zur eigenen Familie verloren und waren ihren vermeintlichen Arbeitgebern schutzlos ausgesetzt. In manchen Fällen wurden Mädchen sogar in Bordelle nach Indien verkauft, ohne dass die Familie davon etwas erfuhr.

Gute Erfolge

Seit Beginn des Projektes im Februar 2006 konnte Plan Nepal zusammen mit seinem lokalen Partner SWAN mehr als 1700 *Kamlahari*-Mädchen in ihre Heimatdörfer im Distrikt Dang zurückholen. In Dang gilt die *Kamlahari*-Praxis mittlerweile als komplett abgeschafft. Ein großer Erfolg. Das Kinderhilfswerk hat seine Arbeit nun auf die angrenzenden Distrikte Kailali und Kanchanpur ausgeweitet. Dort gibt es nach Untersuchungen einer lokalen Kinderschutzorganisation aus dem Jahr 2009 noch über 4.000 Mädchen, die als *Kamlahari* arbeiten und dringend Hilfe benötigen.

Bildung

Die größte Herausforderung nach der Befreiung der Mädchen bestand darin, sie wieder in ein normales Leben zu integrieren, denn viele hatten jahrelang als Kamlahari gearbeitet. Plan International initiierte spezielle Förderkurse, die die Mädchen und jungen Frauen auf die Schule vorbereiten, denn Bildung ist der zentrale Schlüssel, um den ehemaligen *Kamlahari* künftig ihre Unabhängigkeit zu gewährleisten. Zudem wurden die Kosten für Schuluniformen, Schulgebühren sowie Nachhilfeunterricht übernommen. Ende 2012 startete Plan International ein neues Bildungsprojekt. 200 Mädchen erhielten nach erfolgreichem Abschluss der zehnten Klasse ein Stipendium. Damit schließen sie die zwölfte Klasse ab und können dann studieren oder eine Ausbildung beginnen.

Finanzielle Unabhängigkeit

Nicht einmal 20 Prozent der Frauen in Nepal verfügen über eigene finanzielle Mittel. Ein eigenes Einkommen ist jedoch ein weiterer Schritt zur Unabhängigkeit der ehemaligen *Kamlahari*-Mädchen. In Form von Spargruppen erhalten sie zum Beispiel Mikrokredite und können eigene Geschäfte, wie Schneidereien und kleine Restaurants, gründen. Von den selbst erwirtschafteten Einnahmen können sie ihre Familien unterstützen und ihre berufliche Fortbildung finanzieren. »Hilfe zur Selbsthilfe« lautet der Ansatz bei Plan International.

Noch gibt es viele Mädchen in Nepal, die von dieser Form der Sklaverei betroffen sind. In den Distrikten Kailali und Kanchanpur hat Plan deshalb im Januar 2010 ein neues *Kamlahari*-Projekt begonnen. Bitte unterstützen Sie uns, und verhelfen Sie den Mädchen zu einem neuen Leben! Gern senden wir Ihnen weitere Informationen zum Projekt zu.

Einbindung der Gemeinde

Um die Abschaffung der *Kamlahari*-Praxis nachhaltig zu sichern, muss der Kreislauf aus Armut und finanzieller Abhängigkeit auch in den Gemeinden durchbrochen werden. Das verhindert, dass Eltern erneut ihre Töchter aus wirtschaftlicher Not wegschicken müssen. Plan International arbeitet deshalb mit den *Tharu*-Familien, schult sie in Anbaumethoden und vergibt Nutztiere zur Aufzucht. Ihre Lebensgrundlage verbessert sich, und sie sind nicht mehr gezwungen, ihre Töchter zu verkaufen. Stattdessen können sie sie zur Schule schicken.

Außerdem setzen sich die Mädchen aktiv für die Abschaffung der *Kamlahari*-Praxis in ihren Gemeinden ein. Mit Protesten und Märschen sowie in Form von Theaterstücken verdeutlichen die befreiten *Kamlahari*-Mädchen ihr Schicksal und informieren über die Ungerechtigkeit, die vielen *Tharu*-Mädchen zuteil wird.

Erfolgreiche Projektjahre

Seit Februar 2006 unterstützt Plan Nepal mit lokalen Partnern ehemalige *Kamlahari*-Mädchen und ermöglicht ihnen eine eigene Zukunft. Insgesamt 3300 Mädchen konnten bisher befreit werden, und die Tradition der Tharu gilt in einigen Distrikten als abgeschafft. Plan Nepal weitete seine Arbeit daher auf weitere Di-strikte aus, denn noch immer gibt es Mädchen, die als *Kamlahari* arbeiten müssen.

Um die Erfolge nachhaltig zu sichern, setzt sich Plan International auch auf politischer Ebene dafür ein, das *Kamlahari*-System abzuschaffen.

Aktuelle Situation

Jahrelang kümmerten sich weder Regierungsvertreter noch die übrige Bevölkerung in Nepal um das Schicksal von Mädchen wie Urmila und das der übrigen *Kamlahari*-Mädchen. Denn allzu oft werden Kinder – insbesondere Mädchen – auch anderswo im Land in privaten Haushalten eingesetzt und ausgebeutet. Während diese

Arbeitsverhältnisse jederzeit widerrufen werden können, besteht die *Kamlahari*-Praxis auf einem für ein Jahr gültigen Vertrag. Diese langfristige Verpflichtung öffnete lange einem extremen Missbrauch Tür und Tor.

Das hat sich durch die Arbeit von Plan International mittlerweile geändert. In verschiedenen Regionen im Südwesten Nepals verkündeten die *Tharu*-Gemeinschaften seit 2011 stolz, frei von *Kamlahari* zu sein. Die jahrelangen Kampagnen, mit denen Plan International auf die Gefahren der *Kamlahari*-Praxis hinwies, sowie alternative Ausbildungs- und Arbeitsangebote halfen den Mädchen erst aus der Armut. Dann erhoben sie selbst ihre Stimmen, um auf die unhaltbaren Verhältnisse hinzuweisen. Urmila Chaudhary wurde von den früheren Haussklavinnen zur Vorsitzenden des »Forum für *Kamlahari*-Freiheit« gewählt. In diesem Amt empfing sie der nepalesische Präsident – und Urmila warb für die Rechte ihrer Volksgruppe.

Doch es geht um mehr. Die *Tharu*-Mädchen wollen sichergehen, dass die *Kamlahari*-Praxis ein für alle Mal ein Ende findet. Sie wollen nicht mehr abwarten, bis in der Hauptstadt Kathmandu eine neue Verfassung festgeschrieben wird und die Regierung ihnen eine Stimme gibt. Sie schließen sich weiterhin zusammen und organisieren Protestmärsche, damit ihr Schicksal nicht vergessen wird.

Im Sommer 2013 wurden bei einem solchen Protest ehemaliger *Kamlahari* in Kathmandu mehrere junge Frauen von der Polizei verletzt. Plan International und weitere Organisationen setzten sich für einen Dialog

mit der Regierung ein. Auf Einladung vom Kinderhilfswerk kamen alle Akteure an einem runden Tisch zusammen – der Kampf für mehr Gerechtigkeit ist also
noch nicht beendet. Die Aufklärungs- und Kampa-
gnenarbeit in den besonders von Sklaverei betroffenen
Regionen Nepals wird Plan International noch über
Jahre weiterführen. Zuspruch dafür ist nötig, um die erreichten Erfolge zu festigen.

**Geben wir gemeinsam den Kamlahari-
Mädchen eine Chance auf Zukunft!
Unterstützen Sie das Kamlahari-Projekt:**

Plan International Deutschland e.V. /
Stiftung Hilfe mit Plan
Bramfelder Straße 70
22305 Hamburg

www.plan-deutschland.de
www.plan-stiftungszentrum.de
info@plan-stiftungszentrum.de
Tel.: +49 (0)40 611 40 170

Spendenkonto:
IBAN: DE60 7002 0500 0008 8757 07
BIC: BFSWDE33MUE
Bank für Sozialwirtschaft
Stichwort: »Kamlahari-Projekt«

Gern senden wir Ihnen weitere Informationen zum
Projekt zu – sprechen Sie uns an!

Über das Kinderhilfswerk Plan

Plan International ist als eines der ältesten Kinderhilfs-
werke in 50 Ländern Asiens, Afrikas und Lateinameri-
kas tätig, unabhängig von Religion und Politik. Plan
Nepal begann seine Arbeit 1978. In der Entwicklungs-
zusammenarbeit finanziert Plan International nachhal-
tige und kindorientierte Selbsthilfeprojekte, hauptsächlich über Patenschaften sowie über Einzelspenden und

öffentliche Mittel. Mädchen werden besonders gefördert, damit sie gleiche Chancen erhalten wie Jungen. Mit der Kampagne »Because I am a Girl« – unter der Schirmherrschaft von Schauspielerin Senta Berger – setzt sich Plan International Deutschland seit 2003 für die Rechte von Mädchen weltweit ein.

Bildnachweis